国際政治史における
軍縮と軍備管理

19世紀から現代まで

榎本珠良【編著】

日本経済評論社

目次

序　章　武器移転規制と軍備の削減・制限をめぐる歴史

榎本珠良

1　本書のテーマと趣旨[1]

(1)　問題意識

本書は、一九世紀から現在までに行われた武器移転規制と軍備の削減・制限の双方の側面を考察し、軍縮・軍備管理の歴史におけるこれら二側面の位置付けをときほぐし、過去の時代に関する研究が現代の政策論議に対して持ちうる示唆を考究するものである。

本書の刊行は、執筆陣が参加する研究グループによる研究に基礎づきつつ、これまでの同グループの研究における前提に再検討を加え、今後の研究の方向性を展望する作業の一環でもある。この研究グループは、一九九〇年代末より一連の科学研究費に依拠したプロジェクトを組織し[2]、『軍拡と武器移転の世界史』[3]、『軍縮と武器移転の世界史』[4]をはじめとする研究成果を発表してきた。また、二〇一五年度には、私立大学戦略的研究基盤形成支援事業の助成を受けて、明治大学国際武器移転史研究所を設立した。(5)

これら一連の研究において、概して、武器移転規制は、武器移転の全般的な抑制や軍備の削減・制限につながるものと捉えられ、武器移転（あるいは移転規制の「破綻」）は受け手・送り手双方の軍備の質的・量的な増加に結び付くものと位置付けられていた。そして、『軍拡と武器移転の世界史』においては、軍拡（及び兵器の拡散・移転）と軍縮（及び武器移転の抑制的な管理）に注目して世界史を見直し、「軍拡と武器移転」及び「軍縮と兵器管理」を分かちがたい密接な概念と捉え、いかにして軍拡と武器移転を規制し、軍縮を達成するかという古くて新しい問題に対して、歴史研究に基づき貢献することが課題として掲げられた。また、『軍拡と武器移転の世界史』も『軍縮と武器移転の世界史』も、軍縮や軍備管理といった概念を曖昧に同義に使用する傾向がみられた。

しかし、本書の執筆陣が扱う事例においては、武器移転規制が軍備の削減・制限や武器移転の全般的な抑制に結び付き、武器移転が軍備の質的・量的な増加に結び付くといった二項対立的な構図は必ずしも成立しない。また、個別の施策と軍縮や軍備管理との関係は、各時代に支配的な軍縮や軍備管理の定義（及び概念自体の有無）や政策領域の範囲を踏まえて考察する必要がある。本書は、このような問題意識に基づき、一九世紀から現在までの武器移転規制と軍備の削減・制限に照準を合わせて考察を試みる。

そもそも、「軍縮」（disarmament）という用語が国際的な政策論議のなかで定着したのは一九世紀後半から二〇世紀初頭であり、「軍備管理」（arms control）は冷戦期に確立した概念である。ただし、二〇世紀以降に軍縮や軍備管理の範疇に位置付けられたり、この領域と接合・融合したりした施策の一部は、それ以前にも検討ないし合意されていた。とりわけ、武器移転規制については、紀元前の時代から多くの施策が試みられていた。そして、元来武器移転規制は、必ずしも軍備の削減や制限に資することを前提に試みられるものとは言えない。また、軍縮や軍備管理の定義や、政策領域としての範疇は、時代により変化している。本書では、軍縮・軍備管理の歴史における、武器移転規制と軍備の削減や制限の位置付けや関係性を考察し、過去の時代に関する研究が現代の政策論議に対して持ちうる示唆を検討する。

なお、本書において、「武器移転」(arms transfer)とは、武器(開発・製造・運用・修理・維持等のための部品・構成部分・技術などを含む)が人間集団の境界を越えて移動する現象を包括的に示し、武器自体の移動だけでなく、その所有権や管轄権の人間集団間の移動も含むものとする。したがって、例えば自国軍が何らかの理由で他国領域に赴いた際に武器を携行し、後日にその武器の所有権や管轄権を当該他国あるいは第三国の軍などに有償・無償で移動させると決定した場合や、自国の武器の所有権や管轄権を、自国に赴いた他国軍に対して有償・無償で移動させる場合など、所有権や管轄権の移動が発生する時点で武器自体の越境が生じない場合も、武器移転と見做す。「武器貿易」(arms trade)や「武器輸出」(arms export)、「武器輸入」(arms import)とは、有償の商取引として武器が越境移動することを意味するとの解釈もある。ただし、「貿易」概念を有償の場合に限る見方は、例えば二〇一三年に採択された武器貿易条約(ATT)[6]の交渉過程において、交渉参加国のコンセンサスが得られたとは言い難い。また、一九九二年に創設された国連軍備登録制度の下では、武器の「輸入」や「輸出」には贈与などの無償の場合も含まれる。したがって、本書において、武器の貿易、輸出、輸入といった概念は、使用される文脈次第では武器移転概念と同義で用いられる。さらに、武器、移転、貿易といった用語の定義は、それぞれの国際合意や、各国の貿易管理や武器所持規制等の法制度により、若干の相違がある。よって、各文書や制度を考察する際の用語の意味は、概して考察対象における定義に規定されることも、予め確認しておく。

なお、一般的に、軍備の「削減」(reduction)は現在保有する軍備を減らすこととして、軍備の「制限」(limitation)は保有可能な軍備について質的・量的な上限等を設定するものとして理解される用語であり[7]、本書でも大枠としてこの定義を用いる。ただし、これらの用語もまた、各章の考察対象の文書において意味合いに若干の相違がありうることを付記しておく。

(2) 武器移転規制と軍備の削減・制限

元来、食物から工業製品、映画に至るまで、人間が作り使用する物や、その生産や使用に必要な情報・技術や人は、概して人間集団の境界を超えて移動し、製造拠点も拡散していく。ただし、人間は、とりわけ戦いに使用する物や技術に関しては、集団間の移動の規制を頻繁に試みてきた。また、多くの時代において、戦いに使用する物や技術とその他の境目は曖昧である。それゆえ、人間は、銅や鉄、木材、鋳造技術を持つ人間をはじめ、材料や技術を含めた幅広い移転規制を行ってきた[8]。

武器移転は、時代により様々な視点から問題視された。それゆえ、移転規制の目的や方法も多様である。そして、単独集団による、あるいは集団間の合意による武器移転規制にあたり、明示的に掲げられたり、もしくは推察されたりする目的を検討すると、必ずしも相互排他的ではない三つの目的（第一に安全保障上の目的、第二に経済的目的、第三に「倫理的」目的）に分類することができる[9]。そして、いずれの目的も、武器移転の規制は、軍備の削減や制限と必ずしも同じベクトルを向くものではない。

まず、第一の安全保障上の目的をみてみよう。例えば、古代ギリシャの都市国家やローマ帝国による移転規制をはじめ、武器生産に必要な資源や技術が限られていた時代の移転規制には、武器の流出を阻止し、自集団が保有する武器の質や数を確保する目的が推定される事例が広くみられる。こうした規制は、他集団の軍備に負の影響を与える可能性があるにせよ、特定集団への武器移転を阻止することを企図しておらず、自集団の軍備を確保することに主眼を置いている。

あるいは、自集団（あるいは合意に参加する複数の集団）と対立関係にある他集団への武器移転の阻止や、他集団に対する自集団の武器や製造技術のレベルに関する優越性の維持といった目的も挙げられる。そして、このような目的を掲げた（あるいはこの種の目的が推察されている）規制は、歴史上広範にみられる。

この種の移転規制の例としては、九世紀初頭にアヴァール人やヴェンド人を制圧しようとしていたフランク王国のカール大帝が、これらの人々への武器移転を禁止した事例(10)や、十字軍遠征の時代にカトリックの公会議においてサラセンへの武器や木材などの移転禁止が決定された事例(11)、イングランド王国とフランス王国による一〇〇年戦争期の一三七〇年に、イングランド王国とフランドル諸都市が、イングランド王国と対立関係にあったフランス王国とカスティーリャ王国に対する武器移転禁止に合意した事例(12)などが挙げられる。その後も、リヴォニア戦争（一五五八〜八三年）の頃にポーランドとリヴォニア、ハンザ諸都市がロシアに対する武器移転を禁止した事例(13)、一八九〇年に当時アフリカへの進出を進めていた列強諸国がアフリカの人々への武器移転を阻止すべく「アフリカの奴隷貿易に関するブリュッセル会議一般協定」（以下、ブリュッセル協定(14)）に合意した事例（後述）、冷戦期の対共産圏輸出統制委員会（COCOM(15)）による共産圏諸国に対する軍事技術・戦略物資の移転規制（本書第7章を参照）など、このタイプの規制は枚挙に暇がない。こうした規制は、対立関係にある（もしくは潜在的に対立しうる）他集団の軍備に負の影響を与えることを企図しているものの、自集団あるいは合意参加集団の軍備を制限ないし削減しようとするものではない。

第二の経済的目的としては、例えば、本書第7章が解説する一九九〇年代以降のヨーロッパ等での地域的な合意形成やATT交渉において、交渉参加国内で比較的厳格な規制を採用していた国の政府や防衛産業関係者が掲げた目的を挙げることができる。彼らは、規制が緩い国の防衛産業に比べて自集団の防衛産業が不利にならないように「平等」な貿易ルールを創設すべきだと訴えた。また、合意参加国の武器移転規制の制度や手続きを均一化して各国政府の移転可否判断の予見可能性を高めるとともに、武器移転に際して企業が行わなければならない業務を簡素・円滑にする必要性も論じられた。他の種類の経済的目的としては、例えば、武器を移転する際に技術情報を開示せずにブラックボックス化する形の規制には、他集団に対する自集団の軍備レベルの優越性の維持といった安全保障上の目的の他にも、他集団の競合他社によるコピー製品の製造を防ぎ自集団の企業の技術優位性を守るといった経済的目的も考えられる。これらの経済的目的による武器移転規制は、武器輸入国の軍備に負の影響を及ぼす可能性はあるが、それ自体を企図した規制ではなく、武器輸出国の軍備を制限ないし削減する意図はない。

第三の「倫理的」目的は、例えば、一八九〇年のブリュッセル協定の交渉時に、奴隷制・奴隷貿易を根絶してアフリカに「文明」をもたらす目的が掲げられるなど、本書で扱う多くの移転規制事例において提示されている。そして、この種の目的が示される際には、移転規制を推進した人々が主張した「倫理」に基づいた際に、武器を移転すべきでないと見做される他集団の軍備に負の影響を与えることを前提にした事例も多くみられるが、自集団の軍備を制限ないし削減する意図があるとは必ずしも言えない。

以上のように、歴史上、武器移転規制について掲げられるあるいは推察される目的は様々である。そして、これらの事例に照らし合わせれば、武器移転規制の全てを、他集団及び自集団の軍備の削減や制限と同じベクトルを向くものと見做すことはできない。武器移転規制と軍備の削減・制限に関する過去と現在の施策に、先述の二項対立の発想を当て嵌めることは困難である。

2　軍縮・軍備管理の歴史概観

軍縮や軍備管理の定義および概念自体の有無は時代によって異なり、その範疇に含まれる施策の内容も、戦時国際法や国際人道法をはじめとする隣接領域との関係も変容してきた。そうしたなかで、武器移転規制や軍備の制限・削減の位置付けや相対的な優先度も変化してきた。一九世紀から現代までの各時代に支配的であった主要概念の定義や、政策領域の範疇や分類、様々な施策間の関係の変容を踏まえずに、この期間のいくつかの個別事例をランダムに抽出しても、それらを関連付けて考察することは難しい。本節では、一九世紀から現代までに交渉ないし合意された代表的な条約等を挙げ、主要概念の意味付けや政策領域、施策間の関係の変容やその背景について、おおまかな見取り図を描く[16]。

(1)　一九世紀から第一次世界大戦前

①特定兵器の使用禁止と武器移転規制の分離

一九世紀の政策論議においては、軍縮という用語は徐々に定着していったものの、軍備管理という用語はまだ登場していなかった。そして、この時代には、戦時国際法の分野で特定兵器の使用禁止などの合意形成が進み、後述するように、この分野は戦間期以降に軍縮や軍備管理の領域と接合・融合していった。例えば、一八六八年にサンクト・ペテルブルク宣言[17]が合意され、九九年のハーグ平和会議では、ダムダム弾禁止宣言[18]、軽気球からの投射物爆発物投下禁止宣言[19]、及び毒ガス投射物使用禁止宣言[20]の三宣言が合意された。同時に、一九世紀末には、武器移転規制のための条約も形成された。すなわち、列強諸国が、先述の一八九〇年のブリュッセル協定において、アフリカの北緯二〇度線から南緯二二度線までの地域への銃器と弾薬の移転を原則禁止することに合意した。しかし、これらの双方の施策については、異なる枠組みの下で、目的や趣旨の異なる会議を通じて検討され、合意形成がなされた。

当時の特定兵器の使用禁止は、一八六四年のジュネーヴ条約（戦地軍隊における傷者の状態改善に関する条約、一九〇六年に改訂[21]）とともに、戦時国際法の一環として検討された。そして、マルティ・コスケニエミ（Martti Koskenniemi）やジョン・ハッチンソン（John Hutchinson）が論じるように、当時のジュネーヴ条約や赤十字運動を推進した人々の主張には、眼前に迫る大衆の時代を前にして、「文明的」な戦闘ルールについて「文明国」の大衆を啓発することにより、戦場から感情的・非合理的・非効率的で過剰な暴力を排し、退廃や野蛮化を防ぐという発想がみられた[22]。そして、この主張は、政府側の他の思惑とも交錯した。つまり、政府関係者には、近代的兵器の取り扱いを習得し経験を積んだ兵士を保護することの軍事戦略上の必要性・効率性や、兵士が被る苦痛や死に対して敏感に反応するようになった国民の士気を維持すべく兵士保護に尽力する（あるいは少なくともその姿勢を示す）必要性を認識する者もいた[23]。加えて、政府の側には、戦時に備えて平時から人々を訓練する赤十字運動を通じて、大衆の愛国心や軍に対する忠誠心が育成されるのではないかとの期待もみられた[24]。赤十字運動の側も、戦時に効率良く負傷兵を救援する知識と体制を整え将来の戦争に向けて準備する愛国的な「良き市民」像を提示し、人々を鼓舞するなどした[25]。

こうした文脈で合意されたジュネーヴ条約は、国家間の戦争における軍隊の傷者の保護に焦点を当てた内容になり、サンクト・ペテルブルク宣言や九九年の三宣言も、国家間の戦争において兵士が被る被害の緩和に主眼を置くものとなった。例えば、サンクト・ペテルブルク宣言の前文には、この宣言が「文明諸国間の戦争の際に或る種の発射物の使用を禁止することが適当であるか否かを検討するため」に開催された会合で決定された旨が記されており、宣言部分は、「文明の進歩は、可能な限り戦争の惨禍を軽減する効果を持つべきである」との一文から始まる。そして、この宣言は、文明国間の戦争において兵士に不必要な苦痛を与える兵器を使用することは「人道の法則」に反すると記した上で、「締約国間の戦争の場合に、重量四〇〇グラム未満の発射物で、炸裂性のもの、または爆発性もしくは燃焼性の物質を充填したもの」の使用を放棄することを誓約した。

さらに、例えば、サンクト・ペテルブルク宣言やダムダム弾禁止宣言、一八九九年及び一九〇七年のハーグ陸戦条約（陸戦の法規慣例に関する条約及びその附属書[26]）には、全交戦国が締約国である戦争にしか適用されない旨が明記された[27]。つまり、当時の戦時国際法は、国家同士の戦争に関わるルールとして合意されていた。そして、この時代には人間集団が「文明の基準」を充足しているか否かが概して国家性の要件と見做されたため、アフリカの人々のように「基準未満」と見做された人々の戦闘は、戦時国際法の射程外に置かれた。

他方で、本書第1章が指摘するように、当時、アフリカへの武器移転の原則禁止を訴えた人々の多くは、アフリカの人々への武器移転を禁じ、「文明的」な人々がアフリカの人々を効果的に保護することにより、奴隷貿易を根絶し、アフリカの人々に「文明の恩恵」を与えるべきだと訴えた。したがって、ブリュッセル協定においては、アフリカの人々への武器移転が原則禁止された一方で、列強諸国によるアフリカ進出と効果的な統治のために必要とされた武器の移転は禁止対象とされず、持ち込んだ武器を公営倉庫で保管することや、武器の個人所有を制限したり個人に所有される武器を登録・刻印したりすることなどが規定された。

このように、当時の特定兵器使用禁止と武器移転規制は、異なる政策枠組みの下で検討された。つまり、「文明国」側の道徳性や文明性を維持・向上させ、非合理的で過剰な暴力を排し、人々を効率的に戦争に動員するための施策と、列強諸国がアフリカに進出しアフリカの人々を保護し彼らの道徳的・肉体的堕落を防ぐための施策は、異なる枠組みの下に置かれていた。だからこそ、当時の特定兵器使用禁止は「文明国」間の戦時国際法として発展し、武器移転規制は、「文明国」のアフリカへの進出と統治をめぐる交渉を通じて形成されたのである。

②武器移転規制と軍備の削減・制限

この枠組みの相違ゆえに、ブリュッセル協定の交渉においては、「文明国」向けの武器移転は条約の適用対象範囲として想定されなかった。また、この時代の「文明国」では、主権国家が最高の意思に基づいて行う戦争は正当であり戦時国際法の許容する範囲で武力行使を行うことができるとする無差別戦争観が浸透していた(28)。さらに、本書第5章が指摘するように、自由放任主義的な市場観が広く共有されていた。それゆえ、戦時国際法の形成が発展した一方で、「文明国」間の武器移転は問題視されにくかった。また、「文明国」の軍備を制限ないし削減する合意は、一八一七年にアメリカとイギリスが両国国境地域（五大湖など）の海軍力制限に合意したラッシュ・バゴット協定[29]や、一九〇二年にアルゼンチンとチリが海軍軍備制限に合意した条約[30]など、極めて局所的な事例に限られる。

もちろん、一八世紀末にはイマヌエル・カント（Immanuel Kant）らが常備軍の廃止を提起していたし、一八一〇年代には欧米諸国で平和運動が組織化され始め、四〇年代からは各国の平和運動家による国際会議が頻繁に開催された。そして、一部の平和運動家は、軍備の削減ないし制限を求めた[31]。こうした運動の高まりや、列強諸国の軍備拡張に伴う財政負担の増大も背景にして、一八九九年と一九〇七年のハーグ平和会議では、「文明国」の軍事費と軍備の問題が議題にのぼった[32]。しかし、これらの会議では、「文明国」の軍備の削減や制限に対して幅広い支持は得られず、各国政府が軍備及び軍事予算の制限に関する合意の可能性を検討することが望ましい旨を、法的拘束力のない決議として合意するにとどまった[33]。代わりに、ハーグ平和会議で大きな進展がみられたのは、先述のダムダム弾禁止宣言やハーグ陸戦条約をはじめとする、戦時国際法の分野であった。

(2) 戦間期

第一次世界大戦後の列強諸国では、戦後に余剰となった兵器の流出が懸念された。同時に、大戦の惨禍と荒廃は、「文明国」が主権国家として最高の意思に基づき遂行すると捉えられていた戦争自体の正当性を問う動きにも結びついた[34]。防衛産業を自らの利益のために戦争を引き起こしたり激化させたりする「死の商人」と見做して批判する世論も興隆し、「文明国」の軍備の削減ないし制限や、「文明国」への武器移転に政府の許可を義務付ける法制度の構築への支持が集まるようになった[35]。こうした世論や戦後経済の逼迫を背景にして、戦間期には、列強各国の軍備を制限ないし削減する条約や、武器移転規制条約の形成が試みられた。

①講和条約と軍備の削減・制限

まず、一九一九年の国際連盟規約第八条には、連盟加盟国は、平和を維持するために、自国の安全と国際義務に基づく共同行動の遂行に支障なき最低限度まで軍備を削減する必要があることを承認する旨が記された[36]。また、第一次世界大戦後に戦勝国と敗戦国との間で合意された一連の講和条約（詳細は本書第5章を参照）には、敗戦国の軍備の上限設定や削減及び武器輸出入の禁止などが定められたが、同時に国際連盟規約の内容も講和条約に盛り込まれ、両者は緊密に関連付けられていた。戦いに敗れた人間集団の軍備を削減、制限、破壊、押収あるいは略奪する手法は、紀元前一五世紀のトトメス三世の治世のエジプトをはじめ、古代より多くの人間集団により行われており、とりわけ新しいものではない[37]。ただし、敗戦国の武装解除を、戦勝国も含む多くの集団の一般的な軍備削減と関連付けて捉え、この発想の実現を試みたことは、この時代に特徴的であると言える。

さらに、戦間期には、国際連盟の枠外においても、軍備の削減や制限を特定の大国間で交渉する一連のプロセスが展開した[38]。このプロセスは、国際連盟に加盟しなかったアメリカの呼びかけにより開始され、当時に軍拡競争が懸念されていた海軍軍備に照準を合わせたものであり、国際連盟と並ぶ戦間期の軍備削減・制限交渉の舞台となった。まず、一九二二年にアメリカ、イギリス、イタリア、日本、フランスが調印したワシントン海軍軍縮条約[39]は、締約国による主力艦と航空母艦の保有を制限した。二七年には、アメリカ、イギリス、日本による会議がジュネーヴで開催され、巡洋艦・潜水艦など補助艦の保有制限が目指されたが、交渉は決裂した。三〇年には、イタリアとフランスも参加してロンドンで五カ国による会議が開催され、補助艦の保有を制限するロンドン海軍軍縮条約[40]が調印された。しかし、三四年には、日本がワシントン海軍軍縮条約を三六年末に破棄する旨を通告した。また、本書第3章が詳説するように、三六年に失効予定であったロンドン海軍軍縮条約について、三五年にアメリカ、イギリス、イタリア、日本、フランスが参加した第二次ロンドン海軍軍縮会議では、途中でイタリアと日本が脱退した。さらに、三二年からジュネーヴで開催された「軍備の削減と制限のための会議」（以下、ジュネーヴ軍縮会議）では、大国を含む「文明国」全体の一般的な軍備削減の問題が検討されたが、後述のように、この会議は具体的合意に至ることなく終わった。

②「野蛮」な人々への武器移転禁止と文明国の武器移転の監督

戦間期には、武器移転規制の条約を新たに作成する試みもなされた。国際連盟規約第二三条は、「武器・弾薬の貿易を管理することが共通の利益のために必要な諸国との武器・弾薬貿易の全般的監視を、加盟国は連盟に委託する」としていた(41)。そして、この条項に関連して、国際連盟において、一八九〇年のブリュッセル協定の武器関連規定を見直す形で条約が起草され、一九一九年に「武器と弾薬の貿易規制のための条約」（以下、一九一九年条約）が採択された(42)。

この条約では、武器移転を原則禁止する対象地域が、アラビア半島やペルシア湾をはじめとする広範な地域に拡大された。この条約を推進した国々は、禁止地域への武器流入を防ぐことは全ての「文明国」の道徳的義務だと主張した(43)。国際連盟に設置され関連の専門家らにより構成された「軍備に関する臨時混合委員会」も、この条約の趣旨は「文明国」間の軍縮促進ではなく、「野蛮な人々ないし半文明の人々」への武器移転を防ぐことだとの認識を示した(44)。

ただし、ブリュッセル協定が、アフリカ特定地域への武器移転を原則禁止する内容だったのに対して、一九一九年条約の形成を主導した人々は、この条約に「文明国」間の武器移転規制も盛り込むことを提唱した。つまり、彼らは、「野蛮な人々ないし半文明の人々」への武器移転を問題視して禁止措置を講じようとしたが、同時に、移転禁止地域以外への無秩序な武器拡散が平和を脅かすのだと主張し、全ての武器移転を原則的に政府による許可制に（つまり、禁止するのではなく規制・監督）した上で、各国の輸出入情報を報告・登録するための国際的な制度を創設（あるいは各国が情報を公開）することを提案したのである。

先述のように、当時の列強諸国では、「文明国」間の戦争の正当性を問うたり、政府による「死の商人」の規制・監視を求めたりする世論が高まっていた。国際連盟規約第八条にも、加盟国はその軍備の規模、陸海空軍のプログラムならびに戦争目的に転用可能な産業の状況に関する完全かつ率直な情報を交換することや、加盟国は民間企業による武器等の製造が深刻な反対を受けるべきことに合意する旨が盛り込まれた。そして、一九一九年条約の第一条は、締約国政府の許可を受けていない武器輸出の禁止を義務付けるものとなり、これは国家による武器輸出管理制度の創設を意味した。また、第五条は、国際連盟に中央国際事務局を設けて、各締約国は自国が輸出を許可した武器の数量や輸出先を記載した年次報告書を事務局及び国際連盟事務総長に提出し、さらに事務局が年次報告書を収集・保管すると定めた。

③交渉の場やプロセスの融合

戦間期の政策論議においては、敗戦国の軍備の厳格な制限や武器輸出入の禁止、戦勝国を含む「文明国」の軍備の制限・削減、武器移転規制などが、一九世紀には武器移転規制と異なる枠組みで協議されていた特定兵器の使用禁止と同じ会議プロセスのなかで議論される傾向が生じた。一九世紀とは異なり、「文明国」間の武器移転規制や列強諸国の軍備の削減・制限などが国際的な政策アジェンダと見做されるようになり、それらが「野蛮ないし半文明」地域への武器移転の問題とも関連付けられた上で、戦時国際法の課題も扱う会議で議論されるようになったのである。

例えば、一九二五年の「武器、弾薬、及び装備品の国際貿易の監督に関する会議」の場では、アフリカ等への武器移転の規制や、「文明国」による移転の全般的な規制が検討されたが、同時にこの会議では、化学兵器と生物兵器の問題も議論され、これらの使用を禁止するジュネーヴ議定書[45]が合意された。また、三二年から開催されたジュネーヴ軍縮会議においても、戦勝国を含む「文明国」の軍備の制限・削減や武器移転規制などと同時に、化学兵器と生物兵器の使用と「準備」(preparations)の禁止が検討された。なお、二二年に先述の海軍軍縮条約が合意されたワシントン海軍軍縮会議においては、武器移転規制の合意は作成されなかったが、化学兵器の使用禁止や海上における非戦闘員の保護などに関する条約が合意されている[46]。

ただし、本書第5章が指摘するように、戦間期に関連付けられた多種多様な施策の整合性や施策間の優先順位は明瞭に整理されておらず、それらの施策が最終的に軍備や武器貿易の削減あるいは撤廃に向かうと主張する人々の論理は明晰ではなかった。さらに、戦間期の武器移転規制交渉には、ギリシャやルーマニアをはじめとする小国も参加していた。そうした国々は、「文明国」間の移転を含めた全ての移転を政府による許可制度にする提案や、各国の輸出入情報を公開したり国際的な報告・登録制度を設けたりする提案に対して、概して批判的な立場をとった。多くの小国は、これらの提案を、武器の取得を輸入に頼る小国の自衛権を侵害しうる差別的な施策だと捉えたのである[47]。

一九一九年条約は、批准した国に対して発効するものとされていたが、批准する国が少なく、事実上は死文化した。代わって先述の二五年の会議で採択された武器移転規制の条約も、各国の批准が進まず発効しなかった[48]。そして、武器移転規制の条約草案は、三二年からのジュネーヴ軍縮会議に持ち込まれ、会議参加国の一般的な軍備の削減・制限や、化学兵器や生物兵器の禁止などと並行して検討された。しかし、本書第4章が詳説するように、ジュネーヴ軍縮会議は、武器移転規制に関しても軍備の削減・制限についても、化学兵器や生物兵器の使用や「準備」の禁止についても、具体的な合意に至ることができなかった。

なお、戦時国際法の領域では、一八六四年・一九〇六年のジュネーヴ条約が二九年に改定され[49]、同時に俘虜の待遇に関する条約も合意された[50]。また、第一次大戦における総力戦の経験に基づき民間人保護の必要性が認識され、二九年の条約改定・締結時には、敵国の民間人保護のための国際条約の締結に向けた調査を行うことも合意された[51]。しかし、その後、東京で開催された第一五回赤十字国際会議などを通じて条約案が作成されたものの、四〇年に予定されていた条約交渉会議は、第二次世界大戦勃発により実現しなかった。

(3)　冷戦期

①軍縮から軍備管理へ

国際連合憲章第一一条は、「総会は、国際の平和及び安全の維持についての協力に関する一般原則を、軍備縮小及び軍備規制（disarmament and the regulation of armaments）を律する原則も含めて審議し、このような原則について加盟国もしくは安全保障理事会またはこの両者に対して勧告をすることができる」と定めた。また、第二六条は、「世界の人的及び経済的資源を軍備のために転用することを最も少くして国際の平和及び安全の確立及び維持を促進する目的で、安全保障理事会は、軍備規制（regulation of armaments）の方式を確立するため国際連合加盟国に提出される計画を、第四七条に掲げる軍事参謀委員会の援助を得て、作成する責任を負う」とした。しかし、第二六条に基づく施策については、一九五二年に設置された国連軍縮委員会や、その下に設置された五カ国小委員会で討議されたものの、合意に至らなかった[52]。

その一方で、冷戦期には軍備管理の概念が形成され、軍備（とりわけ核兵器）の安定的均衡によって潜在的に敵対的な国家間の関係を安定化させ戦争の可能性を低減するための措置として理解されるようになった。また、核兵器の破壊力と軍事的重要性が認識され、さらに核分裂性物質や核技術が拡散し、核兵器を配備する国が増加するに伴い、核兵器や運搬手段等の拡散の抑制・阻止を焦点にした「不拡散」（nonproliferation）も政策課題として重視され、軍備管理の一端に位置付けられるようになった。

そして実際に、冷戦期には核兵器の軍備管理や不拡散を趣旨とした合意形成が活発に試みられた。例えば、一九六三年の部分的核実験禁止条約（ＰＴＢＴ）[53]、六八年の核兵器不拡散条約（ＮＰＴ）[54]、七二年の弾道弾迎撃ミサイル制限条約（ABM条約）[55]、同年の戦略兵器制限暫定協定（SALT I暫定協定）[56]、七四年の地下核実験制限条約（TTBT：発効は九〇年）[57]、七六年の平和目的核爆発条約（PNET）[58]などが代表例である。七四年に設立された原子力供給国グループ（NSG）による原子力技術輸出のガイドライン形成、八七年に発足したミサイル技術管理レジーム（MTCR）による大量破壊兵器の運搬手段及び関連汎用品・技術の輸出規制など、法的拘束力を伴わない移転規制レジームも形成された。また、南極、宇宙、海底の軍事利用（主に核兵器の設置）を禁止すべく、五九年に南極条約[59]、六六年に宇宙条約[60]、七〇年に海底核兵器禁止条約[61]、七九年に月協定[62]が次々に採択された。さらに、非核兵器国によって、一九六七年のトラテロルコ条約（ラテンアメリカ地域）[63]や八五年のラロトンガ条約（南太平洋地域）[64]といった非核（兵器）地帯条約も合意された。なお、化学兵器と生物兵器の分野では、八五年にオーストラリアが主導する「オーストラリア・グループ」が組織され、これら兵器の開発・製造に使用しうる関連汎用品及び技術の輸出規制が試みられるようになった。

そして、軍備管理概念が重視されるにつれ、この概念が軍縮概念と区別されたり、あるいは軍縮概念自体が、国家の安全に必要とされる最小限度への軍備の削減・縮小・撤廃を意図しない幅広い規制を包摂するものとして使用されたりする傾向も生じた。

②国際人道法の発展と軍備管理との接合

冷戦期にも、一九世紀以降の戦時国際法（冷戦期に国際人道法と呼ばれるようになった）[65]の流れを汲む条約が形成された。しかも、戦争犠牲者の保護を主眼とするいわゆるジュネーヴ法の分野においても、外敵手段・方法の規制を主眼とするいわゆるハーグ法の分野においても、戦間期の議論を基礎とする進展がみられ、さらにハーグ法の分野では軍備管理との接合が生じた。

まず、前者の分野においては、一九四九年にジュネーヴ諸条約(66)、七七年に同諸条約追加議定書(67)が合意され、第二次世界大戦勃発により条約交渉が滞っていた民間人保護のための規定が盛り込まれた。次に、ハーグ法の分野では、一九二五年にジュネーヴ議定書が合意された際には、アメリカが提案した毒ガスの輸出禁止が条約に盛り込まれず、一九三二年からのジュネーヴ軍縮会議では化学兵器や生物兵器の使用だけでなく「準備」も禁止する提案がなされたものの、この会議は合意なく終わっていた。しかし、七一年に採択された生物兵器禁止条約(68)に、国際人道法としての使用禁止だけでなく、開発、生産、貯蔵、取得、保有、移転の禁止や既に保有されている生物兵器の廃棄といった軍備管理要素も盛り込まれたことにより、戦間期の提案は生物兵器に関しては実現された。特定兵器の使用禁止は、戦間期にも武器移転規制や軍備の削減・制限などと同じ会議プロセスのなかに位置付けられていたが、冷戦期には使用禁止要素と軍備管理要素が一つの条約にまとめられる現象が生じたとも言えよう。

この他にも、通常兵器の分野では、一九八〇年に特定通常兵器使用禁止制限条約（ＣＣＷ(69)）及び三つの付属議定書（検出不可能な破片を利用する兵器の禁止に関する第一議定書(70)、地雷やブービートラップ等の使用の禁止または制限に関する第二議定書(71)、民間人・民間施設等に対する焼夷兵器の使用の禁止または制限に関する第三議定書(72)）が合意された。また、ベトナム戦争における枯葉剤使用への批判や環境問題への関心の高まりを背景に、一九七六年に国連総会において環境改変技術敵対的使用禁止条約(73)が採択された。

なお、戦間期までとは異なり、これらの条約には、「文明国」間の戦争に適用される旨の文言は盛り込まれなかった。この時代には、人間集団が「文明の基準」を充足するか否かを国家性の要件と捉える見方は正当化され得なくなり、無条件の民族自決の権利に基づいて独立を遂げた国々は、一律に国家として扱われるようになった。また、一九四九年のジュネーヴ諸条約および七七年の同諸条約追加議定書における一定の規定は、非国際的な（国家間でない）武力紛争にも適用された。

③武器移転規制と武器の削減・制限

本書第5章が述べるように、戦間期以降の欧米諸国では、武器輸出に対する許可制度の整備が進んだ。第6章が示すような、戦時在外余剰資産となった兵器の移転に関する詳細な方針や制度も形成された。そして、「文明国」と「文明の基準を満たさない人々」の区別が正当化され得なくなった時代において、一九世紀や戦間期の条約に盛り込まれたような、「野蛮」と見做した特定地域への武器移転を禁止する施策は提案されなくなった。代わって、この時期に創出されたのは、冷戦構造を反映した移転規制レジームであった。すなわち、一九五〇年に、西側諸国が、共産主義諸国への軍事技術・戦略物資の輸出を統制すべく、COCOMを発足させた。

他方で、冷戦期には、国連での通常兵器移転規制は概して進展しなかった。まず、国連安保理制裁決議による国連憲章第四一条に基づく特定の国や集団への武器禁輸は、僅かな例外を除けば常任理事国五カ国が合意に至らなかった。また、本書第7章が示すように、西側諸国は武器移転の情報を公開ないし登録する制度の形成を国連総会で提案したが、多くの非同盟諸国の反対を受けたため、交渉の場すら設けることができなかった。反対した国々は、そのような制度は植民地人民の独立の権利や武器輸入国の自衛権を侵害し、武器を輸入に頼る国々の国家安全保障を脅かす差別的な措置だと見做した[74]。

この時期に、非同盟諸国は、米ソ二極構造下の安定や核戦争の防止を目的とする軍備管理や不拡散だけでは不十分だと批判し、「北」の大国の軍備を削減するよう求めた。そして、一九七八年に開催された第一回国連軍縮特別総会では、多くの非同盟諸国が、「北」の大国にこそ軍縮（とりわけ核軍縮）を実行する責任があると主張した。非同盟諸国の主張を反映して、この会議の最終文書には、「とりわけ核兵器国及びその他の軍事大国による相互了解に基づく軍事予算の段階的削減は、…軍備競争の停止に貢献する措置になりうるとともに、現在は軍事目的に費やされている資源を経済・社会開発のために――とりわけ途上国の利益になるように――再配分する可能性を高めるであろう」

との文言が盛り込まれた[75]。しかし、この構想を実現するための具体的な制度は構築されず、八二年の第二回及び八八年の第三回国連軍縮特別総会は最終文書の採択に至らなかった。

(4)　冷戦終結後

①大国の軍備削減と核不拡散

東西対立が解消していくにつれ、米ソ間（後に米ロ間）で核兵器を削減する交渉が可能になった。冷戦終結前の一九八七年には、中距離核戦力（ＩＮＦ）全廃条約[76]により、地上発射型の長射程中距離ミサイルと短射程中距離ミサイルおよび発射基等の廃棄が合意された。九一年には、第一次戦略兵器削減条約（ＳＴＡＲＴ Ｉ条約）[77]が調印され、戦略兵器の弾頭や運搬手段の削減が合意された。九三年に採択された第二次戦略兵器削減条約（ＳＴＡＲＴ Ⅱ条約）[78]は発効せず、二〇〇一年にはアメリカがミサイル防衛（ＭＤ）システム配備の障害になるＡＢＭ条約からの脱退を表明した。しかし、米ロは翌〇二年には新たに戦略攻撃能力削減条約（ＳＯＲＴ）[79]に合意し、一〇年には、戦略兵器の弾頭と運搬手段を大幅に削減する新戦略兵器削減条約（新ＳＴＡＲＴ条約）[80]に合意した。

また、ヨーロッパでは、通常戦力を削減する条約が締結された。すなわち、一九八九年から、全ヨーロッパ安全保障協力会議（ＣＳＣＥ）において交渉が行われ、九〇年に通常戦力を削減した上で上限を設定する欧州通常戦力条約（ＣＦＥ条約）[81]が合意され、九二年には、ソ連解体後の独立国を加えた三〇カ国の間で同条約が発効した。ただし、旧ワルシャワ条約機構加盟国による北大西洋条約機構（ＮＡＴＯ）加盟などの変化を受けて九九年に採択された欧州通常戦力条約適合合意[82]は発効に至っておらず、〇七年にはロシアがＣＦＥ条約の履行停止を表明した。

さらに、冷戦終結後には、米ロの核兵器の削減に一定の進展がみられた一方で、非国家主体やイラン、北朝鮮などへの核兵器拡散の脅威に対する認識が高まった。一九九五年のＮＰＴ運用検討・延長会議では、同条約が無期限延長され、九六年の国連総会では、包括的核実験禁止条約（CTBT）[83]が採択された（二〇一七年一月現在、未発効）。非国家主体やイランや北朝鮮などの特定国に対する大量破壊兵器関連物資等の移転を禁ずる内容の国連安全保障理事会決議も、数多く採択された[84]。二〇〇三年には、拡散に対する安全保障構想（PSI）をアメリカが提唱し、同年九月に一一カ国の参加により阻止原則宣言[85]が採択された。PSIは、大量破壊兵器やその運搬手段ならびに関連物質の「拡散懸念国」への流れ及び「拡散懸念国」等からの移転や輸送を阻止すべく、陸・海・空において拡散を阻止することに重点を置いたものであり、その後、一〇〇カ国以上の賛同を得て、共同阻止訓練等が実施されている。冷戦期に形成され始めた非核（兵器）地帯条約も、新たに一九九五年にバンコク条約（東南アジア地域）[86]、九六年にペリンダバ条約（アフリカ地域）[87]、〇六年にセミパラチンスク条約（中央アジア地域：セメイ条約とも呼ばれる）[88]が合意された。

②国際人道法と軍縮・軍備管理の融合

特定兵器の禁止の取り組みにおいて、戦時国際法ないし国際人道法と軍縮・軍備管理の領域は、二〇世紀を通じて徐々に接合されていったが、冷戦終結後はこの動きが加速した。先述のように、冷戦期には、生物兵器の分野で、国際人道法的な使用禁止と軍備管理要素を同時に盛り込んだ条約が形成されたが、一九九二年に国連総会で採択された化学兵器禁止条約[89]にも、使用の禁止だけではなく開発、生産、取得、保有、移転の禁止や、既に保有している化学兵器の廃棄が盛り込まれた。また、二〇一六年の国連総会では、核兵器を禁止する条約の交渉会議を一七年三月及び同年七月に開催する旨の決議が採択された[90]。この交渉では、禁止する行為の範囲についても検討がなされる見込みである。さらに、通常兵器の分野でも同様の動きがみられた。一九九五年の失明をもたらすレーザー兵器に関するCCW第四議定書[91]では、使用と移転が禁止され、九六年の地雷やブービートラップ等の使用の禁止または制限に関する改正第二議定書[92]では、使用と移転の禁止や制限が盛り込まれた。さらに、九七年の「対人地雷の使用、貯蔵、生産及び移譲の禁止並びに廃棄に関する条約」（以下、対人地雷禁止条約[93]）と二〇〇八年の「クラスター弾に関する条約」（以下、クラスター弾条約[94]）は、使用と移転だけでなく開発、生産、取得、貯蔵、保有、移転も禁止し、保有分の廃棄も義務付けた。

加えて、岩本誠吾が指摘するように、ＣＣＷの改正第二議定書や、対人地雷禁止条約及びクラスター弾条約の交渉においては、戦間期から冷戦期にかけて重視されるようになった武力紛争時の文民保護という視点だけでなく、武力紛争後の文民被害（紛争後も残存する地雷やクラスター弾による被害など）の抑制や回避も重視されるようになり、人道的考慮の時間的適用範囲が拡大された[95]。そして、対人地雷禁止条約とクラスター弾条約には、自国の管轄下または管理下に敷設された対人地雷や、クラスター弾残存物（不発の子弾等）の廃棄や、被害者への支援及び社会的・経済的包摂の推進なども盛り込まれた。

③小型武器・軽兵器規制及び通常兵器移転規制を通じた範疇の拡大

冷戦終結後には、小型武器・軽兵器規制や通常兵器移転規制の取り組みも進展し、なおかつ開発、平和構築、移行期正義といった様々な政策領域との融合が進んだ。つまり、この分野の条約等の合意文書には、移転規制やブローカー取引規制から、武器の刻印・登録、元兵士の武装解除・動員解除・社会復帰（disarmament, demobilisation and reintegration：ＤＤＲ）、治安部門改革（security sector reform：ＳＳＲ）、社会的関係の再構築、暴力の文化の撲滅と平和の文化の構築、心の癒しに至るまでの多種多様な施策が盛り込まれるようになったのである。さらに、移転規制についても、人道、人権、持続可能な開発といった幅広い目的に資するべく、各国政府が移転許可申請を審査し可否判断を行う際の国際基準――例えば、各国は国際人道法や国際人権法の重大な違反に使用されるリスクの程度を審査し、それが高いと判断した場合にはその申請を許可しないといった判断基準――に合意することが提唱され、本書第7章が紹介する様々な地域的取極やATTが採択された。

これらの施策には、軍備の削減・縮小あるいは撤廃といった意味での「軍縮」を必ずしも志向しないものや、国家間の軍備の安定的均衡という冷戦期的な「軍備管理」概念に該当しないものも含まれる。そして、小型武器・軽兵器規制や通常兵器移転規制の政策論議や施策実施には、開発、環境、人権、組織犯罪対策、ジェンダーといった幅広い分野の専門組織が関与するようになった。

この現象が生じた理由としては、「安全保障の再概念化」(reconceptualization of security)[96]とも称される安全保障概念の変容と、それに伴う「開発と安全保障の融合」(merger of development and security)[97]と呼ばれる現象を挙げることができる。冷戦終結後の国連などの場での政策論議においては、従来の国家安全保障概念とは異なり、個人やグループが自由に選択し行動することを妨げる様々な制約(戦争、貧困、抑圧や人権侵害など)の除去を重視する「人間の安全保障」(human security)概念が強く主張されるようになった。そして、「人間の安全保障」をめぐる政策論議においては、主に「南」の個々の人間の安全が必ずしも保障されていないことや、冷戦終結後に「南」で多発した武力紛争の惨状や持続可能な開発への悪影響が問題視された[98]。また、貧困や低開発と武力紛争は相互に関連すると見做され、平時と武力紛争時及び武力紛争後の全段階において、「南」の人々の心や社会的関係、政府の意思や能力の変容を促すことが必要だと論じられた。こうして、開発と安全保障の議論の境界線は曖昧になり、それに伴い、通常兵器規制の領域に位置付けられる施策の範疇も拡張した。

さらに、一九世紀には特定兵器禁止と武器移転規制は異なる枠組みのなかに位置付けられていたが、冷戦終結後の特定通常兵器禁止や小型武器・軽兵器規制及び通常兵器移転規制は、同じ目的に資するものとして捉えられている。例えば、一九九五年にブトロス・ブトロス＝ガーリ(Boutros Boutros-Ghali)国連事務総長が国連安全保障理事会に提出した『平和への課題：追補』[99]は、地雷問題対策と小型武器・軽兵器規制をあわせて「ミクロ軍縮」（micro disarmament）と括り、この問題に国際社会が緊急に取り組む必要があると主張した。そして、一九九七年に対人地雷禁止条約が合意され、次いで二〇〇〇年代にクラスター弾条約が形成されるなかで、これら兵器の問題への対策においても、精神的・心理的支援を含む被害者支援や、被害地域・被害国の社会的・経済的問題に関する取り組みなど、従来の軍縮や軍備管理概念に該当しない施策が包摂され、重視されるようになった。

二〇〇〇年代には、対人地雷やクラスター弾の禁止や通常兵器規制を総称して、「人道的軍備管理」（humanitarian arms control）ないし「人道的軍縮」（humanitarian disarmament）という分析概念が用いられるようになった[100]。これは、冷戦終結後に、軍備の安定的均衡といった国家安全保障の視点に基づく従来の軍備管理アプローチとは異なる、人間が被る苦痛や持続可能な開発への悪影響をなくす（あるいは少なくとも減じる）といった「人間の安全保障」の視点を重視したアプローチに基づく合意形成や施策実施が進み、軍縮や軍備管理の意味や範疇が変容・拡大し、従来は区別されてきた他領域と融合した現象を捉えようとする概念と言えよう。

④ブリュッセル協定と冷戦終結後の規制との異同

冷戦終結後の小型武器・軽兵器規制や通常兵器移転規制の政策論議全般において、武器の拡散と濫用は、主に「南」の「人間の安全保障」の問題として注目された。そして、「南」の武力紛争における国際人道法違反や日々の暴力、犯罪に使われる著しいリスクを認識しながら武器を輸出する国々の行為が非難された。その一方で、この分野の政策論議においては、「北」の国家間の武器移転、「北」における武器所持の国内的規制、「北」の国家が関与する武力紛争における武器の不正使用に対する問題意識は、相対的に希薄である[101]。したがって、この分野の政策論議に対しては、一九世紀のブリュッセル協定や戦間期の武器移転規制条約に表出していたような、「野蛮ないし半文明」の人々への武器移転を問題視し、彼らの国家組織のありかたや社会的関係や心の問題にまで介入しようとする植民地主義的な発想に基づいているとの指摘もみられる(102)。

その一方で、冷戦終結後の小型武器・軽兵器規制や通常兵器移転規制には、一九世紀のブリュッセル協定との相違点もみられる。まず、同協定では、対アフリカ武器移転が原則禁止された一方で、「文明国」への武器移転は扱われなかった。これに対して、冷戦終結後の移転規制合意は、特定地域への武器移転を原則禁止するのではなく、「北」と「南」の別なく全仕向地に対する武器移転を規制対象にした上で、可否判断のための審査基準を設け、各国政府が基準に照らし合わせて審査し、リスクが高いと判断した場合には移転しないというアプローチをとっている。そして、各輸出国が移転許可基準に照らし合わせて通常兵器移転の可否をその都度判断するアプローチは、単一の審査・判断主体の存在や、各輸出国の判断の「正しさ」を事後的に評価する制度の構築を前提としていない。また、ブリュッセル協定は、列強諸国がアフリカに進出して人々を効率的に保護して統治するとの前提で交渉されたのに対して、冷戦終結後のこの分野の合意は、「北」と「南」の別なく全ての国において、平和教育や和解、民間人の武器所持の規制、軍・警察・司法組織の倫理や能力の改善といった諸施策を、必要な場合は実施すべきだとの発想に基づいている。そして、こうした諸施策の実施にあたっても、外部アクターではなく各国の指導者や人々自身が適切な施策を選択し、それを「オーナーシップ」をもって実施することの重要性が強調される。つまり、近年の小型武器・軽兵器規制や通常兵器移転規制の合意においては、「北」のアクターが「武器を手にすべきではない集団」を一律に定めてその集団による武器入手を阻止することや、「北」のアクターが「南」に一方的に介入して「正しい」政策や施策を導入することは想定されていない。

3　本書の構成及び特色

一九世紀から現代までを振り返ると、各時代に支配的な軍縮や軍備管理の定義（及び用語の有無）や範囲認識は一様ではなく、戦時国際法・国際人道法などの隣接領域との関係も変容してきた。武器移転規制や軍備の削減・制限に与えられた優先度や、提案された施策の内容や軍縮・軍備管理全体における位置付けも変化してきた。本書の第1章から第7章までは、一九世紀から現在までの武器移転規制や軍備の削減・制限の個別事例を掘り下げて考察する。各章の概要や位置付けは、以下の通りである。

第1章「アフリカ銃貿易とブリュッセル会議（一八八九～九〇年）――ソールズベリー首相はなぜ銃貿易規制を推進したのか――」（竹内真人）は、一八九〇年のブリュッセル協定を扱い、イギリスのソールズベリー首相がブリュッセル会議で対アフリカ銃貿易規制を推進するに至った原因を考察する。そして、その原因をイギリスの福音主義派の人道主義団体であった先住民保護協会による活動の成功に求めるとともに、保守主義の危機を乗り切ろうとしたソールズベリー側の事情も指摘する。

第2章「両大戦間期における軍事力と国際的不安定性」（ジョセフ・A・マイオロ）は、第一次世界大戦期における総力戦の経験によって、「軍事力」の意味が、経済と社会の全体を包摂するところまで膨張し、国家安全保障の範囲が拡大したことが、国際政治を不安定化させたと論じる。先述のように、一九世紀から二〇世紀初頭の戦時国際法の発展の背景には、戦時に効率良く負傷兵を救援する知識と体制を整え、戦時の国民の士気を維持し、愛国心を育成するといった思惑もみられた。第2章は、第一次世界大戦において実際に経験された社会全体の動員体制や「軍事力」の意味の変容が、各国による軍備競争を生じさせ、それによる経済の組織化や社会統制を通じて、戦争と平和の境界線を消失させ、さらには国際政治の在り方を規定したことを詳論する。

第3章「第二次ロンドン海軍軍縮会議予備交渉の過程」（小谷賢）は、戦間期に国際連盟の枠外において特定の大国間での軍備の制限や削減を試みた一連の交渉のうち、一九三五年に開催された第二次ロンドン海軍軍縮会議に向けた予備交渉の過程に焦点を当て、この交渉が失敗し、ワシントン体制が崩壊に至った原因を考察する。そして、その根本的な原因として、国際情勢の変化によって各国が現実的な軍備均衡の必要性を考え始めていたにもかかわらず、引き続き理想的な軍縮に価値を見出そうとした点を指摘する。

第4章「ジュネーヴ軍縮会議に至るイギリス国際軍縮政策とフランス安全保障問題」（松永友有）は、武器移転規制や軍備の制限・削減、特定兵器の使用禁止など多様な課題が検討されたジュネーヴ軍縮会議を扱う。具体的には、アメリカ、ドイツ、フランス等による軍備の制限・削減に関する提案やフランスの安全保障要求に対して、イギリスが消極的対応を取り続けた理由を考察する。そして、一九三一年の挙国内閣への政権交代に伴う国際軍縮政策と対仏姿勢の転換に、この原因を求める。

第5章「戦間期武器貿易規制交渉の帰結と遺産」（キース・クラウス）は、軍備や武器貿易の規制に重点を置きつつ、戦間期の軍縮努力が失敗に終わった原因を、政治経済的要因、地政学的要因、グローバルな多国間フォーラムの限界、概念の不一致の四側面に絞って検証する。そして、主な要因として、この時代が多国間システムの黎明期であったこと、及び「理想主義者」と「現実主義者」との相互作用が生じたことの二要因を挙げる。その上で、現代の武器移転規制について、戦間期の事例から導き出せる教訓を考察する。

第6章「アメリカの戦時在外余剰資産の処分と武器移転――国務省対外清算局の活動（一九四五～四九年）を中心に――」（須藤功）は、第二次世界大戦終結時にアメリカ軍が抱えた戦時在外余剰資産に含まれた武器の移転を扱う。そして、戦時在外余剰資産の移転に関する法制度の整備や担当組織の構築、移転の実態を明らかにするとともに、戦時在外余剰資産としての武器の処分が、国際武器移転の重要な経路の一つになったことを指摘する。第5章でクラウスが示唆するように、武器移転を規制する制度は、武器移転を許可する制度でもある。これを逆の視点から見れば、第6章は、各国で武器移転規制に関する法制度や組織の整備が急速に発展した時代のアメリカにおける、戦時在外余剰資産の処分という形態の武器移転を規制する法制度や組織の構築過程をも鮮明に示していると言えよう。

第7章「冷戦終結後の通常兵器移転規制の進展と限界」（榎本珠良）は、冷戦終結後の通常兵器移転規制を扱う。ただし、本書には二〇世紀後半以降の通常兵器移転規制を扱う章が他にないため、まずは時代を遡って政策論議の動向を概観する。そして、一九九〇年代以降に多くの合意が形成された背景や主要な合意を紹介した上で、二〇一三年に採択されたATTの内容を解説する。その上で、一九世紀から冷戦終結以前の通常兵器移転規制交渉を振り返り、発効や実施に至った合意にみられる共通点を指摘し、それらに照らし合わせて冷戦終結後の規制合意の特徴や限界を考察する。

以上のように、本書では、一九世紀から現在までの武器移転規制と軍備の削減・制限の二つの側面を扱い、歴史研究と現代の政策論議とを結び付けることを試みている。ただし、本書の多くの章は、二〇世紀前半の事例を扱っている。「一九世紀末から現在まで」と銘打っているものの、一九世紀以前を主に扱うのは第1章のみであり、二〇世紀後半以降を主に扱うのは第7章のみである。二〇世紀後半以降を扱う者が少ないことも背景に、大量破壊兵器分野に関する章はない。しかし、本書を通じて、われわれの研究グループの源流であった経済史・経営史から、帝国史、外交史、国際関係史などに踏み出し、さらに国際政治学や安全保障研究に跨る学際的・国際的な研究を模索する端緒を生み出すことができれば幸いである。

また、本書は、二〇一五年の明治大学国際武器移転史研究所の設立に際して掲げられた、歴史研究と現代の政策論議を結び付ける研究を追求するなかで生まれた。本書の執筆者のうち、第5章を担当したクラウスは、ジュネーヴ高等国際・開発問題研究所教授として、一九九九年に同研究所内に非政府組織（NGO）の「スモール・アームズ・サーヴェイ」（Small Arms Survey）を設立し、小型武器規制に関する世界的なシンクタンク型NGOの地位を築いた。この間、小型武器規制関連の国連会議でのスイス政府代表団メンバーや、武装暴力の削減と予防を通じた開発促進に関する国連事務総長報告書の起草者なども務めている。また、序章・終章・第7章の執筆及びクラウスの章の翻訳を担当した榎本は、二〇〇三年より一五年まで国際NGOにて人道及び軍縮・軍備管理問題の政策担当として勤務し、国連の通常兵器規制プロセスの交渉状況の分析・記録や関連する国内・国際会議の企画・開催等を担っていた。一五年に明治大学国際武器移転史研究所で勤務を開始して以降も、国際的な研究者・NGOのネットワークのメンバーやNGOへのコンサルタントなどを兼務している。このように、本書においては、軍縮・軍備管理の分野の実務に関与する者自身が、冷戦終結後の通常兵器移転規制等に関する知識を踏まえつつ、過去の類似事例に関する研究と現代の政策論議を結び付けて考察する方途を模索している。

注

（1）本章の執筆に際しては、「あとがき」に示される研究助成の他に、JSPS科研JP16K17075、JP16KT0040の助成を受けた。

（2）一九九九〜二〇〇一年度JSPS科研費・基盤研究（A）「第二次大戦前の英国兵器鉄鋼産業の対日投資に関する研究——ヴィッカーズ社・アームストロング社と日本製鋼所：一九〇七〜四一」（研究代表者：奈倉文二）：二〇〇二〜〇五年度JSPS科研費・基盤研究（A）「軍縮と武器移転の総合的歴史研究——軍拡・軍縮・再軍備の日欧米比較」（研究代表者：横井勝彦）：二〇〇八〜一一年度JSPS科研費・基盤研究（A）「軍縮と武器移転の総合的歴史研究——軍拡・軍縮・再軍備の日欧米比較」（研究代表者：横井勝彦）：二〇一三〜一六年度JSPS科研費・基盤研究（A）「軍縮・軍備管理の破綻に関する総合的歴史研究——両大戦間期の武器移転の連鎖構造を中心に」（研究代表者：横井勝彦）。

（3）横井・小野塚編［二〇一二］。

（4）横井編［二〇一四］。

（5） 二〇一五〜一九年度私立大学戦略的研究基盤形成支援事業「軍縮・軍備管理と武器移転・技術移転に関する総合的歴史研究」（研究代表者：横井勝彦）。
（6） Arms Trade Treaty, April 2, 2013（国連総会決議採択日）。
（7） 制限と削減をめぐる戦間期の議論や合意については、西川［二〇一四］を参照。
（8） Gillespie［2011］pp. 7–16.
（9） 以下の考察は、榎本［二〇一六］に基づく。
（10） Gillespie［2011］p. 11.
（11） Canons adopted at the Council of Clermont in 1130; Canons adopted at the Second Council of the Lateran in 1139; Canons adopted at the Third Council of the Lateran in 1179; Canons adopted at the Fourth Council of the Lateran in 1215.
（12） Liddy［2005］pp. 132–133.
（13） Esper［1967］.
（14） General Act of the Brussels Conference Relative to the African Slave Trade, July 2, 1890.
（15） Coordinating Committee for Multilateral Export Controls.
（16） 本節の考察の一部は、榎本［二〇一五］に基づく。
（17） Declaration Renouncing the Use, in Time of War, of Explosive Projectiles under 400 Grammes Weight, December 11（November 29 by the Julian Calendar）1868.
（18） Declaration on the Use of Bullets Which Expand or Flatten Easily in the Human Body, July 29, 1899.
（19） Declaration on the Launching of Projectiles and Explosives from Balloons, July 29, 1899.
（20） Declaration on the Use of Projectiles the Object of Which is the Diffusion of Asphyxiating or Deleterious Gases, July 29, 1899.
（21） Convention for the Amelioration of the Condition of the Wounded in Armies in the Field, August 22, 1864; Convention for the Amelioration of the Condition of the Wounded and Sick in Armies in the Field, July 6, 1906.
（22） Hutchinson［1989］pp. 559–567; Koskenniemi［2001］pp. 85–88.

(23) Hutchinson [1989].

(24) Hutchinson [1989] pp. 573-578.

(25) Chrastil [2008]; Taithe [1998].

(26) Convention with Respect to the Laws and Customs of War on Land and its Annex: Regulations Respecting the Laws and Customs of War on Land, July 29, 1899; Convention Respecting the Laws and Customs of War on Land and its annex: Regulations Respecting the Laws and Customs of War on Land, October 18, 1907.

(27) こうした規定によれば、締約国と非締約国（国家と見做されているが条約の締約国ではない国）との戦いにも「文明的」な戦闘ルールが適用されなくなるが、これは、そのような戦いにおいて締約国が著しく不利になることを回避するためであったと考えられる。

(28) 三牧［二〇一三］二三頁。

(29) Exchange of Notes Relative to Naval Forces on the American Lakes, April 28 and 29, 1817.

(30) Convention between Chile and the Argentine Republic Respecting the Limitation of Naval Armaments, May 28, 1902.

(31) Cortright [2008] pp. 95-96.

(32) Gillespie [2011] pp. 21-22.

(33) Final Act of the International Peace Conference, 29 July 1899; Final Act of the Second Peace Conference, October 18, 1907.

(34) 三牧［二〇一三］。

(35) Anderson [1994]; Cortright [2008] pp. 98-100；小野塚［二〇一二a、二〇一二b］；横井［一九九七］。

(36) Covenant of the League of Nations, April 28, 1919, Article 8.

(37) Gillespie [2011] pp. 7-10.

(38) これら一連の会議については、西川［二〇一四］を参照。

(39) Treaty between the United States of America, the British Empire, France, Italy and Japan for the Limitation of Naval Armament, February 6, 1922.

(40) Treaty for the Limitation and Reduction of Naval Armaments, April 22, 1930.

(41) Covenant of the League of Nations, April 28, 1919, Article 23 (d).

(42) Convention for the Control of the Trade in Arms and Ammunition, and Protocol, September 10, 1919.

(43) Stone [2000] p. 218.

(44) Ibid.

(45) Protocol for the Prohibition of the Use in War of Asphyxiating, Poisonous or Other Gases, and of Bacteriological Methods of Warfare, June 17, 1925.

(46) Treaty between the United States of America, the British Empire, France, Italy and Japan for the Protection of the Lives of Neutrals and Non-combatants at Sea in Time of War, and to Prevent the Use in War of Noxious Gases and Chemicals, February 6, 1922.

(47) Stone [2000].

(48) この条約に関しては，松永［二〇一四］を参照。

(49) Convention for the Amelioration of the Condition of the Wounded and Sick in Armies in the Field, July 27, 1929.

(50) Convention Relative to the Treatment of Prisoners of War, July 27, 1929.

(51) Final Act of the Diplomatic Conference, July 27, 1929.

(52) 杉江［二〇〇一］。

(53) Treaty Banning Nuclear Weapons Tests in the Atmosphere in Outer Space and Under Water, August 5, 1963.

(54) Treaty on the Non-proliferation of Nuclear Weapons, July 1, 1968.

(55) Treaty between the United States of America and the Union of Soviet Socialist Republics on the Limitation of Anti-Ballistic Missile Systems, May 26, 1972.

(56) Interim Agreement between the United States of America and the Union of Soviet Socialist Republics on Certain Measures with Respect to the Limitation of Strategic Offensive Arms, May 26, 1972.

(57) Treaty between the United States of America and the Union of Soviet Socialist Republics on the Limitation of Under-

ground Nuclear Weapon Tests, July 3, 1974.

(58) Treaty between the United States of America and the Union of Soviet Socialist Republics on Underground Nuclear Explosions for Peaceful Purposes, May 28, 1976.

(59) Antarctic Treaty, December 1, 1959.

(60) Treaty on Principles Governing the Activities of States in the Exploration and Use of Outer Space, including the Moon and Other Celestial Bodies, 19 December, 1966（国連総会決議採択日）。

(61) Treaty on the Prohibition of the Emplacement of Nuclear Weapons and Other Weapons of Mass Destruction on the Sea-Bed and the Ocean Floor and in the Subsoil thereof, December 7, 1970（国連総会決議採択日）。

(62) Agreement Governing the Activities of States on the Moon and Other Celestial Bodies, December 5, 1979（国連総会決議採択日）。

(63) Treaty for the Prohibition of Nuclear Weapons in Latin America, February 14, 1967.

(64) South Pacific Nuclear Free Zone Treaty, August 6, 1985.

(65) 戦時国際法と国際人道法の相違や範囲・定義には意見の相違があるが、本章では特定兵器の使用禁止もこれらの範疇にあるものと見做す。

(66) Geneva Convention for the Amelioration of the Condition of the Wounded and Sick in Armed Forces in the Field, August 12, 1949; Geneva Convention for the Amelioration of the Condition of the Wounded, Sick and Shipwrecked Members of Armed Forces at Sea, August 12, 1949; Geneva Convention Relative to the Treatment of Prisoners of War, August 12, 1949; Geneva Convention Relative to the Protection of Civilian Persons in Time of War, August 12, 1949.

(67) Protocol Additional to the Geneva Conventions of 12 August 1949, and Relating to the Protection of Victims of International Armed Conflicts, June 8, 1977; Protocol Additional to the Geneva Conventions of 12 August 1949, and Relating to the Protection of Victims of Non-International Armed Conflicts, June 8, 1977.

(68) Convention on the Prohibition of the Development, Production and Stockpiling of Bacteriological (Biological) and Toxin Weapons and on their Destruction, December 16, 1971（国連総会決議採択日）。

(69) Convention on Prohibitions or Restrictions on the Use of Certain Conventional Weapons which May be Deemed to be Excessively Injurious or to Have Indiscriminate Effects, October 10, 1980.

(70) Protocol on Non-Detectable Fragments（Protocol I）, October 10, 1980.

(71) Protocol on Prohibitions or Restrictions on the Use of Mines, Booby-Traps and Other Devices（Protocol II）, October 10, 1980.

(72) Protocol on Prohibitions or Restrictions on the Use of Incendiary Weapons（Protocol III）, October 10, 1980.

(73) Convention on the Prohibition of Military or Any Other Hostile Use of Environmental Modification Techniques, December 10, 1976（国連総会決議採択日）。

(74) DDA［1985］p. 140; Muni［1988］pp. 205–206.

(75) UN Doc. A/RES/S-10/2. Final Document of the Tenth Special Session of the General Assembly, para. 89.

(76) Treaty between the United States of America and the Union of Soviet Socialist Republics on the Elimination of their Intermediate-Range and Shorter-Range Missiles, December 8, 1987.

(77) Treaty between the United States of America and the Union of Soviet Socialist Republics on the Reduction and Limitation of Strategic Offensive Arms, July 31, 1991.

(78) Treaty between the United States of America and the Russian Federation on Further Reduction and Limitation of Strategic Offensive Arms, January 3, 1993.

(79) Treaty between the United States of America and the Russian Federation on Strategic Offensive Reductions, May 24, 2002.

(80) Treaty between the United States of America and the Russian Federation on Measures for the Further Reduction and Limitation of Strategic Offensive Arms, April 8, 2010.

(81) Treaty on Conventional Armed Forces in Europe, November 19, 1990.

(82) Agreement on Adaptation of the Treaty on Conventional Armed Forces in Europe, November 19, 1999.

(83) Comprehensive Nuclear-Test-Ban Treaty, September 10, 1996（国連総会決議採択日）。

(84) 非国家主体を対象とした決議等に関しては、Enomoto［2017］を参照。
(85) Statement of Interdiction Principles, September 4, 2003.
(86) Treaty on the Southeast Asia Nuclear Weapon-Free Zone, December 15, 1995.
(87) African Nuclear Weapon-Free-Zone Treaty, April 11, 1996.
(88) Treaty on a Nuclear-Weapon-Free Zone in Central Asia, September 8, 2006.
(89) Convention on the Prohibition of the Development, Production, Stockpiling and Use of Chemical Weapons and on Their Destruction, November 30, 1992（国連総会決議採択日）。
(90) UN Doc. A/RES/71/258. Taking forward Multilateral Nuclear Disarmament Negotiations.
(91) Protocol on Blinding Laser Weapons（Protocol IV）, October 13, 1995.
(92) Protocol on Prohibitions or Restrictions on the Use of Mines, Booby-Traps and Other Devices as Amended on 3 May 1996（Amended Protocol II）, May 3, 1996.
(93) Convention on the Prohibition of the Use, Stockpiling, Production and Transfer of Anti-Personnel Mines and on Their Destruction, September 18, 1997.
(94) Convention on Cluster Munitions, May 30, 2008.
(95) 岩本［二〇一六］。
(96) Booth［2007］.
(97) Duffield［2001］.
(98) 冷戦終結後の安全保障概念の変容や「安全保障と開発の融合」に関連する先行研究では、「南」、「途上国」、「低開発国」等の表記と、それと対照される領域としての「北」、「西」、「先進国」等の表記がみられる。本章では「南」と「北」に統一し、必ずしも固定的な地理的ラベルとしてではなく、想像される領域として捉える。
(99) UN Doc. A/50/60-S/1995/1. Supplement to an Agenda for Peace: Position Paper of the Secretary-General on the Occasion of the Fiftieth Anniversary of the United Nations.
(100) Cooper［2011］.

（101）文脈は若干異なるものの、冷戦終結とともに数多く採択されるようになった国連安保理決議による国連憲章第四一条に基づく武器禁輸も、その対象の多くはアフリカなどの「南」の国々である。

（102）Stavrianakis [2010].

文献リスト

岩本誠吾［二〇一六］（報告）「国際人道法と軍備管理軍縮――通常兵器規制での人道性の拡大傾向と今後の課題」二〇一六年軍縮学会部会①「軍備管理軍縮と人道性」（二〇一六年四月）。

榎本珠良［二〇一五］『冷戦終結後の開発・安全保障言説における人間像――小型武器規制・通常兵器移転規制の事例から』（東京大学大学院総合文化研究科博士論文）。

榎本珠良［二〇一六］「武器移転規制と秩序構想――武器貿易条約（ATT）の実施における課題から」『国際武器移転史』一。

小野塚知二［二〇一二a］「兵器はいかに容易に広まったのか」横井勝彦・小野塚知二編『軍拡と武器移転の世界史――兵器はなぜ容易に広まったのか』日本経済評論社。

小野塚知二［二〇一二b］「兵器はいかに正当化されたか――実態と規範」横井勝彦・小野塚知二編『軍拡と武器移転の世界史――兵器はなぜ容易に広まったのか』日本経済評論社。

杉江栄一「国連システムと軍縮交渉」『中京法學』二五‐三・四。

西川純子［二〇一四］「戦間期の軍縮――ウィルソンからフーヴァーまで」横井勝彦編『軍縮と武器移転の世界史――「軍縮化の軍拡」はなぜ起きたのか』日本経済評論社。

松永友有［二〇一四］「イギリス商務院の武器輸出管理政策と外務省との角逐」横井勝彦編『軍縮と武器移転の世界史――「軍縮化の軍拡」はなぜ起きたのか』日本経済評論社。

三牧聖子［二〇一三］「戦争違法化思想とアメリカ外交」『アメリカ太平洋研究』一三。

横井勝彦［一九九七］『大英帝国の〈死の商人〉』講談社。

横井勝彦編［二〇一四］『軍縮と武器移転の世界史――「軍縮下の軍拡」はなぜ起きたのか』日本経済評論社。

横井勝彦・小野塚知二編［二〇一二］『軍拡と武器移転の世界史――兵器はなぜ容易に広まったのか』日本経済評論社。

Anderson, D. G. [1994] "British rearmament and the 'merchants of death': The 1935-36 Royal Commission on the Manufacture of and Trade in Armaments", *Journal of Contemporary History*, 29: 1.

Booth, K. [2007] *Theory of World Security*, Cambridge.

Chrastil, R. [2008] "The French Red Cross, War Readiness, and Civil Society, 1866-1914", *French Historical Studies*, 31: 3.

Cooper, N. [2011] "Humanitarian arms control and processes of securitization: Moving weapons along the security continuum", *Contemporary Security Policy*, 32: 1.

Cortright, D. [2008] *Peace: A History of Movements and Ideas*, Cambridge.

DDA (Department for Disarmament Affairs) [1985] *The United Nations and disarmament: 1945-1985*, New York.

Duffield, M. [2001] *Global Governance and the New Wars: The Merging of Development and Security*, London & New York.

Enomoto, T. [2017] "Controlling arms transfers to non-state actors: From the emergence of the sovereign-state system to the present", *History of Global Arms Transfer*, 3.

Esper, T. [1967] "A Sixteenth-Century Anti-Russian Arms Embargo", *Jahrbücher für Geschichte Osteuropas*, 15.

Gillespie, A. [2011] *A History of the Laws of War: Volume 3 The Customs and Laws of War with Regards to Arms Control*, Oxford.

Hutchinson, J. F. [1989] "Rethinking the Origins of the Red Cross", *Bulletin of the History of Medicine*, 63: 4.

Koskenniemi, M. [2001] *The Gentle Civilizer of Nations: The Rise and Fall of International Law 1870-1960*, Cambridge & New York.

Liddy, C. D. [2005] *War, Politics and Finance in Late Medieval English Towns: Bristol, York and the Crown, 1350-1400*, Woodbridge.

Muni, S. D. [1988] "Third World Arms Control: Role of the Non-Allied Movement", T. Ohlson ed., *Arms Transfer Limitations and Third World Security*, Oxford & New York.

Stavrianakis, A. [2010] *Taking Aim at the Arms Trade: NGOs, Global Civil Society and the World Military Order*, London & New York.

Stone, D. [2000] "Imperialism and Sovereignty: The League of Nations' Drive to Control the Global Arms Trade", *Journal of Contemporary History*, 35: 2.

Taithe, B. [1998] "The Red Cross flag in the Franco-Prussian War: Civilians, Humanitarians and War in the 'Modern Age'", R. Cooter, M. Harrison & S. Sturdy, eds., *War, Medicine and Modernity*, Stroud.

第1章　アフリカ銃貿易とブリュッセル会議（一八八九〜九〇年）

——ソールズベリー首相はなぜ銃貿易規制を推進したのか——

竹内　真人

1　はじめに

一八八九〜九〇年にかけて行われた「アフリカ奴隷貿易等に関するブリュッセル会議」（以下、ブリュッセル会議）は、アフリカ銃貿易規制が歴史上初めて多国間で協議された会議であった。そこで決議されたブリュッセル会議一般協定（以下、ブリュッセル協定）は、欧州一三カ国[1]とアメリカ合衆国、ペルシア、ザンジバル・スルタン国、コンゴ自由国によって調印され、その後、エチオピア、リベリア、オレンジ自由国もこの協定に加盟した[2]。ブリュッセル協定によって、アフリカの奴隷貿易と関連した銃貿易を規制することが初めて国際的に認められたのである。しかし、イギリスのジェントルマン・エリートであったソールズベリー首相は、イギリスが自国の銃貿易を規制しても他国の銃貿易が活発になるだけだと考え、そもそも実効性が疑わしいアフリカ銃貿易の規制に反対していた。

本章では、ソールズベリー首相がなぜブリュッセル会議でアフリカ銃貿易規制という自由主義的介入を推進するに至ったのか、その原因を考察する。最近のイギリス帝国史研究では、一八世紀末以降のイギリス帝国主義の性格を、ジェイムズ・ミル、T・B・マコーリー、J・S・ミルらの言説に表れた自由主義的帝国主義 Liberal Imperialism と捉える研究が盛んに行われており[3]、イギリスのジェントルマン・エリートが自由主義的政策転換を行った原因が英米のキリスト教福音主義派の人道主義的イデオロギーにあったことが強調されている[4]。本章では、この福音主義派の人道主義的ネットワークを活用したイギリスの人道主義団体として特に先住民保護協会 Aborigines' Protection Society（以下APS）の活動に注目し、イギリス保守党のソールズベリー首相が、アフリカ銃貿易規制に消極的であったにもかかわらず、なぜブリュッセル会議で銃貿易規制を推進したのか、またブリュッセル協定に示されたアフリカ銃貿易規制の実効性はどの程度あったのかを考察する。その際、オックスフォード大学ローズハウス図書館に所蔵されているAPSと反奴隷制協会 British and Foreign Anti-Slavery Society（以下ASS）の手稿史料の分析に基づき、実証的に考察する。まず、ブリュッセル会議で銃貿易規制が議論されるための前提となったアフリカ銃貿易の展開を概観しておこう。

2　一九世紀末までのアフリカ銃貿易の展開

アフリカ銃貿易の展開に関する先行研究を回顧すると[5]、欧州諸国による「武器移転」と帝国拡張が不可分の関係にあり、一七〜一八世紀の大西洋奴隷貿易でも、また一九世紀末のアフリカ分割においても、銃貿易が極めて重要な役割を果たしていたことがわかる。本節ではアフリカ銃貿易の展開を、西アフリカ、南アフリカ、東アフリカの順に考察してみよう。

(1)　西アフリカ銃貿易の展開

西アフリカで最初に銃と弾薬を無差別的に販売したのは、イギリス商人だった。ポルトガル商人は公式的には西アフリカの非キリスト教国に対して銃と弾薬を販売しなかったし、オランダ商人も、商業・軍事同盟を締結したアフリカ人支配者だけに銃を販売していた。一方、イギリス商人は、誰にでも銃と弾薬を販売し、時には「贈り物」として贈与したから、(6) 一七世紀初頭の西アフリカ沿岸やセネガンビアには、既にバーミンガム製の銃が存在していた。(7)

とはいえ、西アフリカに大量に銃が拡散するのは、一六七二年に王立アフリカ会社が設立され、大西洋奴隷貿易が始まってからである。大西洋奴隷貿易は、主としてイギリス、西アフリカ、西インド諸島の三極間で行われた貿易システムであり、イギリスから西アフリカには綿織物、鉄製品、ラム酒、ビーズ、銃などの商品が、西アフリカから西インド諸島にはこれらの商品と交換された奴隷が、そして西インド諸島からイギリスには砂糖などの熱帯産品が輸出された（図1－1を参照のこと）。なかでも、西アフリカで最も高い奴隷交換能力を示した商品は銃だった。一六七三年から一七〇四年までに王立アフリカ会社は六万六〇〇〇丁の銃（及び九〇〇〇バレル以上の火薬）を西アフリカに輸出したが、(8) その後、奴隷価格の高騰に伴ってさらに多くの銃と弾薬が輸出され、一七三〇年までの黄金海岸と奴隷海岸には毎年約一八万丁の銃が、(9) そして一八世紀後半の西アフリカには毎年二八万三〇〇〇丁から三九万四〇〇〇丁の銃が輸出された。ジョセフ・イニコリは、イギリスが一八世紀後半の時期の西アフリカに毎年一五万丁から二〇万丁の銃を輸出したと推計したが、(10) イギリスの銃製造業者は自国の奴隷商人だけでなく欧州の奴隷商人にも輸出したから、さらに多くの銃が奴隷との交換目的でイギリスから輸出された。(11)「銃と奴隷の交換関係」、すなわち武器＝労働交易によって、大量の銃と弾薬が西アフリカに拡散した事実が明らかであろう。(12)

大西洋奴隷貿易によって西アフリカに輸出された銃は、最初は火縄銃だったが、一六九〇年代以降には主としてイ

図1-1　大西洋奴隷貿易

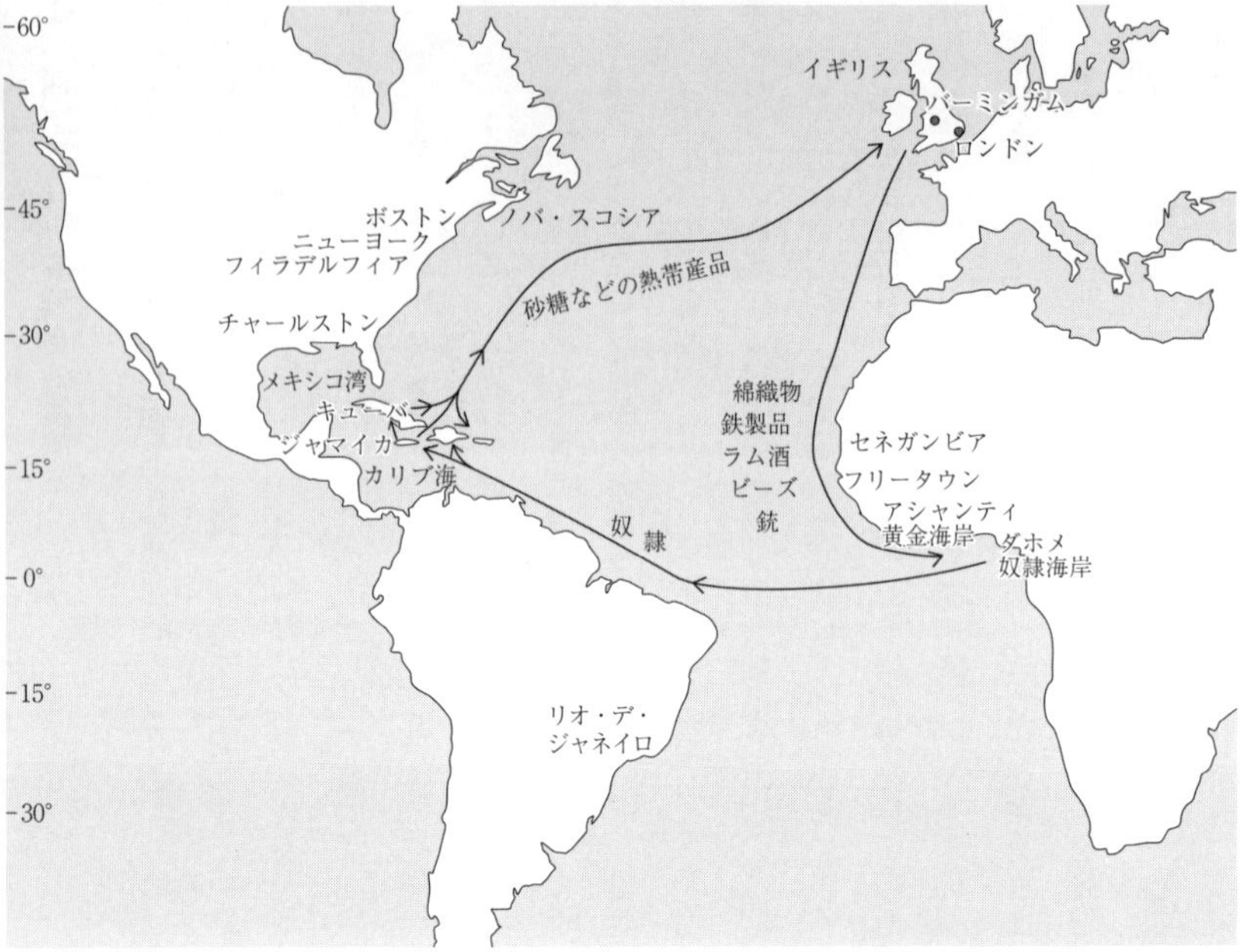

ギリス・バーミンガム製の燧発式マスケット銃（前装滑腔銃）になった[13]。それゆえ、それまでの槍や弓を使った西アフリカ諸部族の戦争や奴隷狩りのやり方は大きく変化することになった[14]。西アフリカには、撃てばすぐに爆発する粗悪な「奴隷銃」だけでなく、「タワー・マスケット」と呼ばれたイギリスの軍事的マスケット銃（ブラウン・ベス銃）も輸出されたから、ダホメやアシャンティといった現地諸王国はこうした銃によって武装し、近隣諸部族に対する奴隷狩りや部族間抗争を激化させるようになった[15]。

(2)　南アフリカ銃貿易の展開

一方、南アフリカでは、一六五二年にオランダ東インド会社がケープ植民地を建設してから、ブール人が銃で武装し軍務に就くことを奨励されていた。しかし、彼らはケープ植民地の国境を越えた地域でアフリカ人に銃を販売することを禁じられていた。この規則は、象牙獲得のための銃の密貿易が横行していたから、あまり効果的ではなかったが、一七九五年にイギリスがケープタウンを占領するまで維持されていた。その後、一八一四年のウィーン会議でケープ植民地が正式にイギリス領になると、既に奴隷貿易を一八〇七年に廃止していたイギリスは、一八三四年にイギリス帝国内の奴隷制を廃止し、自由貿易を掲げるようになった。このイギリス化に反発したブール人は一八三〇年代になると内陸部に向けて大規模な移住（グレイト・トレック）を開始し、一八三九年にナタール共和国を建国した。その四年後にナタール共和国はイギリスの攻撃を受けてイギリス植民地になったが、ナタールから西方に向かったブール人は一八五二年のサンド・リヴァー協定で南アフリカ共和国（トランスヴァール）を、さらに一八五四年のブルームフォンテイン協定でオレンジ自由国を建国した（図1－2を参照のこと）。このサンド・リヴァー協定によってイギリスは南アフリカ共和国の近隣部族に銃と弾薬を販売しないことを約束したが、実際にはその約束を守らず、一八七〇年代には銃と弾薬の移転を特に取り締まらなくなった。イギリス宣教師の中には、危険なフロンティアでの自衛手段としてアフリカ人が銃を保持することを認める者もおり、そのような対応にブール人は憤りを感じていた[16]。

イギリスが銃と弾薬の取り締まりに消極的だった理由は、アフリカ人の銃に対する高い需要と銃販売によって得られる利益にあった[17]。注目すべきことに、一八七〇年代以降のアフリカでは、それまでの燧発式マスケット銃よりもはるかに高性能な撃発式後装施条銃が販売されるようになった。クリミア戦争（一八五三～五六年）後に、欧米列強諸国は、それまでの燧発式マスケット銃にかえて、撃発式前装施条銃（ミニエー銃やエンフィールド銃など）で武装するようになったが、一八六〇年代後半になると前装銃から後装銃への革命的変化が起こり、金属製の弾薬筒を使用した撃発式後装施条銃を次々に採用するようになった。具体的には、スナイダー・エンフィールド銃（一八六七年）、マルティニ・ヘンリー銃（一八七一年）、モーゼル銃（一八七〇～七一年）、グラース銃（一八七四年）などである。特にマルティニ・ヘンリー銃以降の銃は弾薬筒の素早い装填と連発が可能であり、そうした新型銃の採用によって不要となった撃発式後装施条銃が「余剰兵器」として貿易商人の手に渡り、アフリカで大量に流通するようになった[18]。

図1－2　南アフリカ（1870～1910年）

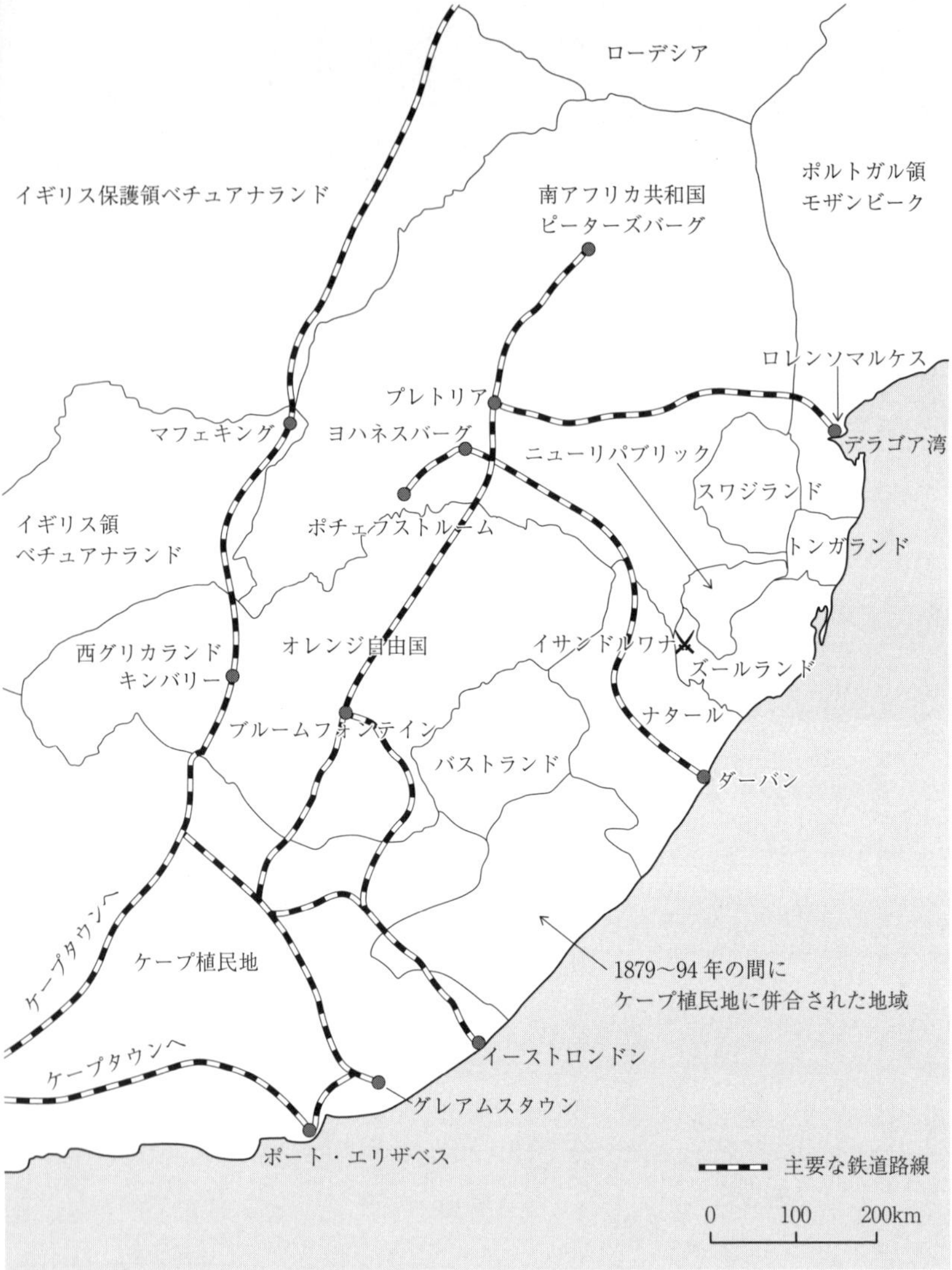

ズールランドに大量の銃と弾薬が拡散したのも、この一八七〇年代以降だった。それらは特にイギリスの統制が及ばないポルトガル領モザンビークのデラゴア湾から輸出された。ズール族は槍だけでなく銃も使用するようになったから、ズール戦争（一八七八〜七九年）でイギリスは多大の犠牲を払うことになった[19]。また、一八六七年にオレンジ自由国の西グリカランド地方（キンバリー）でダイヤモンドが発見されると、労働力不足に悩む採掘業者はアフリカ人鉱夫の募集のために武器＝労働交易を開始し、一八七〇年代以降に大量の銃と弾薬をアフリカ人に与えた[20]。イギリスは一八七一年に西グリカランドを併合したが、アフリカ人への武器移転は止まらなかった。それゆえ、ケープ植民地は西グリカランドの治安悪化を懸念し、イギリス政府は南アフリカの連邦化による武器移転規制を試みるようになった[21]。一方、ケープ植民地は、同植民地内のコーサ族との戦争（一八七七〜七八年）以後に平和維持法 Peace Preservation Act（一八七八年）を制定し、ケープ植民地内のアフリカ人が銃を保持するのを禁じた[22]。

(3) 東アフリカ銃貿易の展開

ヴィンセント・ハーローはアメリカ独立戦争後のイギリス帝国の「東方への転回」を主張したが[23]、銃と弾薬の拡散もその転回と軌を一にしていた。すなわち、東アフリカからインド洋にかけて行われるようになったのである[24]。

アラビア半島のマスカットと東アフリカのザンジバルは既にオマーンの統治下にあったが、一七七〇年代以降にこの二都市と中央アフリカを結ぶ三極間で東アフリカ奴隷貿易が行われるようになった。東アフリカ奴隷貿易は、オマーンのアラブ商人やインド商人によって行われた貿易システムであり、マスカットからザンジバルに銃や弾薬を輸出し、それらと交換にザンジバルで中央アフリカから移送された奴隷や象牙を獲得する。その後、これらの奴隷や象牙を中東・インドに輸出するという構造になっていた[25]（図1－3を参照のこと）。

イギリスは奴隷貿易廃止以後に東アフリカ奴隷貿易の鎮圧を試み、イギリス海軍によるパトロールを強化した。し

図1-3　西インド洋

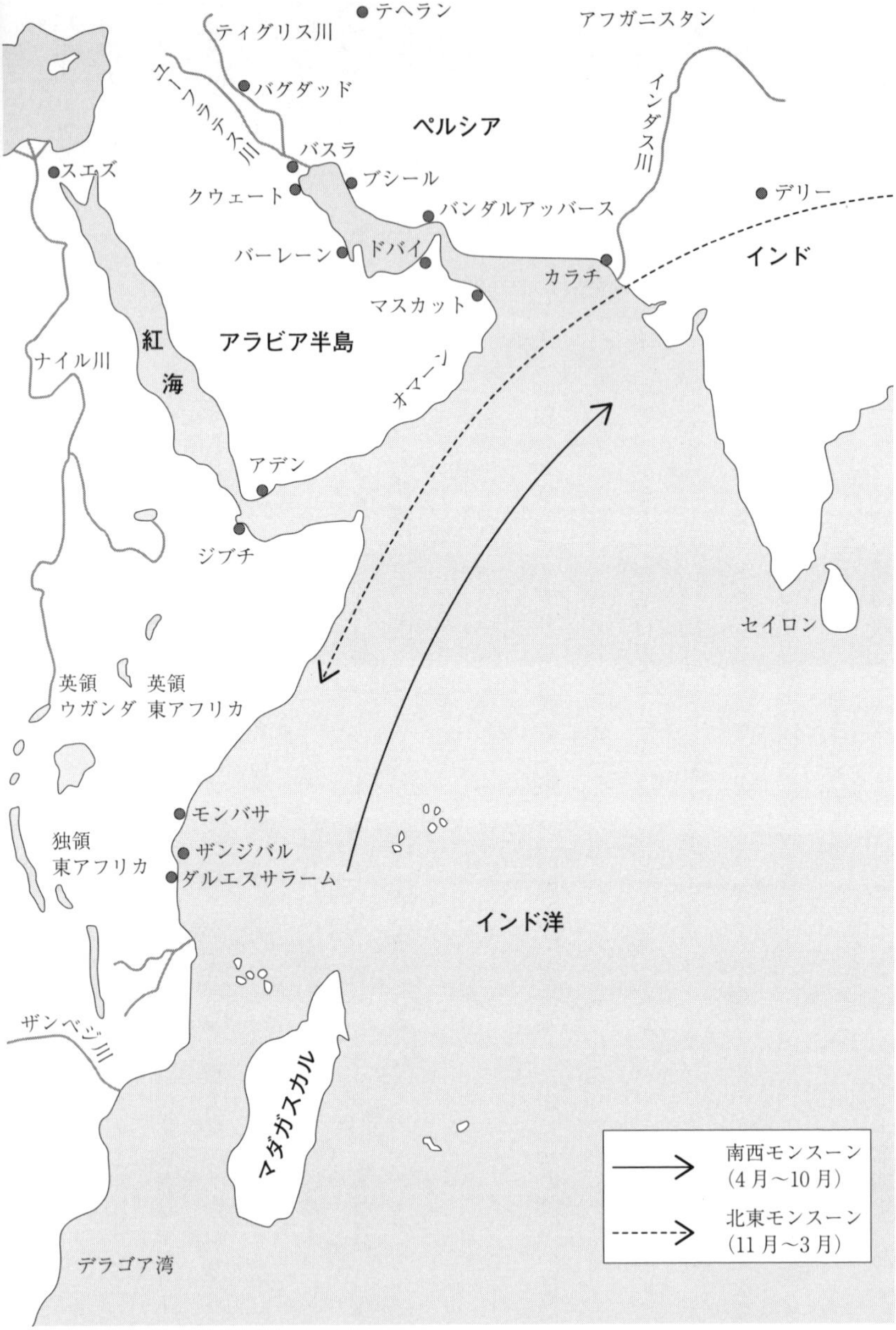
テヘラン
ティグリス川
アフガニスタン
ユーフラテス川
バグダッド
ペルシア
インダス川
バスラ
スエズ
ブシール
クウェート
デリー
バンダルアッバース
バーレーン
ドバイ
インド
カラチ
マスカット
紅海
アラビア半島
ナイル川
オマーン
アデン
ジブチ
セイロン
英領
ウガンダ
英領
東アフリカ
モンバサ
独領
東アフリカ
ザンジバル
ダルエスサラーム
インド洋
ザンベジ川
マダガスカル
南西モンスーン
(4月～10月)
北東モンスーン
(11月～3月)
デラゴア湾

かし、その鎮圧は困難を極めた[26]。それゆえ大西洋奴隷貿易と同様の武器＝労働交易が続けられることになった[27]。とはいえ、特に一八七〇年代以降の東アフリカ奴隷貿易では、大西洋奴隷貿易で使われた燧発式マスケット銃よりも、はるかに高性能な撃発式後装施条銃が流通した。マスカットとザンジバルでの銃取引は急速に増加し、一八八〇年までに銃はザンジバル総輸入量の三分の一を占めるようになった。その後も、東アフリカの銃貿易は活発化した。東アフリカにおけるアラブ商人やインド商人の活動だけでなく、第一次ブール戦争の終結（一八八一年）に伴って銃貿易の中心地がデラゴア湾から北方に移動したからである[28]。

ザンジバルのイギリス総領事のユアン＝スミスは、こうした東アフリカ銃貿易の危険な状態に危機感を抱き、ソールズベリー首相に次のように報告した。

東アフリカへの武器弾薬の輸入は極めて深刻な問題になっています。この貿易は今や、閣下がご存じないほどの規模に達しています。〔……〕ザンジバルのスルタンが火薬の専売権を未だに厳格に保持している（条約では認められていないけれども）という条件を付すことは重要ですが、現在、武器弾薬の貿易はすべて英領インド臣民が握っています。〔……〕そうしたすべての武器弾薬を〔アフリカ〕奥地のアラブ人や首長に提供しているのは、英領インド臣民なのです。〔……〕かつて輸入された武器は、精々二年か三年しかもたないように製造され、その後は役に立たずにだめになる安くて無価値な武器でした。しかし今や、精巧な武器〔雷管銃や連発銃〕や後装施条銃とその弾薬が大量に輸入され、旧式で安価な燧発式前装マスケット銃は急速にそれらに置き換えられています。〔……〕それゆえ、東アフリカへのこの際限なき武器輸入を抑制する何らかの措置が講じられなければ、この巨大な大陸の開発と平和は、大半が恐らく一流の後装施条銃で十分に武装した膨大な人口と対峙しながら、行わざるをえなくなるでしょう[29]。

ユアン＝スミスの推計では、毎年約八万丁から一〇万丁の銃がザンジバルからアフリカに流入しており[30]、ウガンダで活躍した英国教会派伝道協会の宣教師A・M・マッカイも、廃棄処分されたマルティニ・ヘンリー銃、モーゼル銃、グラース銃、その他の後装施条銃が大量にザンジバル市場に流入し、ブガンダ近隣諸国での奴隷狩りに使われていたと報告している[31]。

しかし、ソールズベリー首相はアフリカ銃貿易規制に反対であった。なぜなら、銃貿易の完全な禁止は不可能であり、アフリカ全海岸で銃貿易を禁止できなければ、一方の海岸での銃取引の禁止は、他方の海岸での専売権の付与につながるだけだからである[32]。それでは、なぜソールズベリー首相はブリュッセル会議でアフリカ銃貿易規制を推進したのだろうか。次節以降では、その理由を考察しよう。

3　ブリュッセル会議での銃貿易規制を要求する人道主義的活動

ブリュッセル会議でアフリカ銃貿易規制が推進された理由を考える上で、福音主義派の人道主義的ネットワークに注目することは重要である。福音主義は、一七三〇年代以降の英米の「福音復興運動」によって拡大した禁欲的プロテスタンティズムであり、その具体的諸教派としては英国教会低教会派、会衆派、スコットランド長老派、バプティスト派、メソディスト派、クエーカー派があった。福音主義の教理は、神の恩恵の普遍性と人間の自由意志を強調するもので、福音を信じる者は救われるが、信じない者は救われないと主張した。それゆえ、全人類に「信じる機会」を与えることが強調され、バプティスト伝道協会、ロンドン伝道協会、エディンバラ・グラスゴー伝道協会、英国教会派伝道協会、メソディスト伝道協会、信仰宣教団 faith missions、アメリカン・ボードといった福音主義派宣教団体が英米で設立された。と同時に、奴隷を解放し、神の下の自由な行為者にするための奴隷貿易廃止運動も展開され、イギリスの奴隷貿易や奴隷制は廃止された。先住民の過度な搾取を防ぎ、彼らを保護するために、一八三七年にAP

Ｓが、一八三九年にはＡＳＳがイギリスで設立され、広範な人道主義的ネットワークが世界中に張り巡らされることになった[33]。

(1)　ＡＰＳのロビー活動

この福音主義派の人道主義的ネットワークを活用し、ブリュッセル会議でのアフリカ銃貿易規制を要求したのが、ＡＰＳだった。ＡＰＳは特に武器＝労働交易を懸念していた[34]。クエーカー派のＡＰＳ会員Ｆ・Ｗ・フォックスは[35]、銃貿易規制を要求する集会の開催を企図してバプティスト伝道協会、ロンドン伝道協会、英国教会派伝道協会を訪問し[36]、ＡＰＳ会長Ｈ・Ｒ・フォックスボーンと共にＡＳＳ会長チャールズ・Ｈ・アレンに協力を求めた[37]。その後、フォックスはＡＰＳを代表してブリュッセルを訪問し、一八八九年一一月一六日にブリュッセル会議のイギリス特命全権公使ヴィヴィアン卿 Hussey Crespigny Vivian と面会した。銃貿易規制を強く要請したのである。ＡＰＳにとって幸運だったのは、ヴィヴィアン卿が銃貿易規制に賛成してＡＰＳに協力する姿勢を示したことだった。彼は、ＡＰＳが人道主義的世論を喚起し、可能な限り多くの請願書を、英米独仏を含むブリュッセル会議参加国政府（特にそれらの外務大臣）に送付することを期待した。ブリュッセル会議はその二日後に開催され[38]、アフリカ銃貿易規制は主要な議題に含まれることになった[39]。ヴィヴィアン卿はベルギー国王レオポルド二世への謁見の機会をフォックスに与え、フォックスは同月二二日にレオポルド二世に対しアフリカ銃貿易規制を請願した[40]。

フォックスがブリュッセルから帰国すると、ＡＰＳはアフリカ銃貿易規制のための請願書を起草し、同年一二月一六日にブリュッセル会議の議長及び全構成員、レオポルド二世、ソールズベリー首相、独仏伊の外務大臣に送付した。その請願書では、アフリカ先住民への銃と弾薬の供給は完全に禁じられるべきこと、アフリカ沿岸から奥地へのそれらの輸送は文明化に役立つものに限定されるべきことが強調された[41]。イギリス各紙はＡＰＳの請願書を一斉に報じた。

『グラスゴー・ヘラルド』紙では、ブリュッセル会議の英国使節ジョン・カークが一時帰国し、アフリカへの銃輸入を阻止することの重要性についてソールズベリー首相と会見したと報じられた[42]。APSの請願書はイギリス政府やブリュッセル会議の英国使節団に影響を与え始めていた。フォックスボーンがイギリス外務省から受け取った返信には、イギリス政府とブリュッセル会議の英国使節団がAPSの請願書に感銘したことが記されている[43]。

(2) バーミンガム議事堂でのアフリカ銃貿易規制集会

APSのロビー活動の追い風になったのは、一八九〇年一月一〇日にバーミンガムで開催されたアフリカ銃貿易規制集会であった。一八八〇年以降ベルギー東部のリエージュに銃の生産量で敗れたとはいえ[44]、バーミンガムはまだイギリスのアフリカ銃貿易の中心地だったから、同地でアフリカ銃貿易規制集会が開催された意義は特に大きかった。この集会は、バーミンガムの元チャーティスト教会運動指導者でバプティスト派聖職者のアーサー・オニール師Rev. Arthur O'Neill の扇動によって開催され、バーミンガム市長を議長としてバーミンガム議事堂 Birmingham Council House で行われた[45]。

この集会の中でオニールは、ブリュッセル会議でのアフリカ銃貿易規制を実現するために、イギリスの人道主義的世論を喚起し、多数の請願書をイギリス特命全権公使のヴィヴィアン卿に送付する必要があると述べ、バーミンガムがその先陣を切ると主張した。バーミンガムで銃貿易規制集会が開催されれば、APSが開催を計画していたロンドン市長公邸 Mansion House での銃貿易規制集会も実現すると考えたからである。このバーミンガム集会で採択された請願書はオニールが起草したが、APSの請願書と同じ点が強調されていた。すなわち、アフリカ先住民への銃と弾薬の供給によって奴隷狩りや部族間抗争が激化したこと、アフリカ奥地への銃と弾薬の輸送は文明化に役立つものに限定されるべきことである。この集会では、アフリカへの銃貿易が「キリスト教」と「文明化」の名を汚すことが確認され、ブリュッセル会議議長とヴィヴィアン卿を含む欧州の参加国使節団に請願書を送ることが決定された(47)。この請願書はこの集会の八日後にオニールによって送付され(48)、ブリュッセル会議議長のランベルモント男爵に特に歓迎された。なぜなら、イギリスのアフリカ銃貿易の中心地から提出されたからである。ランベルモントは同様の請願書がロンドン・シティのロンドン市長公邸からも提出されることを望み、ブリュッセル会議の英国使節団はイギリスの人道主義的世論が高揚し始めたことを喜んだ(49)。

バーミンガムで銃貿易規制集会が開催され、ロンドン市長も彼の公邸で銃貿易規制集会を開催することを承認したことを受けて、APS会長フォックスボーンは、その他の場所でもアフリカ銃貿易規制集会が開催されることを望む記事をロンドン各紙に掲載した(50)。とはいえ、その後のアフリカ銃貿易規制を求める人道主義的世論がイギリス各地で高揚し、多数の請願書がブリュッセル会議に送られることになったのは、APSが福音主義派の人道主義的ネットワークを活用できたからであった。特に、信仰宣教団のヘンリー・グラタン・ギネス夫人が福音主義派の新聞『クリスチャン』に、APSの要求に応じるように求めた記事を掲載したことが重要である。彼女はフォックスからの手紙を引用し、アフリカ銃貿易規制を求めるのに十分な人道主義的世論を示すために、多数の請願書をブリュッセル会議に送る必要があると主張し、今こそ請願を送るべき時であると、すべてのキリスト教会、宣教団体、人道主義団体に呼びかけた。ギネス夫人は、アラブの奴隷貿易と銃貿易によって、東アフリカと中央アフリカの人口が減少し、アフリカ人が滅ぼされている現状を指摘し、キリスト教徒はアフリカ人の軛を断ち、彼らを救済しなければならないと主張した。そして、聖書の一節を引用した。「悪魔の働きを滅ぼすためにこそ、神の子が現れたのです(51)」。

ギネス夫人の記事が掲載されると、イギリス各地（イングランド、ウェールズ、スコットランド、アイルランド）の一〇〇以上の都市は、APSの請願書を参考にして請願書を作成しブリュッセル会議に送付した(52)。アフリカ銃貿易規制を求める人道主義的世論はイギリス全国で十分に高揚することになった。

4　ブリュッセル会議での銃貿易規制に反対するＡＳＳの運動

このような人道主義的世論の高まりの中で、ＡＳＳがアフリカ銃貿易規制に反対していたことは驚きである。ＡＰＳがブリュッセル会議で「銃と奴隷の交換関係」、すなわち武器＝労働交易の規制を求めたのに対し、ＡＳＳは銃貿易と奴隷貿易を明確に区別し、奴隷貿易の鎮圧のみを求めた。なぜなら、銃貿易規制がブリュッセル会議の議題になると、奴隷貿易鎮圧が困難になると考えたからである。

ＡＰＳ会員フォックスがブリュッセルから帰国するとすぐに、ＡＰＳはＡＳＳに対してロンドン市長公邸でのアフリカ銃貿易規制集会の共同開催を打診した[53]。ＡＰＳは奴隷貿易のみならず銃と弾薬の無差別的な流入を問題視していたが、ＡＳＳは共同開催そのものに否定的だった。ＡＳＳ会長アレンはフォックスボーンに対して、ＡＳＳの委員全員が反奴隷貿易集会以外の集会に参加するのに反対であると伝え[54]、その理由を次のように指摘した。キリスト教諸国は既に奴隷貿易の利権を握っていないが、銃貿易の利権をまだ握っている。それゆえ、奴隷貿易と銃貿易を結びつけると、ブリュッセル会議での奴隷貿易鎮圧の議論に関して反対と混乱が予想され、奴隷貿易鎮圧が不可能になるというのである[55]。

フォックスボーンはロンドン市長公邸での集会が奴隷貿易の議題と抵触しないことを約束したが[56]、ＡＳＳは一八九〇年一月八日から、ロンドン市長公邸での集会への不参加だけではなく、その開催自体に対しても「不適当」とみなして妨害を始めた[57]。例えば、ＡＳＳの創設者である初代トマス・ファウエル・バクストンの孫のシドニー・バクストンがその集会に登壇者として招待されると、アレンはＡＳＳの不参加を伝えて彼の登壇を阻止したのみならず、その集会が「反奴隷制集会」と名乗るのも誤りだと強く批判した。ＡＳＳはアフリカ銃貿易規制の重要性は認めていたが、それは奴隷貿易の鎮圧が採択されてから議論されるべきだと主張したのである[58]。

フォックスボーンは反論した。アレンは銃貿易が奴隷貿易存続の原因であることを理解していない。しかも、APSはロンドン市長公邸での銃貿易規制集会を開催するための行動の自由を保持している。それゆえ、その開催を自粛するつもりもないと主張した[59]。しかし、アレンは銃貿易と奴隷貿易を切り離すことにこだわっていた。それゆえ、同集会で諮られる予定のAPSの決議案の中で銃貿易が「奴隷制と奴隷貿易の原因」と記されている箇所の修正をフォックスボーンに迫った。そして、『タイムズ』紙に掲載された匿名の記事をASSの立場を表明するものとして強調したのである[60]。この記事には「別々に扱うことができるし、またそうすべき問題を持ち出すことによって、「ブリュッセル」会議の正当な目的に重荷を課し、それを窮地に陥れる試みがなされようとしているのは極めて遺憾だ」と記されており、ロンドン市長公邸での集会開催に反対するASSの立場が鮮明に記されていた[61]。

フォックスボーンはこの『タイムズ』紙の記事を批判した。彼はアレンに対し、銃貿易規制がブリュッセル会議の主な議題になっており、部分的には既に議論され始めていること、またこの記事が『タイムズ』紙に掲載されたこと自体が遺憾であると伝えた[62]。そして『タイムズ』紙の編集者に抗議の手紙を送り、奴隷貿易存続の原因である銃貿易を規制することが急務であり、ロンドン市長公邸での集会を開催するのはそのためであると主張したのである[63]。とはいえ、同集会の開催に対するASSの妨害をやめさせるために、フォックスボーンは譲歩することを決め、APSの決議案の中で銃貿易が「奴隷制と奴隷貿易の原因」と記されている箇所を、「〔アフリカの〕先住民族を傷つける主な原因」に変更し[64]、ASSの公式参加を求めた[65]。

しかし、ASSはロンドン市長公邸での集会に参加しないことを正式に決定した[66]。のみならず、同集会開催への妨害を続けたのである。アレンは、英国国教会福音主義派（低教会派）の大物シティ銀行家で元ロンドン市長（在位一八八三〜八四年、一八八五年）のロバート・ニコラス・ファウラー Sir Robert Nicholas Fowler が同集会に出席するのを、特に警戒していた。なぜなら、ファウラーはソールズベリー首相に強い影響を与えるシティ保守連合の会長であり保守党国会議員でもあったからである。ファウラーはAPSの財務責任者 Treasurer 兼ASS委員であったから、(67) アレンは同集会への不参加を促す手紙をファウラーに送り、ブリュッセル会議での奴隷貿易鎮圧を不可能にする「流動的で危険な状況」を招かないように警告した(68)。フォックスボーンはASSへの譲歩の効果がなかったことを嘆き、ASSの妨害を強く非難したが(69)、銃貿易規制は奴隷貿易鎮圧が決められた後で議論すべしというASSの態度は変わらなかった。ASSはフォックスボーンに対してロンドン市長公邸での集会の延期を要求し(70)、銃貿易規制よりも奴隷貿易鎮圧を優先することを要求する請願書をソールズベリー首相に送付したのである(71)。

5 ソールズベリー首相はなぜアフリカ銃貿易規制を推進したのか

(1) ロンドン市長公邸でのアフリカ銃貿易規制集会

ASSの反対にもかかわらず、APSは一八九〇年一月二九日にロンドン市長公邸での銃貿易規制集会を開催した。それはロンドン市長ヘンリー・アーロン・アイザックス Henry Aaron Isaacs（在位一八八九〜九〇年）主催の下、同市長公邸のエジプト広間で行われた。この集会には政・財・宗教界の大物が多数参加しており、APSが活用できた広範な人道主義的ネットワークが示されていた。例えば、イギリス自由党の第二代グランヴィル伯爵、イギリス南アフリカ会社副会長も務めた初代ファイフ公爵、ロンドン伝道協会外務長官のラルフ・ウォードロー・トムスン師 Rev. Ralph Wardlaw Thompson などが参加し、その他にも先述のシティ保守連合会長のファウラーや第三代トマス・ファウエル・バクストンがASSの妨害にもかかわらず参加した。また当日欠席したが、カンタベリー大主教も同集会に祝辞を送り、福音普及協会 Society for the Propagation of the Gospel がアフリカ銃貿易規制の請願書をブリュッセル会議に送付したことを伝えた。その他の政治家・聖職者からも多数の祝辞が送られたが、その中にはイギリス自由党のローズベリーもいた(72)。

ロンドン市長アイザックスはユダヤ人だったが、特に福音主義派の人道主義的活動に好意的だった。なぜなら、福音主義者たちは概して親ユダヤ的であったからである(73)。アイザックスは同集会の開会の辞において、イギリスはいまや全国的にＡＰＳの活動に共感していること、さらに同国は反奴隷貿易運動の先駆者として哀れなアフリカ先住民を保護しなければならないことを述べた(74)。もちろん、同集会への参加者たちはＡＳＳの反対を意識していた。それゆえグランヴィル伯爵は、「新聞でＡＳＳの反対を読み、衝撃を受けた」と述べ、この反対は単なる戦略上の違いによるものであり、アフリカ銃貿易規制の必要性についてはＡＳＳも合意していると主張した。そして、ブリュッセル会議でアフリカ奴隷貿易の鎮圧を決定し、さらにそれと関連したアフリカ先住民の災難を取り除くように求める第一の決議案を提出したのである。ロンドン市長公邸での決議によって、ヴィヴィアン卿だけでなく、ソールズベリー首相もこの積極的な行動に駆りたてられるようになることが期待された(75)。

ファイフ公爵は第一の決議案を支持した。彼はイギリス南アフリカ会社もこの決議案の精神に基づいて行動すると述べ、アラブやヨーロッパの無法な奴隷商人がアフリカの不幸な先住民を餌食にしていることを批判した。ファイフ公爵は、この決議案をシティが承認することによって必ずや良い結果がもたらされると述べたが、そのことはシティ保守連合会長のロバート・ファウラーがこの集会に参加したことによってさらに確実なものになった。というのも、ファウラーはシティの大物銀行家であるだけでなく、ソールズベリー首相に強い影響力を与える福音主義者であったからである。ファウラーはロンドン市民及びＡＰＳ会員として第一の決議案を支持し、この決議案は満場一致で可決されることになった(76)。

第二の決議案は、「アフリカ先住民を傷つける主な原因」になっている銃と弾薬の無差別的な供給をやめることを要求するものであり、英国国会議員のW・S・ケインによって提出された。ケインは、この集会が人道主義的世論を喚起し、多数のキリスト教会がブリュッセル会議に銃貿易規制を求める請願書を送付することを期待したが、同国会議員のアレクサンダー・マッカーサーはASSの反対を意識して次の点を強調した。すなわち、ASSの義務はアフリカ奴隷貿易を鎮圧することであるが、APSの義務はアフリカ先住民を奴隷貿易からだけではなく暴虐や抑圧から保護することにあり、銃と弾薬の供給はこの暴虐や抑圧に他ならないと主張したのである。英国海軍のロヴェット・キャメロン中佐も銃貿易規制の重要性を強調し、アラブの奴隷商人がアフリカの繁栄した地域を襲撃して荒涼とした砂漠に変えてしまったことや、アフリカの暴虐な首長が銃と交換に彼の臣民を奴隷商人に売り飛ばしたことを報告した。そして第二の決議案も満場一致で可決された(77)。

第三の決議案は、この集会の決議をベルギー国王レオポルド二世、ブリュッセル会議議長ランベルモント、ソールズベリー首相、そしてヴィヴィアン卿に送付することを決めるものだったが、第三代トマス・ファウエル・バクストンによって提議された。バクストンは、APS会員であると共にASS会員でもあったが、奴隷貿易と関連した災難を取り除く好機を逃すべきではないと主張し、ASSを強く非難した。英国海軍J・R・ワーナー大尉も、ベルギー領コンゴ自由国から帰国したばかりであったが登壇し、奴隷商人ティップ・ティプが象牙と交換に大量の弾薬を獲得し、それらを奴隷狩りに使っていたことを報告した。最後にASSの懸念を払拭するために、英国国会議員のG・ベーデン＝ポーエルが登壇し、独仏伊葡はイギリスのアフリカ先住民の状態を改善する試みに協力するだろうと述べた。こうして、第三の決議案も問題なく可決され、ロンドン市長のアイザックスがこの集会の決議を取りまとめて上記の人々へ送付することになった(78)。

ロンドン市長公邸での決議はレオポルド二世、ランベルモント、ヴィヴィアン卿に好意的に受けとめられた(79)。注目すべきなのは、アフリカ銃貿易規制に反対していたソールズベリー首相が、ロンドン市長公邸でのＡＰＳの決議を重視し、ブリュッセル会議でのアフリカ銃貿易規制の推進を決意したことである。彼はロンドン市長のアイザックスに返信し、ロンドン市長公邸での決議が「英国政府によって傾聴され参酌される」と述べた[80]。つまり、それまでの反対の立場を覆して、アフリカ銃貿易規制に賛成したのである。なぜソールズベリー首相は、奴隷貿易鎮圧のみを要求したＡＳＳの請願書に賛成せずに、「銃と奴隷の交換関係」、すなわち武器＝労働交易の規制を要求したＡＰＳの決議に賛成したのだろうか。次項ではこの問題を考察することにしよう。

(2)　ソールズベリー首相がアフリカ銃貿易規制に賛成した理由

ソールズベリー首相は、英国の保守主義思想を信奉した保守党のジェントルマン・エリートであり、既述したように一方の海岸で銃貿易を禁止しても、他方の海岸で銃貿易が活発になるだけだと考え、アフリカ銃貿易規制に反対していた。

英国の保守主義思想では、政治的賢慮は、孤立した政治思想家の理論的思弁の中にではなく、社会全体に蓄積された経験の中に見いだされなければならないと考えられており[81]、ソールズベリー首相の考え方もこの経験主義、すなわち政治的懐疑主義に基づいていた。彼は「一グラムの経験は一トンの理論に値する」と主張しており[82]、彼がアフリカ銃貿易規制に反対したのも、彼のこれまでの政治的経験に基づくものだった。

しかし、ロンドン市長公邸でのアフリカ銃貿易規制集会の決議を受けて、ソールズベリー首相はブリュッセル会議でアフリカ銃貿易規制を推進することを決意した。とはいえ、銃貿易規制に彼が賛成したのは、福音主義派の人道主義に共感したからではなかった。確かにソールズベリー首相は、ブリュッセル会議が「純粋に博愛や善意を促進する目的」で開催されたと述べた[83]。しかし、福音主義や福音主義に共感しがちだったイギリス自由党とは異なり、彼は人道主義よりも、新市場の獲得のような「ビジネスの目的」の方を重視した。なぜなら、彼は一八七〇年代以降に激化した欧米資本主義諸国間の競争を懸念していたからである(84)。また、ソールズベリー首相は既成の慣習や制度を重んじる伝統主義を重視し、英国教会の高教会主義を信奉していた。そして社会を諸個人の機械的な集合物とみなす福音主義に反対し、社会を一つの有機体と捉え、社会的存在としての諸個人間の協力と連帯を強調した。つまり、ソールズベリー首相は、英国教会広教会主義派と共にジェントルマン理念を体現していたのである(85)。

このジェントルマン理念は福音主義と対立していた。それゆえ、ソールズベリー首相は政治信条的に福音主義派の人道主義に共感しなかった。それではなぜ、彼はアフリカ銃貿易規制を求める福音主義派の人道主義的要求を承認したのだろうか。

一八七〇年代以降、世界経済不況や欧米資本主義諸国との競争に直面したイギリス保守党は、イギリス産業の相対的衰退を契機として噴出した様々な内政的・対外的問題に対する政策的・イデオロギー的対応を迫られていた。イギリス保守党は、特に八〇年代以降、自らのアイデンティティとしての保守主義の危機を経験するようになっていたのである。保守主義の危機には、次の二つがあった。第一は、資産政党としての危機である。保守党は、ディズレイリ、そしてソールズベリー政権以降、農村の地主利害だけでなく都市の諸利害を政治基盤に組み込むことによって一般的な資産政党になった。しかし、経済不況によって農村と都市の利害が対立すると、保守党は両者を統合しうる政治戦略を構築しなければならなかった。また、第三次選挙法改正と議席再配分法(一八八四〜五年)によって出現した大衆的民主主義への対応も迫られ、資産政党として労働者階級の台頭に対処しなければならなくなった。第二は、帝国の政党としての危機である。グラッドストンのアイルランド自治法案(一八八六年)にみられるような自由党の地域偏重主義に対し、保守党は自らを国家と帝国の庇護者と主張したが、それは帝国のアピールが階級横断的であり、大衆的愛国主義を通じて階級政治を封じ込める効果を持っていたからだった。しかし、七〇年代以降、イギリスの経済的・軍事的・国際政治的地位が相対的に低下すると、帝国の維持・拡張を遂行するための政策財源や自治植民地との紐帯をいかに確保するかという難問を、保守党は抱え込まねばならなくなった。(86)

このような危機的状況下にあったソールズベリー首相は、政策運営上の不偏不党性を強調し、特に福音主義派の人道主義的世論を敵に回さないように注意せざるをえなかった。「イングランドは世界のプロテスタント教国である」というソールズベリー首相の主張は、福音主義、高教会主義、広教会主義の間の寛容を願ったものであった。(87)

しかし、ブリュッセル会議でのアフリカ銃貿易規制に関してはAPSとASSの間で対立があり、福音主義派の人道主義的世論は割れていた。ソールズベリー首相がAPSを支持し、アフリカ銃貿易規制を決意したのは、ロンドン・シティで銃貿易規制集会が開催されたからであったが、それはロンドン市長アイザックスの影響力によるものではなかった。アイザックスはユダヤ人であり、ソールズベリー首相は親ユダヤ的ではなかったからである。(88) ソールズベリー首相が重視した人物は、シティ保守連合会長のファウラーであった。シティは伝統的に自由党の支持基盤だったが、一八八六年にグラッドストンがアイルランド自治法案を提出するとグラッドストンに反対する意見が噴出し、シティは保守党の支持基盤になった。(89) ファウラーが「シティの自由党支持者たちがグラッドストンに反対の立場をとったことは素晴らしいことだ」と主張したことからも明らかなように、(90) 彼はシティにおける保守党のリーダーであり、ソールズベリー首相にとって特に看過しえない人物だった。そのファウラーが出席したアフリカ銃貿易規制集会が保守党の政治基盤であるロンドン・シティで開催されたことこそが、ASSに対するAPSの勝利を確実にしたのである。ファウラーは英国議会におけるAPSの重鎮であり、(91) 英国政府に対するAPSの影響力は強大であった。ジェントルマン・エリートであったソールズベリー首相は、ブリュッセル会議でのアフリカ銃貿易規制の推進を決意することによって、保守主義の危機を乗り切ろうとした。つまり、シティでの保守党の政治基盤を確実にし、福音主義派の人道主義的世論が満足する帝国のアピールを試みたのである。(92)

6　おわりに

以上明らかにしたように、ソールズベリー首相がアフリカ銃貿易規制に賛成した理由は、ロンドン・シティでAPSが開催した人道主義的集会の成功にあった。本章を終えるにあたり、ブリュッセル会議で決議された銃貿易規制の内容とその実効性を検討しておこう。

一八九〇年七月二日に各国が調印したブリュッセル協定では、「アフリカ人奴隷の不正な取引がもたらす犯罪と破壊に終止符を打ち、アフリカ先住民を効果的に保護し、その広大な大陸が平和と文明の恩恵を受けることを確保する確固たる意志」が謳われていた(93)。つまり、アフリカ銃貿易規制によって奴隷狩りや部族間抗争の激化を防止し、宣教師によるキリスト教化と文明化を促進する目的が明示されていたのである。しかし、このブリュッセル協定に示された銃貿易規制の実態は、「野蛮」とみなされたアフリカ人が高性能な銃を保持することを禁止し、「文明化」された欧米列強諸国がそれらを独占するものであり、「北」による「南」の帝国主義的支配を前提とするものであった。

ブリュッセル協定で銃貿易規制の対象となった地域は、北緯二〇度線から南緯二二度線までのすべてのアフリカ大陸（その海岸から一〇〇マイル以内の島嶼を含む）であり、締約国政府はこの地域の銃貿易を管理下に置くことになった。殺傷能力が低い燧発式マスケット銃（前装滑腔銃）とその火薬は同地域の奴隷貿易が行われていない場所で販売可能とされたが、それ以外の殺傷能力が高く高性能な銃と弾薬はすべて販売禁止になった(94)。ただし、適切な使用が認められる個人（例えば宣教師）や旅行者が「自衛」のために高性能な銃で武装する権利は認められ、締約国政府はそれぞれの領土間の銃の移転を阻止するために情報交換することに合意した。この協定の有効期間は一二年間と定められたが、更新の可能性も認められた(95)。

とはいえ、ブリュッセル協定によるアフリカ銃貿易規制の実効性はほとんどなかった。それはアメリカ合衆国とスウェーデンが同協定を批准しなかったからだけではなかった。同協定が成立するとすぐにアフリカ銃貿易の拠点はザンジバルからアラビア半島のマスカットと仏領ソマリランドのジブチに移動し、そこから大量の銃がエチオピアと東アフリカに流入したからである。マスカットとジブチは同協定の対象地域外にあり、それゆえ法規制の対象にはならなかった。また、フレデリック・ルガードと帝国イギリス東アフリカ会社の職員が懸念したように、独領東アフリカからウガンダにも大量の銃が流入した(96)。つまり、独仏もブリュッセル協定を遵守しなかったのである。

ブリュッセル会議はアフリカ銃貿易規制が歴史上初めて多国間で協議された画期的な会議であった。しかし、そこで決議されたブリュッセル協定の実効性はあまりなかった。その意味では、一方の海岸で銃貿易を禁止しても、他方の海岸で銃貿易が活発になるだけだと主張したソールズベリー首相の政治的賢慮は正しかったと言わざるをえない。一方、APSが活用した福音主義派の人道主義的ネットワークの限界がブリュッセル協定の実効性のなさによって示されることになったのは極めて遺憾なことであった。なぜなら、アフリカ銃貿易に対する国際的法規制の試みにもかかわらず、中心から周辺への銃の拡散構造は存続したからである。この拡散構造によってアフリカの悲劇は繰り返されることになり、ブリュッセル会議から一二〇年以上の年月が経過した今日においても解決困難な問題として存在している。

注

（1）イギリス、ドイツ、フランス、オーストリア＝ハンガリー、ベルギー、デンマーク、スペイン、イタリア、オランダ、ポルトガル、ロシア、スウェーデン＝ノルウェー、オスマン帝国。

（2）ブリュッセル協定の全文は、Hertslet［1909］pp. 488-518に収録されている。

（3）自由主義的帝国主義に関する邦語文献としては、例えば竹内［二〇一一］を参照。

（4）竹内［二〇一五］。最近出版された『ジェントルマン資本主義の帝国』第三版の序文でも、一八〇〇年頃のジェントルマン・エリートの自由主義的政策転換にあたり、福音主義が重要な役割を果たしていたことが強調されている。Cain and Hopkins [2016] pp. 6–7, 11.

（5）例えば、横井［一九九七］; Beachey [1962]; Inikori [1977]; Richards [1980];『アフリカ史雑誌 *Journal of African History*』第一二巻二号及び四号のアフリカ銃貿易特集号［一九七一］; Storey [2008]; Chew [2012].

（6）Kea [1971] pp. 186, 187–188, 190.

（7）Legassick [1966] p. 100.

（8）Kea [1971] pp. 194–195.

（9）Richards [1980] pp. 46, 50; 横井［一九九七］五九、六一頁。

（10）Inikori [1977] pp. 348–349; 横井［一九九七］五九頁。

（11）Richards [1980] pp. 43–44, 57.

（12）Inikori [1977] p. 351; Inikori [2002] p. 383. こうした「武器＝労働交易」はイギリスの奴隷貿易廃止（一八〇七年）以後も続けられた。一八六〇年代以降の南西太平洋武器＝労働交易の展開については、竹内［二〇一二］を参照されたい。

（13）Chew [2012] p. 18; Kea [1971] p. 197; Richards [1980] p. 44.

（14）Richards [1980] pp. 44–45.

（15）Kea [1971] p. 201; Inikori [1977] p. 351.

（16）Storey [2008] p. 2; 前川［二〇〇六］一二～一三頁；Atmore and Sanders [1971] p. 539; 横井［一九九七］六四～六六頁；Miers [1971] pp. 571–572.

（17）Miers [1971] p. 572.

（18）Chew [2012] pp. 21–23.

（19）Guy [1971] pp. 559–560, 562; Chew [2012] p. 108. 一八七九年一月二二日のイサンドルワナの戦いでは、九〇〇人ものイギリス人兵士が殺害された。Atmore and Sanders [1971] p. 542.

（20）Chew [2012] p. 27; Miers [1971] p. 571.

(21) Marks and Atmore［1971］p. 524; Chew［2012］pp. 26-27, 235; Storey［2008］chapter 7.

(22) Atmore and Sanders［1971］p. 542.

(23) Harlow［1952］.

(24) Chew［2012］p. 235.

(25) Chew［2012］pp. 38, 40.

(26) イギリスによる東アフリカ奴隷貿易鎮圧の試みについては、Howell［1987］を参照されたい。

(27) Chew［2012］pp. 40-42.

(28) Chew［2012］p. 98; Beachey［1962］pp. 452, 454-455.

(29) Colonel Euan-Smith to the Marquis of Salisbury, 28 June 1888, National Archives（Kew）, FO881/ 5732/ 52, pp. 28-29.

(30) *Ibid*., p. 28.

(31) Rev. A. M. Mackay to Colonel Euan-Smith, 18 April 1888, FO881/ 5732/ 52, pp. 32-33.

(32) Lord Salisbury's memo, n. d., FO84/ 2005, f. 325.

(33) 竹内［二〇一五］参照。

(34) ＡＰＳは先住民酒貿易統一委員会 Native Races and the Liquor Traffic United Committee のＪ・グラント・ミルズ J. Grant Mills と協力してブリュッセル会議での酒貿易の規制も要求した。しかし、アフリカ人奴隷と交換されていたのは酒ではなく銃であり、本章で焦点を合わせるのも銃貿易であるから、以下、酒貿易の規制については省略する。

(35) Miers［1975］pp. 276, 279; Heartfield［2011］p. 296.

(36) Francis William Fox to Charles H. Allen, 4 Oct 1889, Papers of the British and Foreign Anti-Slavery and Aborigines' Protection Society, Rhodes House Library, Oxford（以下、ASS & APS）, MSS Brit Emp S18 C57/ 125.

(37) H. R. Fox Bourne to Allen, 29 Oct 1889, ASS & APS, MSS Brit Emp S18 C52/ 36.

(38) Fox to Fox Bourne, 2 Dec 1889, ASS & APS, MSS Brit Emp S18 C151/ 41.

(39) 'The Anti-Slavery Conference', *Daily News*, 19 Nov 1889, p. 5.

(40) Fox to Fox Bourne, 2 Dec 1889, *ibid*.

(41) *Transactions of the Aborigines Protection Society* (London, 1890–1896), pp. 4–6.

(42) 'The Anti-Slavery Conference', *Daily News*, 17 Dec 1889, p. 5; 'The Anti-Slavery Conference', *The Standard*, 17 Dec 1889, p. 2; 'Our London Correspondence', *Glasgow Herald*, 17 Dec 1889, p. 7.

(43) Foreign Office（以下、FO）to Fox Bourne, 27 Dec 1889, ASS & APS, MSS Brit Emp S18 C165/ 3.

(44) 横井［一九九七］一〇七～一〇八頁。

(45) *Transactions of the Aborigines Protection Society*, p. 7.

(46) 'The International Conference on the Slave Trade', *Birmingham Daily Post*, 11 Jan 1890, p. 5.

(47) 'English Civilization and the Slave Trade', *Daily News*, 11 Jan 1890, p. 7.

(48) 'Brussels Conference on the Slave Trade', *Birmingham Daily Post*, 23 Jan 1890, p. 4.

(49) 'The Anti-Slavery Conference', *Daily News*, 29 Jan 1890, p. 3.

(50) 'African Races and the Brussels Conference', *The Standard*, 10 Jan 1890, p. 2; *Daily News*, 11 Jan 1890, p. 3; and *The Morning Post*, 11 Jan 1890, p. 3.

(51) Mrs. H. Grattan Guinness, 'The Brussels Conference: An Urgent Suggestion', *The Christian*, 17 Jan 1890, p. 9.

(52) *Transactions of the Aborigines Protection Society*, pp. 7–8.

(53) *Ibid.*, p. 8.

(54) Allen to Fox Bourne, 20 Dec 1889, ASS & APS, MSS Brit Emp S18 C150/ 11.

(55) Allen to Fox Bourne, n. d., ASS & APS, MSS Brit Emp S18 C150/ 11a.

(56) Fox Bourne to Allen, 23 Dec 1889, ASS & APS, MSS Brit Emp S18 C52/ 37.

(57) *Transactions of the Aborigines Protection Society*, p. 8.

(58) Allen to Fox Bourne, 13 Jan 1890, ASS & APS, MSS Brit Emp S18 C150/ 12.

(59) Fox Bourne to Allen, 14 Jan 1890, ASS & APS, MSS Brit Emp S18 C52/ 38.

(60) Allen to Fox Bourne, 16 Jan 1890, ASS & APS, MSS Brit Emp S18 C150/ 13.

(61) 'The Brussels Anti-Slavery Conference', *The Times*, 16 Jan 1890, p. 13.

（62）Fox Bourne to Allen, 16 Jan 1890, ASS & APS, MSS Brit Emp S18 C52/ 40 and C153/ 88.
（63）Fox Bourne to Editor of *the Times*, 16 Jan 1890, ASS & APS, MSS Brit Emp S18 C153/ 118–119.
（64）Fox Bourne to Allen, 20 Jan 1890, ASS & APS, MSS Brit Emp S18 C52/ 41 and C153/ 90.
（65）Fox Bourne to Allen, 17 Jan 1890, ASS & APS, MSS Brit Emp S18 C153/ 89.
（66）Allen to Fox Bourne, 20 Jan 1890, ASS & APS, MSS Brit Emp S18 C150/ 14.
（67）Malchow［2004］; Heartfield［2011］pp. 31, 57; Kynaston［1994］pp. 337, 370.
（68）Allen to Sir Robert Fowler, 21 Jan 1890, ASS & APS, MSS Brit Emp S18 C153/ 125.
（69）Fox Bourne to Allen, 22 Jan 1890, ASS & APS, MSS Brit Emp S18 C52/ 42 and C153/ 91.
（70）Allen to Fox Bourne, 24 Jan 1890, ASS & APS, MSS Brit Emp S18 C150/ 16.
（71）'This Morning News', *Daily News*, 27 Jan 1890, p. 5.
（72）'The Native Races of Africa', *The Morning Post*, 30 Jan 1890, p. 2; *Transactions of the Aborigines Protection Society*, pp. 11–12.
（73）Isaacs［1890］p. 217. 福音主義者の親ユダヤ主義については，Lewis［2010］pp. 10, 33, 47, 48を参照。
（74）*Transactions of the Aborigines Protection Society*, p. 13; 'The Welfare of African Races', *Daily News*, 30 Jan 1890, p. 2.
（75）*Transactions of the Aborigines Protection Society*, pp. 13–15.
（76）*Ibid*., pp. 15–17.
（77）*Ibid*., pp. 17–19.
（78）*Ibid*., pp. 19–20, 21.
（79）*Ibid*., p. 21; Hussey Crespigny Vivian to Lord Mayor, 2 Feb 1890, ASS & APS, MSS Brit Emp S18 C165/ 179.
（80）FO to Lord Mayor, 8 Feb 1890, ASS & APS, MSS Brit Emp S18 C165/ 178.
（81）Green［1996］p. 314. グリーンの研究紹介としては，関内［一九九六］が特に有益である。
（82）Pinto-Duschinsky［1967］p. 59.
（83）Cecil［1932］p. 256.

（84） Steele［1999］p. 5.

（85） Green［1996］pp. 313-314; Steele［1987］p. 186; Steele［1999］p. 8; Kedourie［1984］pp. 48-49. ジェントルマン理念については、竹内［二〇一五］四二～四四頁を参照。

（86） Green［1996］pp. 14-17; 関内［一九九六］一一二～一一四頁。

（87） ソールズベリー首相は、高度に政治化したアイルランドのカトリック主義には反対した。Steele［1987］pp. 186-187.

（88） ソールズベリー首相は、ユダヤ人が公官職に就くのを認めるユダヤ人解放法（一八五八年）に反対していた。Kedourie［1984］p. 49.

（89） Cassis［1994］pp. 262, 264; Thomas［1939］pp. 14-15.

（90） Kynaston［2012］p. 117.

（91） Heartfield［2011］p. 57.

（92） Steele［1999］p. 5. ソールズベリー首相は、ブリュッセル会議での銃貿易規制の議決によって、福音主義者が敵視するアラブ奴隷商人を少なくとも困らせることはできると考えていた。Lord Salisbury's memo, *ibid.*, f. 325.

（93） Hertslet［1909］p. 488.

（94） 撃発式前装施条銃、撃発式後装施条銃、雷管銃、連発銃及びそれらの弾薬のこと。

（95） Hertslet［1909］pp. 494-497; Chew［2012］pp. 110-111.

（96） Burns［2013］p. 87; Chew［2012］pp. 100, 111, 114.

文献リスト

関内隆［一九九六］「イギリス保守主義思想の展開と関税改革論争――「保守主義の危機」論をめぐって」『岩手史学研究』七九、一〇二～一二三頁。

竹内真人［二〇一二］「イギリス帝国主義と武器＝労働交易」横井勝彦・小野塚知二編著『軍拡と武器移転の世界史――兵器はなぜ容易に広まったのか』日本経済評論社。

竹内真人［二〇一五］「宗教と帝国の関係史――福音主義と自由主義的帝国主義」『社会経済史学』八〇－四、三七～五二頁。

竹内幸雄［二〇一一］『自由主義とイギリス帝国——スミスの時代からイラク戦争まで』ミネルヴァ書房。
前川一郎［二〇〇六］『イギリス帝国と南アフリカ——南アフリカ連邦の形成一八九九〜一九一二』ミネルヴァ書房。
横井勝彦［一九九七］『大英帝国の〈死の商人〉』講談社。
Atmore, A. and Sanders, P. ［1971］ "Sotho Arms and Ammunition in the Nineteenth Century", *Journal of African History*（以下、*JAH*） 12: 4, pp. 535–544.
Beachey, R. W. ［1962］ "The Arms Trade in East Africa in the Late Nineteenth Century", *JAH* 3: 3, pp. 451–467.
Burns, R. D. ［2013］ *The Evolution of Arms Control: From Antiquity to the Nuclear Age*, Rowman & Littlefield edn., Santa Barbara, CA.
Cain, P. J. and Hopkins, A. G. ［2016］ *British Imperialism 1688–2015*, 3rd edn., Abingdon, Oxon, and New York.
Cassis, Y. ［1994］ *City Bankers, 1890–1914*, Cambridge.
Cecil, L. G. ［1932］ *Life of Robert, Marquis of Salisbury, Vol. 4, 1887–1892*, London.
Chew, E. ［2012］ *Arming the Periphery: The Arms Trade in the Indian Ocean during the Age of Global Empire*, Basingstoke.
Green, E. H. H. ［1996］ *The Crisis of Conservatism: The Politics, Economics and Ideology of the British Conservative Party, 1880–1914*, Paperback edn., Abingdon and New York.
Guy, J. J. ［1971］ "A Note on Firearms in the Zulu Kingdom with Special Reference to the Anglo-Zulu War, 1879", *JAH* 12: 4, pp. 557–570.
Harlow, V. T. ［1952］ *The Founding of the Second British Empire 1763–1793, Volume 1: Discovery and Revolution*, London.
Heartfield, J. ［2011］ *The Aborigines' Protection Society: Humanitarian Imperialism in Australia, New Zealand, Fiji, Canada, South Africa, and the Congo, 1836–1909*, London.
Hertslet, E. ［1909］ *The Map of Africa by Treaty, Vol. 2*, London.
Howell, R. C. ［1987］ *The Royal Navy and the Slave Trade*, London and Sydney.
Inikori, J. E. ［1977］ "The Import of Firearms into West Africa 1750–1807: A Quantitative Analysis", *JAH* 18: 3, pp. 339–368.
Inikori, J. E. ［2002］ *Africans and the Industrial Revolution in England: A Study in International Trade and Economic Devel-*

opment, Cambridge.

Isaacs, Sir Henry A. [1890] *Memoirs of my Mayoralty*, London.

Kea, R. A. [1971] "Firearms and Warfare on the Gold and Slave Coasts from the Sixteenth to the Nineteenth Centuries", *JAH* 12: 2, pp. 185–213.

Kedourie, E. [1984] *The Crossman Confessions and Other Essays in Politics, History and Religion*, London.

Kynaston, D. [1994] *The City of London, Vol. 1: A World of Its Own 1815–1890*, London.

Kynaston, D. [2012] *City of London: The History*, ed. David Milner, Vintage edn., London.

Legassick, M. [1966] "Firearms, Horses, and Samorian Army Organization 1870–1898", *JAH* 7: 1, pp. 95–115.

Lewis, D. M. [2010] *The Origins of Christian Zionism: Lord Shaftsbury and Evangelical Support for a Jewish Homeland*, Cambridge.

Malchow, H. L. [2004] "Sir Robert Nicholas Fowler, first baronet (1828–1891)", H. C. G. Matthew and B. Harrison eds., *Oxford Dictionary of National Biography in Association with the British Academy: From the Earliest Times to the Year 2000, Vol. 20*, Oxford, pp. 594–596.

Marks, S. and Atmore, A. [1971] "Firearms in Southern Africa: A Survey", *JAH* 12: 4, pp. 517–530.

Miers, S. [1971] "Notes on the Arms Trade and Government Policy in Southern Africa between 1870 and 1890", *JAH* 12: 4, pp. 571–577.

Miers, S. [1975] *Britain and the Ending of the Slave Trade*, London.

Pinto-Duschinsky, M. [1967] *The Political Thought of Lord Salisbury 1854–68*, London.

Richards, W. A. [1980] "The Import of Firearms into West Africa in the Eighteenth Century", *JAH* 21: 1, pp. 43–59.

Steele, E. D. [1987] "Salisbury and the Church", L. Blake and H. Cecil eds., *Salisbury: The Man and his Policies*, Basingstoke and London.

Steele, D. [1999] *Lord Salisbury: A Political Biography*, London.

Storey, W. K. [2008] *Guns, Race, and Power in Colonial South Africa*, Cambridge.

Thomas, J. A. [1939] *The House of Commons 1832–1901 : A Study of its Economic and Functional Chracter*, Cardiff.

第2章　両大戦間期における軍事力と国際的不安定性

ジョセフ・マイオロ
（竹内真人・横井勝彦訳）

1　はじめに

バリー・ブザンとエリック・ヘリングが『世界政治における軍事的原動力』のなかで論じているように、軍事力に基づく安全保障と国際政治は密接に関連している。[1] しかし、軍事的競争の原動力は、グローバル経済や国際体制を動かしている構造や力と無関係ではありえない。本章で論じるように、軍事力に基づく安全保障と国際政治の不安定性は二つの世界大戦時に密接に関連するようになった。なぜなら、一九一四年から一九一八年の新たな産業時代における総力戦の経験によって、「軍事力」と「安全保障」の定義が、経済と社会のすべてを包摂するものに拡大されたからである。この時期に国家安全保障の範囲が拡大したことは、国際政治の不安定性を著しく高める結果をもたらしたが、そのことは特に大不況後に顕著だった。国際連盟の主催で軍事力を管理し集団的安全保障を構築する試みも、第一次世界大戦の遺産だったのである。本章では、一九一四～一八年頃までに引き起こされた国家安全保障上の重大な変化とそれが国際関係に与えた衝撃を説明する。そして産業総力戦時代に、戦争計画者や政策決定者が軍事力の測定にあたっていかなる問題に直面したのかを考察する。第一次世界大戦と大不況によって第二次世界大戦が不可避になった訳ではないが、少なくとも次のことは確実になった。すなわち、一九三〇年代に世界の軍事力が膨大かつ急速に拡大し、大規模戦争への狂気じみた準備が始まったことである。私が主張したいのは、一九三〇年代に列強諸国が猛スピードで再軍備を始めると、戦争と平和の区別がただちに消え失せてしまったということである。(2)

2 「総力戦」(一九一四〜一八年)の遺産

一九一四年に第一次世界大戦が勃発すると、一部の先見の明のある軍人や学者は、この戦争が長期化し悲惨な結果をもたらすだろうと予測した。しかし、その一方で、欧州の政治家と軍事計画者のほとんどは、彼らの攻勢的な戦争計画によって迅速に決着がつくと信じていた。だが、この幻想はすぐに消え去った。はやくも一九一五〜一六年に、電撃的な短期戦のはずが泥沼の消耗戦に転じたからである。近代国家間で戦われる長期戦を遂行するためには、産業組織、原料の確保、自国民を行政的に管理する能力が必要だったが、主な交戦国はそれらを持っていないことに気づいたのである。こうして、平時における貿易と金融の活動は国家統制と中央計画〔経済〕の試みに転じた。政府機関は拡大し、新たな動員局がいたる所に現れた。第一次世界大戦のクライマックスはまさに巨大な攻囲戦であり、全面的な動員にむかって競争する経済社会同士の間で戦われた。(3)一九一四〜一八年の総力戦を経験した者にとって、それは一九世紀の自由主義化の趨勢からの断絶を意味した。新たな「暴虐の時代(Era of Tyrannies)」の到来である。そこでは国民国家が生産手段を管理し、戦時の耐乏を国民に強いる思想統制が行われた。(4)ドイツとその同盟国が一九一八年に崩壊すると、この戦争によって生み出された全体主義的勢力はその活動を一旦停止するようになった。

少なくとも戦勝国にとってはそのように見えた。しかし、他の多くの者には、事態は別のように映っていた。

例えば、軍事理論の点で注目すべきことは、この戦争の教訓がいかに普遍的なものになったかという点である。すべての軍事組織や軍事思想家はこの戦争の意味や目的について共通の認識を持ち、次の戦争がこの全体主義的な傾向を再び強めるだろうと予想した[5]。一九二四年にイギリスの軍事専門家の一人は、将来の戦争についての一般に認められたイメージに関して、次のような説得的な要約を行っている。「次の大戦が勃発すれば、世界は一種の軍事的共産主義に陥るだろう。それに比べると、最近の戦争中に行使された統制など牧歌的なお祭り騒ぎのようなものだ[6]」。要するに、次の戦争は経済と社会のすべてを国家管理の戦闘機構に転換することを迫るというのである。ドイツの哲学者エルンスト・ユンガーは、その著書『鋼鉄の嵐の中で』（*Storm of Steel*, 1920）やその他の著作において「総動員」概念とその必要性を世に広めたことで知られているが、この考え方は戦時経済に関する一九一九年以降の学術研究において周知のことになり、世界中の士官学校のカリキュラムの主な特徴になった[7]。

将来の戦争がマクロ経済レベルでの長期戦と一般に認められることによって、一九一九年以降の世界では、なにをもって「列強」と呼ぶかの基準にも変化が生じた。一八～一九世紀の欧州国家体制では、国際体制を操る権利を持ち、「列強」の仲間と認められる国は、大規模な戦争遂行能力を持つ国だけであり、この場合の軍事力は、もっぱら地上戦と海戦で使われる武力としての陸軍と海軍に限定されていた。しかし、第一次世界大戦の結果、「軍事力」の意味は、食糧や工業原料の自給率はもとより、その国の経済と社会の全体を包摂するところまで拡大された。換言すれば、「軍事力」の定義は、前線部隊（'arms *in breadth*' とも呼ばれる）だけでなく、総力戦（'arms *in depth*' とも呼ばれる）を遂行するために必要な経済と社会の即戦力や生産力を包含するものに拡大されたのである[8]。重要な点は、「軍事力」についてのこのように拡大された戦略地政学的な概念が、実際に国際連盟の軍事年鑑においても体系化されていた点である。同年鑑は一九二四年から一九四〇年にかけて、各国の陸海軍予算やその他の軍事予算の規模と並んで、石炭や鉄鋼の生産量も掲載した[9]。その基準によれば、圧倒的な「列強」は、巨大大陸に君臨していたアメリカ合衆国とソヴィエト連邦であった。なぜなら、食糧と工業原料の大半を自給可能であり、最大規模の兵器生産能力を有していたからである。イギリス帝国や、それよりも若干規模が劣るフランス帝国も、海外の植民地に軍事動員が可能な巨大な人口や安定的な資源を保持していたから、「列強」の範疇に入れられたが、ドイツ、イタリア、日本の帝国はこの基準を満たしていなかった。輸入原料に依存し、特にイタリアと日本の帝国の場合には、敵国の海上封鎖に対して極めて脆弱だったからである[10]。

総力戦で勝つための資源の点からみた「持てる国」と「持たざる国」のこの区別は、大まかに言えば、第一次世界大戦後に現状を維持しようとした列強諸国（フランス、イギリス、アメリカ合衆国）とそれを修正する野望を持った列強諸国（ドイツ、イタリア、日本）の区別と一致している[11]。これはまさに両大戦間期の国際体制における巨大な断層であり、その不安定性の大きな原因であった。一九一九年から一九二五年の間に、現状維持派の列強諸国は、パリ講和条約、国際連盟の創設、ワシントン海軍軍縮条約、ロカルノ条約、さらにはケロッグ・ブリアン条約を通じて、自由主義的な世界秩序の構築に努めた。だが、第一次世界大戦の負の遺産を帳消しにし、あるいはそれを少なくとも縮小しようとするこの種の努力はいくつもの理由で失敗が運命づけられていた。なかでも侮り難かったものは、国際政治におけるイデオロギー闘争の激化と安全保障同盟への全般的な反発だった。第一次世界大戦以後には、一九一四年以前に存在した同盟体制と同盟ブロックによってすべての列強が望まざる戦争に引きずり込まれたという確信が常識になっていた。武力侵略を防ぐ別の方法として登場したのは、国際連盟の条項に含まれた「集団安全保障」という自由主義的な構想であり[12]、この「集団安全保障」の考えは、ドイツの一方的な武力侵略に対抗する安全保障同盟の締結を求めるフランスの要求を回避するために、ワシントン海軍軍縮条約やロンドン海軍軍縮条約でも用いられた。一九一四年の夏にバルカン諸国の小競り合いが世界大戦に発展した経緯が容易に想起されたから、公式同盟の締結によって他国の防衛に巻き込まれることを望む列強諸国は一九二〇年代と三〇年代には存在しなかったのである。安全保障は、その負担を最小限にしようとしたフランスを除いて、すべての列強諸国にとって厳密に一国の問題になった。アメリカ合衆国の「孤立主義」は、この全般的な趨勢の兆候であったし[13]、ソヴィエト連邦は、見方によっては、当時の国際体制の部外者であり、その先導者でもあった。五カ年計画の下でロシアを工業化しようとしたスターリンの取り組みは、もとより社会主義建設を目的としていたが、「不可避」の総力戦突入に備えて先進的な資本主義経済に追いつくことも目的としていたのである[14]。

3　軍縮と軍拡の問題

第一次世界大戦の戦勝国が国際連盟を通して行った軍縮の取り組みは、言うまでもなく第二次世界大戦を未然に防ぐことを狙いとしていた。しかし、軍縮交渉の試みによって、世界政治に潜む根本的な緊張関係が露呈することになった。例えば、国際連盟の軍縮専門委員会の作業は「戦時物資」をどのように定義するかで行き詰まってしまったし、政治的・イデオロギー的緊張関係の緩和を目指す実際の軍縮に焦点を絞っても、展望は開けなかった。陸海軍軍備制限においても、戦争を遂行するための産業力の格差や原料調達力の格差のような大きな問題は扱われなかった。しかし、専門家なら誰もが承知しているように、新たな産業時代における戦時大量生産の流れ作業は既に、労働者と兵士、鉄鉱石と装甲板、工作機械と機関銃の境界線を必然的に消滅させていたのである[15]。巨大な潜在的産業力を巨大な軍事力に転換させるには、事前に計画を立てて国家編成を行うだけで済むことは明らかだった。技術部門の専門家たちは、軍備管理条約の草案に掲載された表の空欄に書き込むために、戦車、大砲、航空機の最小値をまるで手品のように探し求め、一方、戦争計画者たちは戦車、大砲、航空機を大量に生産できる経済を構築することを夢みた[16]。一九二〇年代末には、軍縮外交は外交ゲームと化し、列強諸国は自国の安全保障に最も有利になる方向で他国に軍縮を説得しようと試みたのである。

この外交交渉は長々と続いたが、一九三二年二月には遂にジュネーブで「軍備の削減と制限のための会議」が開催された。だが、この会議はドイツの軍備制限をめぐって暗礁に乗り上げた。イギリスとフランスはドイツの再軍備の権利を容認したが、実際にそれがどのように行われるかについて合意に至らなかった。フランスは、独仏戦争時にイギリスがフランスに安全保障を約束しなければ、ドイツの軍事力の拡大を認めなかったが、イギリスはそのような安全保障の締結を拒否していた[17]。歴史家は通常、戦間期における軍縮の分析をヒトラーがドイツ首相の座に就いた一九三三年一月をもってやめてしまうし、実際にナチス政権とドイツ陸軍指導部はそれ以降に再軍備に突入することになった。しかし、軍縮に反対した勢力はドイツをはるかに越えて広がっていたのである。

前述の通り、戦車、大砲、飛行機、艦船に制限を課すやり方は、戦争計画者や政治家が軍事力を計算し、将来の戦争や安全保障を概念的に把握した一九一九年以降のやり方とは、まったくかけ離れていた。大恐慌の開始や金本位制の崩壊も、同時期に開催された軍縮会議にとって決して良い条件ではなかった。経済的ナショナリズムへの変化は、安全保障を厳密に一国の枠組みで理解する傾向を強めただけであったし、金本位制の崩壊も、次のような点で重要な役割を果たすようになった。すなわち、一九二〇年代を通じてすべての資本主義国は金本位制に固執したが、それは金本位制によって貿易と資本の円滑な流れが促進されただけではなく、厳格な予算原則に自らを縛り付けることによって大幅な軍事増強を阻止できたからであった[18]。しかし、一九三〇年代初頭の産業不況や金本位制の廃止は、例えばドイツのライヒスバンク総裁ヒャルマル・シャハトや日本の大蔵大臣高橋是清の下で、軍事力への投資や経済への国家介入を可能にしただけではなく、拡張主義的国家の経済政策として（シャハトや高橋にとって少なくても一時的には）魅力的だった[19]。さらに、ソヴィエト連邦を除き、世界中で参謀幕僚が武器製造のために必要としてきた軍工廠や造船所は産業不況によって閉鎖されつつあった。工場を稼働させておくためには防衛支出の増加が必要だったが、軍縮の進展は明らかに防衛支出の大幅な削減を伴っていた。資料の上で「明確な決断」を確認することはできないが、筆者の見るところでは、フランスとイギリスの戦争計画者は、自国の戦力の削減やその規模に制限を課すことによって兵器生産に必要な産業基盤を傷つけるよりも、ドイツの再軍備を一般的軍縮会議とは別のところで検討することを望んだ。彼らはドイツの軍事力が拡大することを予測したが、英仏は軍事力において決定的なリードを保ち、ドイツに先んじて軍事力を拡大できると信じていた。軍縮会議の破綻に関するこの平然とした態度は、フランス陸軍参謀総長副官のモーリス・ガムラン大将が一九三四年四月に行った次の発言にも示されている。「フランス陸軍参謀は、フランスがドイツに対して圧倒的な優位を保持していると信じている。我々が軍事力に投じた二〇〇億フランの水準にドイツが追いつくためには長い時間を要するだろう[20]」。

　第一次世界大戦と大恐慌の遺産を直接の原因として、第二次世界大戦が不可避になった訳ではない。しかし、一九三〇年代に地球規模で広範かつ急速な軍事力の拡大や産業面での戦争準備が始まったのは確かである。この点を強調するためには、世界軍縮会議に関する反事実的状況を考えることが有意義だろう。一九三二年にドイツで軍事独裁政権が誕生し、その政権が英仏との間で欧州における武器保有水準に関する協定に調印したと仮定しよう[21]。その場合、唯一現実味のある協定は、イギリスにフランスへの安全保障を約束させ、ドイツ陸海空軍戦力をあらかじめ決められた水準にまで増大させるものだろう。換言すれば、唯一もっともらしい合意は、軍備削減ではなく、管理された軍備増強に関するものなのである。ドイツの軍事独裁政権はそのような協定を利用して、自国の軍事産業基盤を刷新するためにフランスと均等になるまで軍事力を増強し、ひとたびその目的が達成されると、フランスやロシアを凌駕する欧州最大の軍事的覇権を追求したであろう。たとえドイツの軍事独裁政権が修正主義者の制限された政治的目標で我慢したとしても、欧州の軍事的競争を駆り立てる別の圧力も存在した。例えば、戦車や航空機の急速な技術進歩は、それらの兵器の量だけでなく、質の点でも競争を引き起こした。欧州の軍備増強に影響を与えた別の重要な圧力も確かに存在した。ソヴィエト連邦の第一次五カ年計画と一九三一年九月の日本陸軍による満州侵略という相互に関連した動きである。マイケル・バーンハートやその他の歴史家たちが指摘したように、一九三一年の満州事変の背後には、日本がアウタルキー（自給自足経済）を達成するためには満州が必要であると信じた陸軍将校や政府当局者による陰謀があった。彼らは、ソヴィエト連邦の第一次五カ年計画に対応すべく、日本における軍産複合体への転換を目指していた。(22) それに対し、ソヴィエト連邦の指導者たちは満州侵略と大恐慌（資本主義の危機）の開始を、彼らの軍備増強計画の加速化が必要な事態と認識したのである。かくして、第一次五カ年計画の軍事目標は引き上げられ、続く第二次五カ年計画（一九三三〜三七年）ではさらに引き上げられた。欧州において、この第二次五カ年計画の巨大な兵器生産量に多大な関心が向けられていたのは言うまでもなかろう。(23)

ヒトラーが一九三三年に政権を握らなければ、欧州とアジアの戦略地政学的な状態は冷戦状態に落ち着いていたように思われる。だが、現実にはドイツにおいてナチスが政権を掌握した。ヒトラーとその追随者たちは保守的な軍事エリートと同盟を結ぶことによって、ドイツを猛烈なスピードで再軍備し、ドイツ経済を軍事的要請に対応できるように組織し、ドイツ社会をやがて起きる長期戦の試練に耐えられるように厳しく統制した。一九三四〜三五年にドイツが軍備拡張を全速力で開始すると、イギリスもフランスも軍縮論議の破綻、つまりドイツの再軍備に歯止めがきかないという結果を受け入れなければならなかった。(24) かくして、一九三五〜三六年にイギリスとフランスはドイツに対抗して大規模な再軍備計画に着手した。一九三三年から一九三六年の間に、世界の軍事支出は三倍に膨張し、その後も急増した。軍需だけでなく全国規模でのインフラ投資の急激な増加の影響もあって、産業活動は急速に拡大した。原料生産量は増大し、価格も高騰した。各国政府は、最初は大恐慌の圧力の下で、その後は軍拡競争の下で、産業、貿易、社会全般に対する積極的かつ継続的な介入に駆り立てられた。軍人たちはどこでも例外なく、社会に対する規律の徹底、産業の国家統制、市場原理の抑制を、近代戦に当然必要なものとみなすようになった。時には産業家や政府役人から反対されることもあったが、軍人たちは同じ考えを持つ企業家や官僚と提携して、産業の集中、国家の自給自足化、技術系官僚の発言力強化にむけて突き進んだ。例えばローマでは、兵器産業を国家に掌握させるために、政府の役人たちが世界的な経済危機を利用した。一九三六年三月に、イタリアのファシスト独裁者ベニト・ムッソリーニは、自給自足経済を達成するために産業プロジェクトの強化を命じた。一九三六年八月に、ヒトラーはドイツ四カ年計画に着手し、軍事力を拡大し、平時における戦時経済を構築した。この四カ年計画は、ソヴィエト連邦の第二次五カ年計画の直接的な模倣だった。(25)

4　戦争遂行能力の評価

一九二〇年代から三〇年代にかけて、諜報機関の職員や戦争計画者たちは、経済力に関する情報を体系的に収集・分析することによって、諸列強の戦争遂行能力を評価しようと試みていた。一国の将来の経済パフォーマンスを評価することは、最も順調な時でも手間のかかる仕事であり、専門的知識を持っているスタッフや詳細な知識を必要とした。両大戦間期に軍事目的でそのような試みがなされた時には、一連の新たな技術的問題や解釈の歪曲が生じた。(26)例えば、民生品の製造工場を軍需品の生産に転換すること自体、多大な困難を伴ったが、それを軽く考えて戦争の脅威を煽っていくことなどは、ごく一般的にみられた誤りであった。一九二〇年代のフランス軍諜報機関も、ドイツ産業は大規模に軍隊を展開し、爆撃機を含めて大量の兵器を生産する能力があると、甚だしく誇張された評価を常に下していた。(27)一九二八年七月にソヴィエト赤軍諜報機関は、定量的なデータや統計の膨大な蓄積によって裏付けられた『来るべき戦争』と題された長大な報告書を作成したが、そこでもイギリスとフランス、そして特にアメリカ合衆国が民間工場を迅速に兵器生産に転換できる同レベルの能力を有していると評価された。[28] ドイツ、日本、イタリアの諜報部員にとって、アメリカ合衆国は一大軍事大国だったが、それは「狂騒の二〇年代」にアメリカ合衆国の産業が自動車、ラジオ、冷蔵庫、その他の消費財を大量に生産したからであった。[29] もとより、産業基盤を兵器生産基盤に迅速に転換するという敵国の能力を過大に評価する傾向は、軍事的組織の目的に沿うものだった。例えば、一九二〇年代にフランス軍は予算拡大とドイツの軍事力に対する厳格な法的規制を求め、ソヴィエト赤軍は軍事的要求を満たすために第一次五カ年計画に対して強大な発言力を求め、ドイツ、イタリア、日本の将校たちは、他国の潜在的な軍事力から攻撃的な意図を読み取ることで、帝国拡張に突き進む戦争を正当化することに躍起になったのである。

一九三〇年代に、空軍が急速に台頭し、航空技術が目覚ましく発展すると、国際政治に大きな不安定要素がもたらされ、諜報部員に新たな課題が投げかけられるようになった。一般大衆の感覚でも、また軍事的な未来予測でも、空爆は戦争の終末論的形態と表象されており、[30] しかも爆撃能力を誇張する傾向も一般的だったから、空軍戦力は策略のために容易に操作されるようになった。例えば、ドイツ再軍備の最初の数年間において、アドルフ・ヒトラーとドイツ空軍総司令官ヘルマン・ゲーリングは、ヴェルサイユ条約違反という理由でフランスがドイツに軍事的制裁を加えるのを遅らせるために、ドイツ空軍の戦闘能力をわざと誇張していた。[31] 一九三六年以降に空軍における軍拡競争が加速すると、フランスとイギリスの政府役人は、ドイツ空軍戦力に関する彼らの過大な評価から、次のことが明らかになると想定するようになった。すなわち、ナチス政権が早期勝利を計画してパリとロンドンの市民を爆撃して降伏させようとしているということである。しかし、これは「鏡に映った自分の姿」のようなものだった。フランスとイギリスの政府役人はそのような爆撃の可能性とその結果におびえ、ドイツがそれを計画中に違いないと本気で想定するようになったのである。ドイツ空軍は、現実にはドイツ陸軍の作戦行動に対する近接航空支援を提供する準備をしていたに過ぎなかった。もちろん、工場の作業場面積や労働者数、そして〔原料などの〕投入量を計算し、そこから空軍の規模や性能を評価することは、とんでもなく厄介な問題であった。一九三六〜三七年にフランス航空機産業が人民戦線政府の下で国有化された直後には、イギリスでさえ、フランス空軍の生産量の評価に多大な困難を感じるようになった。イギリスの諜報部員は、フランス航空機の生産が急速に落ち込んだ事実を知った時に警告を発したが、それは、もしドイツが航空機生産におけるフランスの弱点に気づけば、ベルリンはその有利な条件を利用して欧州で戦争を開始する気になるに違いない、とイギリスがおそれていたからであった。一九三八年九月のチェコスロヴァキアをめぐる危機に際して、フランスとイギリスの航空戦力の脆弱さが露呈し、民間人が空爆の恐怖におびえるようになり、さらにドイツ空軍の優位が判明したことに強く影響されて、イギリス首相ネヴィル・チェンバレンとフランス首相エドゥアール・ダラディエはヒトラーと和平交渉することを決断したのである。(32)

多くの政治家や戦略家は、脆弱な空軍戦力ではまちがいなく敵の攻撃を招いてしまうと考えていたが、強大な空軍戦力を持てばそれを抑止できると考えていた。(33) 確かに現状維持派の列強諸国は、国際情勢を安定させるものとして一貫して空軍力に期待していた。だが、残念ながら、事態はそれとは逆の方向に推移していた。例えば、一九三一〜三二年にスターリンと彼の主席軍事顧問は大型爆撃機をロシアの極東に配備することによって日本軍の侵攻を抑止できると信じていたし、(34) イギリスも爆撃機を擁した強力なイギリス空軍をもってすれば、欧州における緊張緩和と軍拡競争の終焉にむけて、ナチス政権に交渉を迫ることができると信じていた。(35) またフランクリン・D・ローズヴェルトはナチス政権の侵攻を防ぐために一九三八年一一月にアメリカ空軍の大増強を命令したし、さらに一九四〇〜四一年にアメリカ合衆国は日本軍の侵攻を抑止するためにフィリピンに大型の四発爆撃機を配備した。(36) だが、いずれの場合も、空軍戦力による戦争抑止戦略は失敗に終わり、逆に威嚇的な返答を受け取るか、軍事侵攻の阻止が明確に拒否された。なぜなら、征服や防衛といった戦争遂行のための欲求が戦争抑止力を凌駕していたからである。例えば、一九三九年にヒトラーは、ドイツの軍事力が相対的に低下したのは他の諸列強の軍備計画が加速化したからであると認識していた。それゆえ彼は、軍事バランスがドイツに対して不利になるのを待つよりも、同年九月のポーランド侵攻によってイギリスやフランスとの大戦という危険をおかす道を選択したのである。この種の「今を逃したら二度とない」という考え方は、一九四〇年夏のイタリアの参戦決定や一九四一年一二月の日本の真珠湾攻撃の決定にも同様の影響を及ぼしていた(37)。

一九三〇年代に軍拡競争が加速化すると、ドイツ、ソヴィエト連邦、イタリア、そして(一九三七年七月以降の)大日本帝国のような、既に「全体主義」の政治形態にあった列強諸国は、社会経済的総動員を目指した競争で極めて幸先の良いスタートを切ることができた。一般的にはこのようにみなされている。しかし、これらの諸国においても、戦時経済体制は場当たり的で、計画性に欠け、しかも効率が悪かったから、このような理解は、経済や社会に対する中央集権的な国家統制の効率性をあまりにも信用しすぎている(38)。とはいえ、こうした理解は、自由主義陣営に属する列強諸国の政治路線に多大な影響力を与えるほど強力なものでもあった。軍拡競争によって、すべての列強諸国は経済の組織化や社会統制といった戦時慣行を(平時においても)採用することを強いられたから、軍拡競争は戦争と平和の境界線を消失させることになった。ソヴィエトの共産主義、ドイツのナチズム、イタリアのファシズムはいずれも、不可避の戦争に備えた総動員体制の必要性を強調し、戦争に勝利するための前提条件である国内戦線の強化のために社会統制を試みていた(39)。日本における「国防国家」の主張者も事態を同様の観点からみていた(40)。しかし、自由主義陣営の諸列強であるフランス、イギリス、アメリカは、軍拡競争が激化し、戦争抑止戦略が一九三八年から一九四一年にかけてことごとく失敗に終わると、競争するか、それとも降伏するかの二者択一を迫られるようになった。換言すれば、平時に「戦時経済」を構築するか、それとも軍拡を追求する全体主義国家に降伏するかの二者択一である。特に陸軍を中心とした全体主義的列強諸国の取り組みに対抗するために自国経済を戦時体制の基盤に据える際には、中央政府の計画を優先し、市場を抑制することが求められたが、そのことは、個人の自由の制約、すなわち全体主義に屈服することを意味した。一九三〇年代前半の大恐慌によって市場資本主義と民主主義の危機が引き起こされたが、それは激しい軍拡競争によって気づかぬうちに全体主義を採用してしまう危険性を強めることに貢献したのである。以上のような事情で、フランス政治は一九三七年から一九四〇年にかけて麻痺状態に陥った。右翼の方では左翼が軍拡競争を利用してフランスに共産主義を導入するのを恐れたし、左翼の方では右翼が軍拡競争を利用してフランスにファシスト国家を創設するのを恐れたからである。[41]一九三八年九月のミュンヘン会談の前夜にイギリス内閣は、自由主義的な資本主義体制下で達成しうるイギリスの軍拡がもはや限界に達しつつあると認識していた。チェンバレン首相の下で蔵相を務めていたサー・ジョン・サイモンが一九三八年四月に述べたように、「我々が別の国民に変わらない限り」[42]イギリスはドイツとの軍拡競争で張り合うことはできなかったのである。その一年後にイギリスは、戦争に突入してこのジレンマを解決するか、それとも経済破綻の道を突き進むかの岐路に立たされたと考えるようになった。当然、ヒトラーはポーランドに侵攻してそれらの選択を迫った。一九四〇年夏のフランス陥落後に、アメリカ人は同じジレンマに、ただしこれまで以上に切迫したジレンマに直面するようになった。もしイギリスが降伏すれば、アメリカ合衆国は、全体主義的列強諸国が支配する世界の中で存立をはかる見通しを持たざるを得ないと考えられたからである。また、その後の冷戦を戦うために、アメリカ合衆国政府は大規模な恐怖に襲われながら全体主義と同規模の軍拡を強いられ、アメリカ式生活スタイルは破壊されたであろう。一九四一年六月にドイツがソヴィエト連邦を攻撃した後に、ローズヴェルト大統領は次のことを決断するようになった。すなわち、終わりなき冷戦の中でアメリカ合衆国が全体主義に屈しない唯一の方法は、全体主義の躍進を押し返すべくアメリカ合衆国を巨大な軍事機構に転換し、ドイツ及びその同盟枢軸国との世界大戦に勝利するということである。同大統領が一九四〇年一二月の有名な「民主主義の兵器廠」演説で述べたように、イギリスに対するドイツの勝利は「枢軸列強諸国が欧州、アジア、アフリカ、オーストラレーシアの全大陸と公海を支配し、これらの地域に対して巨大な陸海軍力を行使する地位につくことを意味するだろう。つまり、アメリカにいる我々すべてが経済的にも軍事的にも拳銃を突き付けられて、しかも実弾が装填された拳銃を突き付けられて生活することになると言っても過言ではない。我々は新たな、そして悲惨な時代に突入しようとしており、そこでは、我々の大陸を含む全世界が、暴力の脅威にさらされることになるだろう。そのような世界で我々が生き残っていくためには、戦時経済体制を基礎にした軍国主義国家に永久に転換しなければならないのである(43)」。

5　おわりに

一九三〇年代の大きなパラドクスは、総力戦の負担を引き受ける能力がほとんどない列強諸国が、軍拡競争を引き起こし、征服戦争を拡大した当事国であったということである(44)。このパラドクスに対する一つの解答は、軍拡競争の歴史の中に繰り返し登場してくるテーマの中におそらく隠されている。すなわち、軍拡競争を開始した国々は、その先頭を走り軍事力で有利な立場にある間は、競争相手国が行動を起こさないといつも考える傾向があるということである。例えば、一九一四年以前にドイツ帝国海軍元帥ティルピッツはイギリス海軍との建艦競争で勝利を収めようとしたが、彼の艦隊建造計画は、イギリスが建艦競争に力を入れ、それに勝利するためにイギリスの優位な金融、産業、科学技術を動員していたことをまったく考慮していなかった(45)。同様に、一九三一年に関東軍の陰謀者たちは、ソヴィエト連邦が日本の満州征服に対抗してシベリア、満州、モンゴルの境界線に沿って兵力を増強し、さらに軍備建設を強化するとは予測しなかったのである。また、ドイツの軍拡が周辺諸国の軍拡を引き起こすことによって自滅的結果をもたらすことを予測したドイツ軍人はほとんどいなかった。ヒトラーもそうであり、一九三八〜三九年の彼自身による対外膨張政策によって、ベルリンに脅かされた諸国が軍備計画を加速化することを予測しなかった。一九三七年七月に始まる日中戦争によって、自給自足的な「安全保障国家」を建設する日本の努力は台無しになり、エチオピアとスペインでのムッソリーニの戦争は、イタリアの経済と軍事力をひどく消耗させる結果を招いたのである。

本章では初めに、軍事的競争が国際政治を動かしている構造や力と密接な関連を持つことを確認した。一九四〇年までに軍拡競争は戦争と平和の境界線を消し去るほど加速化したが、この軍拡競争によって国際政治のあり方は規定されるようになった。現状維持派の列強諸国は、全体主義に屈服せずに、いかに平時において「戦時経済」を構築するかというジレンマに直面し、一方、それを修正する野望を持つ列強諸国は、戦争か、それとも軍拡競争で敗北するかの二者択一を迫られた。いずれの場合も、実際に選択されたのは戦争であった。大国は国民経済の繁栄と覇権と安全保障を確保するために自国国境内で十分な物資を統制しなければならず、ひとたび戦争が始まれば、それに勝利するために総動員体制で戦争に臨み、経済資源と人口を一定の方向に組織しなければならない。以上のような考え方は、振り返ってみれば、極めて異常なものであったのかもしれない。だが、こうした考え方は、一九三〇年代の国際政治だけでなく、冷戦初期の国際政治を理解する上でも極めて重要であったのである。

注

（1）Buzan and Herring［1998］pp. 211-229.
（2）本章は、Maiolo［2011］のいくつかのテーマに基づき、それらを詳述したものである。
（3）Horne［2002］.
（4）「暴虐の時代」とは、一九一九年以降の国家規模の拡大、独裁権力の拡張、社会の軍事化（あるいは「戦時社会主義」）を言い表すために、エリー・アレヴィによって造り出された言葉である。Halevy［1967］pp. 204-206を参照。
（5）Angell［1933］. 両大戦間期の文献を概観するなら、Rosenbaum［1942］pp. 64-94を参照。
（6）Lloyd［1924］p. xi.

（7） Rohkrämer［2003］pp. 179–196. 様々な言語で書かれた専門書を広く概観するなら、Rosenbaum［1942］pp. 64–94を参照。
（8） Thomas［1966］p. 489.
（9） League of Nations, *Armaments Year Book*（Geneva, 1924–1940）.
（10） 原料補給路の戦略的分断に関する同時代の分析としては、Emeny［1934］pp. 1–37を参照。また、Rappard［1936］も併せて参照されたい。
（11） Overy［2011］pp. 482–506.
（12） Steiner［1993］pp. 35–70.
（13） Ginsburg［1994］pp. 90–105.
（14） Stone［2000］; Samuelson［2000］; Pons［2002］を参照。
（15） 例えば、以下を参照。Communiqué au Conseil, no. 17, 17 May 1922, C308/ 1922/ ix, Reel 2, E. A. Reno, ed., *League of Nations Documents and Publications, 1919–1946*（Research Publications: New Haven CT, 1973）.
（16） Webster［2006］pp. 225–246.
（17） Steiner［2005］pp. 755–796; Richardson［1995］pp. 61–82.
（18） 金本位制と国際政治におけるその役割については、Polanyi［2001（1944）］pp. 21–29を参照。
（19） Tooze［2007］pp. 91–95, 106–107; Smethurst［2007］pp. 189–267.
（20） Vaïsse［1981］p. 593.
（21） ドイツでは軍事独裁政権の方が、ナチス政権よりも、もっともらしくみえる点については、Turner［1996］を参照。
（22） Barnhart［1981］pp. 105–124; Barnhart［1987］; Crowley［1966］.
（23） Harrison and Davies［1997］pp. 369–403.
（24） Tooze［2007］pp. 67–134.
（25） Maiolo［2011］pp. 141–185.
（26） この時期の諜報機関の問題に関する概論としては、Ferris［2003］pp. 308–329を参照。
（27） Young［1981］pp. 92–113.

(28) Samuelson［2000］pp. 3–16, 22–28.
(29) Maiolo［2011］pp. 105–108.
(30) 例えば、Holman［2014］を参照。
(31) Deist［1990］pp. 481–494.
(32) Maiolo and Jackson［2006］pp. 417–461.
(33) Overy［1992］pp. 73–101.
(34) Stone［2000］p. 188.
(35) Smith［1984］.
(36) MacDonald［1989］pp. 297–329; Harrington［1979］pp. 217–238.
(37) Sullivan［2001］pp. 119–149; Ike［1967］pp. 131, 225, 238.
(38) 日本の戦時経済に関する最近の研究としては、Miwa［2015］を参照。また戦時経済の一般的比較に関しては、Harrison［2000］を参照。
(39) Paxton［2005］pp. 24–52.
(40) Nakamura［1999］pp. 9–22; Kerde［1999］pp. 23–38.
(41) Girault［1983］pp. 209–226; Schwarz［1993］pp. 96–113.
(42) The National Archives, Kew, United Kingdom, CAB[inet Papers］23/93, Cabinet meeting, 6 April 1938.
(43) Rosenman［1941–50］pp. ix, 633–644, 663–672.
(44) Harrison［2014］pp. 67–98.
(45) Seligmann［2016］pp. 21–40.

文献リスト

Angell, N. et al., eds.［1933］*What would be the Character of a New War?*, London.

Barnhart, M.［1981］'Japan's Economic Security and the Origins of the Pacific War', *Journal of Strategic Studies*, Vol. 4, No. 2.

Barnhart, M. [1987] *Japan Prepares for Total War: The Search for Economic Security, 1918–1941*, Ithaca NY.

Buzan, B. and Herring, E. [1998] *The Arms Dynamic in World Politics*, London.

Crowley, J. B. [1966] *Japan's Quest for Autonomy, National Security and Foreign Policy, 1930–1938*, Princeton NJ.

Deist, W. [1990] 'The Rearmament of the Wehrmacht', in W. Deist, M. Messerschmidt, H-F. Volkmann, and W. Wette, eds., *Germany and the Second World War: The Build-up of German Aggression* Vol. 1, Oxford.

Emeny, B. [1934] *The Strategy of Raw Materials: A Study of America in Peace and War*, New York.

Ferris, J. [2003] 'Intelligence', in R. Boyce and J. A. Maiolo, eds., *The Origins of World War Two: The Debate Continues*, Basingstoke.

Ginsburg, T. N. [1994] 'The Triumph of Isolationism', in G. Martel, ed., *American Foreign Relations Reconsidered*, London.

Girault, R. [1983] 'The Impact of the Economic Situation on the Foreign Policy of France, 1936–39', in W. J. Mommsen and L. Kettenacker, eds., *The Fascist Challenge and the Policy of Appeasement*, London.

Halevy, E. [1967] *The Era of Tyrannies*, London.

Harrington, D. [1979] 'A Careless Hope: American Air Power and Japan 1941', *Pacific Historical Review*, No. 48.

Harrison, M. and Davies, R. W. [1997] 'The Soviet Military-Economic Effort during the Second Five Year Plan (1933–37)', *Europe-Asia Studies*, Vol. 49, No. 3.

Harrison, M. ed. [2000] *The Economics of World War II: Six Great Powers in International Comparison*, Cambridge.

Harrison, M. [2014] 'Why the Wealthy Won: Mobilisation and Economic Development in Two World Wars' in M. Harrison, *The Economics of Coercion and Conflict*, London.

Holman, B. [2014] *The Next War in the Air: Britain's Fear of the Bomber, 1908–1941*, Ashgate.

Horne, J. [2002] *State, Society and Mobilization in Europe during the First World War*, Cambridge.

Ike, N., ed. [1967] *Japan's Decision for War: Records of the 1941 Policy Conferences*, Stanford CA.

Kerde, O. [1999] 'Ideological Background of the Japanese War Economy: Visions of the "Reformist Bureaucrats"', in E. Pauer, ed., *Japan's War Economy*, London.

Lloyd, E. M. H. [1924] *Experiments in State Control at the War Office and the Ministry of Food*, Oxford.

MacDonald, C. A. [1989] 'Deterrent Diplomacy: Roosevelt and the Containment of Germany, 1938-1940', in R. Boyce and E. M. Robertson, eds., *Paths to War: New Essays on the Origins of the Second World War*, London.

Maiolo, J. A. and Jackson, P. [2006] 'Strategic Intelligence, Counter-Intelligence and Alliance Diplomacy in Anglo-French relations before the Second World War', *Militärgeschichtliche Zeitschrift*, Vol. 65, No. 2.

Maiolo, J. A. [2011] *Cry Havoc: How the Arms Race Drove the World to War, 1931-1941*, New York.

Miwa, Y. [2015] *Japan's Economic Planning and Mobilization in Wartime, 1930s-1940s: The Competence of the State*, Cambridge.

Nakamura, T. [1999] 'Japanese War Economy as a "Planned Economy"', in E. Pauer, ed., *Japan's War Economy*, London.

Overy, R. J. [1992] 'Airpower and the Origins of Deterrence Theory before 1939', *Journal of Strategic Studies*, Vol. 15, No. 1.

Overy, R. J. [2011] 'Economics and the Origins of the Second World War', in Frank McDonough, ed., *The Origins of the Second World War: An International Perspective*, London.

Paxton, R. O. [2005] *The Anatomy of Fascism*, London.

Polanyi, K. [2001 (1944)] *The Great Transformation: The Political and Economic Origins of Our Time*, Boston.

Pons, S. [2002] *Stalin and the Inevitable War, 1936-1941*, London.

Rappard, W. E. [1936] *The Common Menace of Economic and Military Armaments*, London.

Richardson, D. [1995] 'The Geneva Disarmament Conference, 1932-34', in D. Richardson and G. Stone, *Decisions and Diplomacy: Essays in Twentieth-Century International History*, London.

Rohkrämer, T. [2003] 'Strangelove, or How Ernst Jünger Learned to Love Total War', in R. Chickering and S. Förster, *The Shadows of Total War: Europe, East Asia, and the United States, 1919-1939*, Cambridge.

Rosenbaum, E. M. [1942] 'War Economics: A Bibliographical Approach', *Economica*, Vol. 9, No. 33.

Rosenman, S. I., ed. [1941-50] *The Public Papers and Addresses of Franklin D. Roosevelt*, 13 vols, New York.

Samuelson, L. [2000] *Plans for Stalin's War Machine: Tukhachevskii and Military-Economic Planning, 1925-1941*, Basingstoke.

Schwarz, L. D. [1993] 'Searching for Recovery: Unbalanced Budgets, Deflation and Rearmament in France during the 1930s', in W. R. Garside, ed., *Capitalism in Crisis: International Responses to the Great Depression*, New York.

Seligmann, M. [2016] 'The Anglo-German Naval Race, 1898–1914', in T. Mahnken, J. A. Maiolo, and D. Stevenson, eds., *Arms Races in International Politics: From the Nineteenth to the Twenty-First Century*, Oxford.

Smethurst, R. J. [2007] *From Foot Soldier to Finance Minister Takahashi Korekiyo, Japan's Keynes,* Cambridge, MA.

Smith, M. S. [1984] *British Air Strategy between the Wars,* Oxford.

Steiner, Z. [1993] 'The League of Nations and the Quest for Security', in R. Ahmann, A. M. Birke and M. Howard, eds., *The Quest for Stability: Problems of West European Security 1918–1957,* Oxford.

Steiner, Z. [2005] *Lights That Failed: European International History 1919–1933*, Oxford.

Stone, D. [2000] *Hammer and Rifle: The Militarization of the Soviet Union, 1926–1933,* Lawrence KS.

Sullivan, B. R. [2001] '"Where one man, and only one man, led": Italy's Path from Non-Alignment to Non-Belligerency to War, 1937–1940', in N. Wylie, ed., *European Neutrals and Non-Belligerents during the Second World War*, Oxford.

Thomas, G. [1966] *Geschichte der deutschen Wehr-und Rüstungswirtschaft, 1918–1943/45*, Boppard.

Tooze, A. [2007] *The Wages of Destruction: The Making and Breaking of the Nazi Economy*, London.

Turner, H. A. [1996] *Hitler's Thirty Days to Power,* London.

Vaïsse, M. [1981] *Sécurité d'abord: La politique française en matière de désarmement, 9 décembre 1930–17 avril 1934,* Paris.

Webster, A. [2006] 'From Versailles to Geneva: The Many Forms of Interwar Disarmament', *Journal of Strategic Studies*, Vol. 29, No. 2.

Young, R. J. [1981] 'L'Attaque brusquée and its Uses and as a Myth in Interwar France', *Historical Reflections*, No. 8.

第3章　第二次ロンドン海軍軍縮会議予備交渉の過程

小谷　賢

1　はじめに

一九二二年のワシントン海軍軍縮条約と一九三〇年のロンドン海軍軍縮条約は、当時の海軍大国であった日英米仏伊の間に建艦競争が生じるのを抑止し、一九二〇年代初頭から一九三〇年代半ばまで比較的安定した国際秩序を生み出した。この秩序は一般に「ワシントン体制」と呼ばれ、一九三六年末に両条約が失効するまで継続したのである。両条約を締結していた国々は、ロンドン海軍軍縮条約が一九三六年に自然失効する前に、条約の更新について話し合いを持つことになった。そして交渉を主催する立場であったイギリスは、それまでの軍縮会議の経験から、いきなり本交渉を行うよりも事前に意見の擦り合わせが必要との判断から、一九三五年内に予定されていた第二次ロンドン海軍軍縮会議の前に予備交渉を行うことを決定している。本交渉では日米英間の確執が予想されたため、まずは一九三四年にこの三カ国間の協議によって会議の方向性を定めようとしたのである。

ワシントン海軍軍縮会議やロンドン海軍軍縮会議と比較すると、第二次ロンドン海軍軍縮会議に関する研究蓄積は驚くほど少ない。さらに日英米間の実質的な交渉となった予備交渉に焦点を当てた研究はほとんど見当たらない(1)。その理由は恐らく最初から交渉が失敗する宿命を背負っていたがゆえに、万が一にも交渉が妥結する見込みがなかったからであろう。つまり初めから失敗が見えていた交渉から学ぶべきものはない、といった発想が研究蓄積の少なさに繋がっているものと推察される。しかしながら予備交渉の失敗の結果、ワシントン体制が崩壊したことを考えれば、やはり何故交渉が上手くいかなかったのかを検討する価値はあろう。この分野の代表的な研究としてはステファン・ペレッツの『真珠湾への競争――第二次ロンドン海軍軍縮会議の失敗と第二次世界大戦の勃発』があるが、本書は一九七〇年代の研究であるため、当時の資料制約の問題や日本語資料に対する誤解などが見受けられる(2)。本章では日英米の一次資料を中心に、第二次ロンドン海軍軍種会議予備交渉の過程を概観していく。

2 各国の方針

(1) 前史

よく知られているように、海軍軍縮の分野では一九二二年のワシントン海軍軍縮条約によって各国主力艦の比率が、一九三〇年のロンドン海軍軍縮条約によって補助艦艇の比率が規定されている。そして同条約締結の際に五年後の見直しが定められていたため、各国海軍は一九三五年が近づくと、会議に向けた方針を検討することになる。

日本においてロンドン海軍軍縮条約の締結は政治問題化し、海軍内ではいわゆる条約派と艦隊派の対立、さらに議会では統帥権干犯問題にまで発展することになる。当初、日本海軍内では条約派と呼ばれる軍官僚が主導して調印にまで漕ぎつけたが、その後、条約に反対する艦隊派の台頭を招くことになった。このように条約派は一時的に海軍の実権を握ったが、一九三二年以降は艦隊派に押され、その後の大角人事によって条約派の幹部達の劣勢は明らかとなった。(3) さらに日本政府は国内からの批判をかわすため、同条約が一九三六年を期限とした暫定的なものであることを強調したため、このことが後の脱退の伏線となってくるのである。(4)

アメリカではワシントン、ロンドン海軍軍縮条約に調印はしたものの、歴代の政権は条約の制限一杯まで海軍力を整備していなかった。特に一九二九年に端を発した世界大恐慌の煽りを受け、当時のフーバー政権は緊縮財政を貫き、ワシントン、ロンドン海軍軍縮協定の枠一杯まで海軍力を整備していなかったのである。これに対してカール・ヴィンソン共和党下院議員やパーク・トランメル民主党上院議員は、アジア、特に中国大陸で日本の勢力が拡張しつつある現実を指摘し、一刻も早い海軍力の整備を政権に求めていた。(5)

他方、イギリスは一九一九年に一〇年ルールを規定し、大蔵省の主導下での積極的な軍縮政策を進めていた。これは今後一〇年間は大規模な戦争が勃発しないという予測に基づいたもので、軍部からの積極的な要請がない限りは徐々に軍事費を削減していくというものであった。当初はイギリスの経済力が戦前の水準まで回復するまでの暫定的な処置であったが、一九二八年にウィンストン・チャーチル蔵相によって自動的に延長することが決定されている。その結果、一九一九年度には約一・六億ポンドであった海軍予算は、一九三二年度には最低水準の五〇〇〇万ポンドにまで落ち込んでいたのである。(6) この政策はマクドナルド政権が正式に廃止を決定する一九三二年三月まで続いたが、各国が軍事費を拡大していた状況下では、一〇年ルールの継続によってイギリスの軍備は相対的に弱体化していたのである。

このような各国の思惑とは裏腹に、現実の国際情勢の方は急速に変化してく。東アジアにおいては一九三一年に満州事変、翌年には上海事変が生じ、日本は国際連盟を脱退することになる。さらに欧州ではドイツでナチス・ドイツが、イタリアではファシスト党が台頭してくることになる。そして一九三四年頃になると、ヨーロッパでは独伊、アジアでは日本が対外的に拡張する兆しを見せており、それまでの軍縮条約を前提とした各国の国際協調や集団安全保障の精神に綻びが生じていたのである。ヨーロッパでは独伊に挟撃される可能性があったフランスは、早々にワシントン条約から離脱して海軍力の増強を追求しようとしていた[7]。イギリスもヨーロッパと極東での危機に備えるため、合同参謀本部の下部組織である帝国防衛委員会が防衛問題についての検討を始めた。こうして軍縮への協調精神は、今や各国が自主防衛を追及するものとなっており、こうした事情からも第二次ロンドン海軍軍縮会議への期待は高まっていたのである。

(2) アメリカ政府の方針

当時の米海軍の戦略では、海軍が海外で戦闘を行う地域として、米領フィリピンなど本土から遠く離れた地が想定されていたため、そのような遠隔地での闘いでは、戦闘部隊が失われないようその生存性が重視された。このような海軍の思想から、防御力に秀でた戦艦と重巡洋艦から成る艦隊の拡充が要求されたのである[8]。特に一九三一年九月の満州事変を受けて、アメリカ国内で次第に対日脅威論が台頭してくると、米海軍は日本海軍を仮想敵国として強く意識するようになる。日本との戦闘を想定した場合、ワシントン海軍軍縮条約に定められた米日比五対三という数字は、米海軍にとって有利なものであった。しかし既述したように歴代の政権は条約の一杯まで海軍力を整備してこなかったため、海軍としては一九三三年に成立したローズヴェルト政権に期待するようになる。

フランクリン・ローズヴェルト大統領は、自身がかつて海軍次官を務めたこともあり、海軍の増強問題には並々ならぬ関心を持っていた。大統領の意向によって海軍長官となったクラウド・スワンソンは、長官着任最初の記者会見において、アメリカ海軍が条約の制限一杯まで海軍力を整備する権利があると表明するに至った。そしてその後、政権はニューディール政策を打ち出し、その一環としての海軍力の整備が実現したのである[9]。これは一九三三年六月に可決された全国産業復興法（NIRA）として知られているが、この予算の一部を海軍艦艇の拡充に充て、一九三六年末までに条約の上限一杯まで海軍力を拡張するものであった。NIRAによって一九三三年度には三・五億ドルだった海軍の年間予算は、五・三億ドルにまで拡大し、この予算をもって艦艇三二隻分の着工が実現した[10]。さらに海軍力の拡張計画はカール・ヴィンソン共和党下院議員とパーク・トランメル民主党上院議員によって進められ、一九三四年三月にはヴィンソン・トランメル法が成立したのである。こうして米海軍は条約の制限一杯まで艦艇を生産することを目的とするようになる。

米海軍内では、米日の戦艦比率が五対三であれば日本海軍を打ち破れるものとして受け入れられていた。ただし日本海軍にとってもこの比率であれば日本周辺近海の安全保障を確立するには十分であり、もし日本がそれ以上の軍備を求めるということになれば、それは米海軍への挑戦を意味していたのである。もちろん海軍内ではオレンジ計画のような対日戦争計画を検討しており、有事の際にいかに米領フィリピンを日本の攻撃から守るかが焦点となっていた[11]。当時、フィリピンには戦艦用の停泊地がなく、ワシントン海軍軍縮条約によっても要塞化が禁じられていたため、有事にはハワイから艦隊を送り込む必要があったが、その際の問題は艦隊が日本海軍の潜水艦攻撃をどのようにして避けるかであった。米海軍は主力艦が損害を受けずにハワイから太平洋を西進するためには主力艦に加え、駆逐艦などの補助艦艇を充実させなければならなかった。結局の所、海軍にとって最も合理的な戦略は、日本海軍が戦争に訴えないよう抑止すれば良いということになる。そのためワシントン海軍軍縮条約の戦艦比率、五対三が維持できるのであれば、日本海軍は対米戦に訴えることはないという考えに落ち着くのである。そしてこのような考えは、イギリス側にも受け入れられるものだという期待があった[12]。

一九三四年二月にはイギリス政府から第二次ロンドン会議予備交渉について内々の打診があったため、ローズヴェルト政権は交渉の指針を検討した。その結果、日米英の比率を維持したまま今後一〇年間に一律二割の海軍軍備を削減していくことが提案された。ローズヴェルト政権の基本方針としては、各国が平等に軍縮を行えば、お互いを攻撃することができなくなるため、国際秩序は安定するというものであった。そしてもし日本がこれを拒否した場合、ワシントン条約を五年間延長するか、もしくは日本がワシントン条約から脱退した場合は、日本が海軍力を増強した分だけ米英も軍拡を行い、同条約の比率を維持するという方針が練られていた。[13]また海軍の試算では、ロンドン海軍軍縮条約では米日比一〇対七とされた軽巡洋艦と駆逐艦も含め、すべての艦種で米日比五対三を実現するのが好ましいとされ、イギリスに対しては引き続き米英間の軍備平等を求めるという方針であった。[14]

他方、国務省の方は一九三四年五月までには日本海軍が軍備平等を主張する方針であることを東京のジョセフ・グルー大使から知らされており、またイギリスがそれを受け入れない方針であることも掴んでいた。[15]ウィリアム・フィリップス国務次官は、四月一七日の天羽英二、外務省情報部長による談話、いわゆる「天羽声明」によって、日本の中国への野心が露わになったと警戒心を高めており、このこともアメリカ側の態度を硬直化させたと考えられる。最終的にアメリカ政府の大まかな方針としては、米英で結託して日本に譲歩を迫る、つまりはワシントン体制の維持を図るというものであった。

(3) 日本政府の方針

日本にとってワシントン、ロンドン両海軍軍縮条約は、英米に比率主義を押し付けられた屈辱であり、これを撤廃することは日本海軍の悲願となっていた。[16]ただし艦隊派の幹部たちにとって、比率主義は屈辱以上に戦略的な問題でもあった。将来的に東アジアでの利権をめぐって日米が対立する場合、対米六割の海軍力では戦いにならず、外交的にもアメリカに屈しなければならなくなる。そうならないためには、少なくとも対米七割の軍備を整備しておく必要があると考えられていた[17]。しかしこれはやや主観的な見方であり、比率主義に加えて東経一一〇度以東の要塞化禁止事項を勘案すれば、条約はそれほど一方的なものでもなかったと評される[18]。さらに一九二二年以降、アメリカの歴代政権は条約の制限一杯まで海軍力を整備してこなかったため、実際問題として条約は日本の国防に不安をもたらすほどのものではなかった。

ただし一九三二年初頭頃になると、アメリカが条約の制限一杯まで艦隊を拡充させるという情報が東京に報告されるようになる[19]。そしてローズヴェルト政権が海軍の拡張に積極的であることが判明すると、日本海軍の幹部達は危機感を募らせるようになった[20]。既に海軍省内には第二次ロンドン会議に向けた臨時調査課が設置されており、方針の検討が始められていたが、一九三三年一〇月二一日、軍令部第二部の石川真吾中佐が「次期軍縮対策私見」を起案したのである。この中で石川は「軍縮協定成立の算なし」とした上で、①比率主義の放棄と対米英均衡、②主力艦、空母の全廃、③総排水量の制限（共通最大限度）、④艦齢超過艦の保有、を軸に交渉を進めるべきであるとした[21]。

石川によると対米英均衡は独立国家間の軍備は平等であるべきという考え、さらに主力艦・航空母艦の全廃については平和主義の発露から生じていたものであった。しかし米英がこのような条件を飲むとは常識的に考えられず、石川の狙いはあえて無理な難題を主張することで、日本が責任を負わない形でワシントン海軍軍縮条約を脱退することにあったと考えられる。さらに石川の構想は、今後一〇年をかけて、超巨大戦艦の建造（アメリカ海軍の戦艦はパナマ運河通行のため四万五〇〇〇トンが上限であった）と潜水艦の拡充による効率的な海軍力の整備にあった。つまり日本の国力を勘案した場合、米英との量的な建艦競争は好ましくなかったため、大鑑巨砲主義に見られるような質によって量を補おうとする計画であった[22]。これに対して海軍内では、速度を重視した巡洋戦艦を拡充すべきとし、対米八割という具体的な数値目標を主張した軍令部第一課長の岩下保太郎大佐のような人物もいたが、このような意見は大勢とはならなかった[23]。

その後、海軍においては、艦隊派が中心になって石川の私案を海軍の正式な方針としていった[24]。海軍としてはロンドン海軍軍縮条約が一九三六年を期限とした暫定的なものであると説明した手前、これを打破することにそれ程の抵抗はなかったようである。一九三四年六月には次期軍縮会議に向けた海軍案が纏められているが、その骨子は「次期会議に於ては帝国国防の安固を期し得る新なる協定を締結するを以て根本方針とす。従って国防の安固を期し得ざる条約は之を協定せず」、「各国の保有し得べき兵力量の共通最大限度を規定し大軍縮の精神に則り右限度を低下すること及攻撃的軍備は極力之を縮減し防御的軍議を整備し各国をして攻むるに難く守るに不安なからしかむるを本旨とする」というものであった[25]。

この共通最大限度とは、保有できる艦艇の総トン数の上限だけを決め、その数字の中で各国がそれぞれの国防政策に適した艦艇を持てば良い、という一見柔軟な案であったが、日本海軍の狙いはワシントン、ロンドン海軍軍縮条約で規定された比率主義を撤廃し、アメリカ海軍に比肩する海軍力を整備することにあった。上限の具体的な数値については判然としないが、後のロンドンでの交渉における山本五十六提督の発言から、当時の英米の艦艇保有上限であった総計一二〇万トン程度が目安となったようである。そうなると共通限度案は英米にとって艦艇建造計画に柔軟性は生じるものの、総トン数の上限は増加せず、日本だけが条約制限の七四万トンから一二〇万トンへの増加が認められることとなる。さらに日本海軍が目指す対米七割は八四万トン程度となるため、当時の日本の条約制限七四万トンから一〇万トン増加すれば良いという計算である。つまり最大共通限度となると英米海軍は現状維持、日本海軍は軍備増強となるため、これは日本にとって一方的に有利な案であったといえる。しかし常識的に英米がこの条件を飲むとは考えられなかったことから、日本海軍の狙いは別にあったのではないだろうか。恐らく当時、海軍の建艦方針が量から質へと切り替りつつあったため、海軍が石川の限度案を支持したのは、予備交渉の議題が量から質に移らないようにするための対策ではなかったかと推察される。

この方針は陸軍、外務省にも通知されているが、外務省は国際協調主義への配慮、陸軍省は海軍予算拡大への懸念から反対であった。特に外務省は条約の廃棄に慎重な姿勢を崩さなかったが、既に広田弘毅外相と大角岑生海相の間で条約廃棄の諒解が成立していたようである。[26] 陸軍については、海軍省軍務局長、吉田善吾海少将から陸軍省軍務局長、永田鉄山少将に対して説明が行われ、建艦競争となっても予算の拡大はないとのことであった。海軍の見積もりでは、アメリカは既にヴィンソン計画によって一九四〇年頃までの建艦予定を決めているので、平時の造艦能力からすればこれ以上の拡張は難しく、建艦競争になるしても一九四〇年以降になるとの見通しであった。[27] しかしこれはあくまでも「平時」の見積もりであり、余りにも楽観的な見方であったと言わざるを得ないが、陸軍も海軍案に同意したため、九月七日の閣議において、共通最大限度の要求と年内条約脱退の方針が決定された。[28]

天皇もこの海軍の方針に疑義を表しているが、大角海相は「軍備拡張とならぬよう極力極力注意する」旨奉答している。軍令部の試算によれば、軍縮条約の下では艦艇建造のための予算が毎年二億三〇〇〇万円かかるとされたが、無条約となり「国防上適宜の艦種を求めて建艦」すれば、二億一〇〇〇万円で済むとされた。[29] さらに一九三四年に入り、第二次ロンドン海軍軍縮会議の開催が近づくと、新聞各紙は再び比率主義を押し付けられるのは屈辱として、比率主義の打破を声高に訴えるようになる。[30] 海軍はこのような世論の後押しも受けて、強気の姿勢を崩さなかったのである。

最終的な交渉方針としては、軍備平等の考えの下で各国の艦艇の総トン数の上限のみを定め、各海軍はその枠内で個別の艦艇を生産するというものであった。そしてワシントン条約については年内に脱退を通告し、最大共通限度を基礎とした新たな条約を作成することが目的となったが、実際にはこの提案が受け入れられる可能性はほとんどなかった。しかし交渉を最初から拒否することは、協和外交を掲げ、英米との関係改善を模索する広田外相の望むところではなかったのであろう。[31] 政府としては既に三四年一〇月からの予備交渉への参加と、年末のワシントン条約の破棄を決定していたため、海軍が提案した最大共通限度案というのは、とりあえず三カ月程度の時間を稼ぐための方策として捉えられたのではないだろうか。恐らく義務感から予備交渉に参加はするが、何としても交渉を妥結させるという熱意を持っていたわけでもなかったのである。

このことは閣議決定の同日にロンドンへの首席代表として第一航空戦隊司令官、山本五十六少将が任命されたことからも明白であった。山本は第一次ロンドン海軍軍縮会議の際には次席随員として参加していたため、その経験を買われての任命だったと推察される。しかしイギリス側はアーネル・チャットフィールド第一海軍卿、アメリカ側はウィリアム・スタンドレー海軍作戦部長、つまりイギリスもアメリカも大将級の軍人を首席交渉担当としていたため、山本の階級は明らかに格落ちであり、この人選は日本側の意欲のなさを表していたともいえよう。

(4) イギリス政府の方針

一九三一年八月に成立したマクドナルド挙国一致内閣は、世界恐慌に対処すべく財政出動や軍事費削減による均衡財政を実現することが主な政策目標であり、海軍予算もその例外ではなかった(32)。またこの時代のイギリス政府の国防戦略は、軍事費削減を実現するためにヨーロッパにおけるドイツの再軍備禁止を前提として、多国間協定によって大国間の軍縮を進めていくというものであり、この方針の下でワシントン、ロンドン条約による建艦競争の制限を受け入れていたのである。ところが満州事変によって日本が連盟から脱退し、ジュネーヴ軍縮会議ではドイツが再軍備を求め、さらにはイタリアがドイツへの接近を図ると、上記のイギリスの戦略的前提はすべて崩れたのである。特に日本の急速な対外膨張はイギリスの極東権益の脅威と捉えられており、一九三三年一〇月に帝国防衛委員会は日本の脅威に備えるよう警告を行った(33)。英海軍は大西洋、地中海、極東における脅威に早急に対処する必要があったが、問題はすべての地域において包括的に対処できるような戦力の余裕がなかったことである。

この戦略的問題に対して、英海軍の方針は、極東に配備する海軍力を増強するというものであった。条約以降、海軍は速度が速く、長い航続距離を持つ巡洋艦の生産が抑えられていたため、有事の際にヨーロッパとアジアに同時に艦隊を展開することが不可能となっていた。それに対して日本海軍は攻撃力のある重巡洋艦を就役させており、極東での有事の場合、香港に配備されていた英海軍中国艦隊では対応できず、地中海や本国からの援護が必要となっていたのである。第一海軍卿、チャットフィールド提督は、ドイツの脅威はまだ潜在的であるが、日本の脅威は現実的なものとして、東アジアにおける海軍力の増強を国防方針の最優先事項とするよう求めていた[34]。チャットフィールドはもし日本との戦争となった場合、一四八隻もの巡洋艦を極東に派遣する計画を検討していたが、そのような大規模な計画の実現は極めて困難であった。

海軍の試算によれば、本国と大英帝国、そしてシーレーン防衛のため、最低限でもあと七〇隻の巡洋艦が必要であるとされた[35]。特に速度と航続距離に優れた六インチ砲、六〇〇〇トン級の軽巡洋艦の拡充が望まれた。参謀本部小委員会もこの方針を支持し、一九三三年一〇月の報告において、「もし日本軍が南進してきた場合、シンガポールは援軍が到着する前に陥落。そしてその場合、次はインドやオーストラリアが危機に陥る」と判断している[36]。つまり同委員会の見立ては、まずは東南アジアの植民地を守ることが優先事項であり、そのためには機動力のある海軍部隊を増強することが不可欠であった。モーリス・ハンキー帝国防衛委員長も海軍の意見、つまり極東防衛を最優先事項にしており、まずはシンガポール要塞の強化と海軍の近代化を主張した[37]。

このような軍部の判断に対し、閣内の最有力者であったネヴィル・チェンバレン蔵相は、まずはヨーロッパでドイツの脅威に対処することが最優先であり、極東ではシンガポール要塞を強化した上での対日宥和策、もしくは日本との不可侵条約を追求すれば良いとの考えであった[38]。この方針は帝国防衛委員会の下部組織、防衛要求小委員会の主要メンバーである大蔵事務次官、ウォレン・フィッシャーや外務事務次官、ロバート・ヴァンシタートらにも強く支持されていた[39]。マクドナルド政権の掲げる目標は何よりも軍備縮小による財政均衡策であり、イギリスの世論もそれを支持していた。そしてそのためには日本に譲歩する必要性が生じていたのである。

ドイツの脅威については、当時ジュネーヴで行われていた「軍備の削減と制限のための会議」に期待がかけられていた。しかし一九三三年末に同会議での成果が見込めないことが明白となると、ドイツの脅威への対処が喫緊の課題となってきたのである。一九三四年二月に防衛要求小委員会は、日本については宥和政策によって関係を改善し、極東情勢の安定を図ること、仮想敵国の第一はドイツとしてこれに積極的に対処することが提言された[40]。この対独戦略のためには、三軍の中で比較的規模の小さかった空軍力の整備が推奨されたのである。帝国防衛委員会は早急に四〇と二分の一の飛行隊を増設し、その内三三の部隊を本土防衛に充てることが適当と判断している[41]。政府もこの方針を認め、海軍よりも空軍に優先順位を与えた。計画では一九三四年から五年間で七〇〇〇万ポンドを投入し、空海陸の順に三軍の整備を図る予定であった。しかしその結果、海軍力の大幅な増強が難しくなったため、日本に対しては条約の比率主義を維持することが好ましいが、それが受け入れられない場合を考慮して、不可侵条約の締結や満州国の承認といった政治的な取引材料が検討されたのである。

イギリス政府は日本の外交通信を傍受して、日本政府が比率主義を撤廃し、予備交渉において軍備平等を主張することを察知していたが[42]、これは到底受け入れられる条件ではなかった。他方、イギリスの軽巡洋艦の枠を増加させるという案も日米に受け入れられる見込みはなく、イギリス政府は交渉の始まる前から隘路に嵌っていたといえる。マクドナルド政権の日本海軍に対する見方は、五対三という比率は日本の安全保障を確立する上では十分な数字であり、日本が軍備平等を求める背景には威信政策があるものと捉えられていた[43]。つまりアメリカは日本が必要以上の海軍力を求めることは将来的な対外膨張策と対米戦の目的があると捉えていたのに対し、イギリスはそれを日本の威信政策に根源があると判断していたため、イギリスはより柔軟な態度を取ることができたともいえる。

このことは予備交渉に対するイギリス政府の方針にも表れており、海軍軍備の領域においては、「相当の見返りがない限り、日本の比率増加を認めるわけにはいかない」という方針を定めたものの、かといって日本に対して強硬的な姿勢を取るつもりもなかった[44]。むしろハンキーは日本に対して友好的な態度を示し、外交的に日本を取り込んで国際協調の枠内に留まらせることを提案していた[45]。そしてそこにアメリカも巻き込むことが考えられていたため、まずは英米間での意見調整が試みられたのである。

3　予備交渉の過程

(1)　英米予備交渉の開始

一九三四年二月、イギリス政府は日米両政府に対して予備交渉を行うことを打診し、両国ともこれを受け入れた(日本政府は一〇月からの参加を返答)。そして六月一八日、ローズヴェルト政権はウィルソン政権下で国務次官を務めたノーマン・デイヴィス特使をロンドンに派遣し、イギリスとの予備交渉を開始した。デイヴィスの目的は、事前に米英間で足並みを揃えておき、日本の軍備平等・最大限度案の主張を却下することにあった。ラムゼイ・マクドナルド首相はこのデイヴィスの提案を原則として受け入れたものの、英米の日本に対する方針は根本で異なっていた。アメリカ政府は米英の団結によって日本に圧力をかけ、ワシントン体制を維持しようとしていたのに対し、イギリス政府は現状を多少変更してでも日本を国際協調の枠内に留めようとしていたのである。イギリス側は、それなりの条件が整えば日本に対する妥協も厭わないという考えであった。

しかし英米交渉は対日政策の違いが露呈するよりも先に、イギリス側の軽巡洋艦七〇隻の増強要求によって紛糾することになる[46]。イギリスにとっての脅威は極東の日本海軍だけではなく、地中海ではイタリアやフランス海軍の存在もあり、さらにはドイツの軍備も拡大している中で、増強は当然の要求であった。ところが既述したようにローズヴェルト大統領はワシントン体制を維持し、今後一〇年間をかけてさらに二割の軍縮を推し進めることを望んでいたため、このようなイギリス側からの軍備拡張提案は想定外だったといえるだろう。もしデイヴィスらがイギリスの提案を受け入れれば、日本にも軍備拡張の口実を与えることになるのは明白であったため、アメリカ側の態度は徐々に硬化していくことになる。デイヴィスからの報告を受けたコーデル・ハル国務長官は「理解に苦しむ（中略）マクドナルドが我々と同じ考えに辿り着けるのか不安だ」とロンドンに返電した[47]。

そして六月二七日の英米交渉において、両者の主張は完全に平行線を辿った。一律二割の軍備削減を求めるデイヴィスに対して、マクドナルドは今やイギリスの直面する安全保障環境がここ数年で劇的に変化し、もはや軍縮を進めることはできないということを率直に伝えた。マクドナルドは特に極東で有事が生じた場合、イギリスはこれに対処することができないと説明したのである[48]。イギリス側はもし極東での有事の際に米海軍が介入してくれるのであれば、軍縮に応じないこともないと仄めかしていたが、ワシントンのハルはこれを直ちに却下し、「大いに失望した」と付け加えた[49]。

同時に英米海軍の間でも専門家協議が行われていたが、チャットフィールドはリチャード・リー米海軍少将に対して、巡洋艦七〇隻の増強は「最低限」の要求であることを明らかにしていたのである[50]。さらにリーは個人的な意見として、イギリス側の要求には米海軍に対する抑止の意味合いも含まれているのではないかと報告していた[51]。このようなイギリス側の態度に激怒したローズヴェルトとハルは、七月一九日にデイヴィスらを一時的に帰国させることを決意している。当時イギリスが傍受、解読していたアメリカの外交電報内でハルが「イギリスの提案は全く受け入れられない」と不満を露わにし、同じく傍受、解読していた日本の外交電報の中でも広田外相が「英米間の話し合いは全く進んでおらず、米交渉団は一時引き上げるようだ」とアメリカ側の内情を伝えていた。[52] これらの情報は、イギリス側にとってかなりの圧力となったようである。

ここにきてさすがにイギリス側も譲歩の姿勢を打ち出し、七月一七日には巡洋艦一二万トン分の増加要求を七万トンに引き下げても良いと提案している。[53] しかしアメリカ側は原則的な軍縮に固執していた上、米英の共同歩調のみが日本に妥協を迫ることができると信じていたため、イギリスの妥協を全く受け入れなかったのである。逆にイギリス側はこのようなアメリカの頑なな態度を「不合理（unreasonable）」と表現した。[54] 日本政府もこのような事情はよく把握していたようで、松平恆雄駐英大使は「英米両国は協力して日本に圧力をかけようとしていたが、両者の会談が延期となったためそのような危険性はしばらく去ったようだ」と東京に報告していた。[55] こうして予備交渉は、日本が参加する一〇月まで延期となったのである。

(2) 予備交渉の再開

米英両政府内では日本を交えた一〇月の予備交渉再開に向けての対策が練られていた。ローズヴェルト政権では米英が個別の問題にこだわり過ぎたために話が纏まらなかった反省から、次はあまり個別細目にこだわらず、一律二割の軍備削減目標を高く掲げることとした。また米英間の確執をなるべく和らげ、米英と日本の意見の対立を強調することで日本に妥協を促す方針であった。特にローズヴェルト大統領自身が米英の提携にかなりの期待を抱いていたようである。[56]

このようなアメリカ政府の思惑とは裏腹に、イギリス側では英米会談でアメリカの非協力的な姿勢が明らかになったと理解されていた。このことはイギリス政府内で対日宥和派のチェンバレン蔵相やジョン・サイモン外相の発言力強化を招いていたのである。[57] チェンバレンやサイモンは、原則論に固執するアメリカを説得するのは困難として、逆に日本を取り込む策を検討していた。イギリス外務省では従来の比率主義を維持しようとすればするほど日本政府や海軍内における現状打破の強硬派が発言力を増すため、穏健派を後押しするためには、①日本が主張するように参加国すべての軍備平等を認めた上で、年間の補助艦艇の生産数を決める、②日英米間で相互不可侵条約を締結する、といった柔軟な案が検討されていた。予備交渉の事務担当者であったロバート・クレイギー外務次官補は、もしアメリカが反対すれば、日英間のみで条約を締結すれば良いとまで考えていた[58]。そして海軍の方も、日英間で問題が紛糾した場合でも、アメリカには与しないという方針をクレイギーに伝えている[59]。

そして最終的に外務省と海軍省が合意した方針として、（これまでの量ではなく）質的制限に重きを置いた新たな条約の締結と、将来的な艦艇の生産を条約によって縛るのではなく、それぞれの締結国が自主的に艦艇の生産について通告する紳士協定、が提言された[60]。この方針はサイモンとチェンバレンに支持されたが、問題はアメリカを軽視して日英間の交渉を進めて失敗した場合、日英関係だけではなく英米関係にも確執を残すことであった。

当時のイギリスの極東戦略にとって最も重要な柱は、中国のイギリス権益を守ることと、香港、シンガポールといった拠点の防衛、そしてシーレーンの確保であった。サイモン外相らは海軍の領域で多少妥協しても、日本と不可侵条約を締結することができれば、イギリスの極東権益は維持されるものと考えていたのである。しかしイギリス側は日本政府の内情を読み誤っていたといえる。まず日本政府内において、不可侵条約を担当することになる外務省と海軍は必ずしも連動していたわけではなく、海軍は海軍の論理で動いていた。つまり外務省が不可侵条約を良しとしても、それが海軍の妥協に繫がるわけではない。さらに海軍は強硬派である艦隊派の影響下にあったため、イギリスが多少の譲歩をしてもそれを受け入れることはなかったのである。いずれにしてもイギリスは広田外相が松平大使に宛てた日本政府の交渉方針を傍受、解読していたため、日本政府の方針が、①軍備平等と共通最大限度の要求、②年内のワシントン海軍軍縮条約からの脱退通告、にあることは理解していた[61]。

一〇月八日にサイモン外相と松平大使の間での予備交渉が開始された。イギリス側の提案した不可侵条約については既に東京のロバート・クライブ大使から広田外相に対して申し入れを行っていたが、日本側からの回答はなかった。この会談で松平は年内に日本がワシントン海軍軍縮条約から脱退することを伝えた[62]。その後山本ら交渉団が到着したため、二三日からマクドナルド首相も参加した本格的な交渉が行われている。この会議ではイギリスが事前に得ていた情報通り、山本が軍備平等の思想に基づいた共通最大限度案の要求を行った。しかし日英米が同じ上限で海軍力を整備するとなれば、大英帝国を抱えているイギリスが最も不利になる。イギリス側はこの点を訴えたが、山本は各国が抱える脆弱性は平等であると譲らなかった。

さらにボルトン・イヤーズ＝モンセル海軍大臣は、なぜ日本が個別艦艇比率主義から（かつて日本が反対していた）最大限度に主張を変えたのか理解できないと発言したが、これに対して山本は最大限度案で艦艇の総トン数を定め、その限度枠内で個別の艦艇を生産するのであれば、個別比率主義と最大限度にそれ程大きな違いはないと説明している[63]。しかし最大限度案では総トン数のみが制限され、艦種は制限されなかったため、各国が攻撃兵器である戦艦や空母を増強する誘惑にかられることが予想された。そこで山本は、戦艦、空母、重巡洋艦は攻撃的兵器にあたるので全廃することを提案したが、モンセルは何をもって攻撃的兵器と定義づけるのか、イギリスにとっては戦艦こそ防御的兵器だと反論した[64]。いずれにしても第一回の交渉ではお互いの主張を確認しただけで終わっている。

翌二四日には日米間での予備交渉が行われており、ここでも松平と山本は、艦艇の航行能力や航空兵器などの技術進歩によって、従来の比率主義は意味をなさないと主張し、日本がアメリカに対して脆弱であることを理由に軍備平等と共通最大限度案を主張したが、デイヴィスらもなぜ日本が英米と同じ軍備を求めるのかが理解できなかった[65]。アメリカ側の理解では、一九二二年のワシントン条約以降、最も利益を得てきたのが日本海軍であり、アメリカは日本の提案通りフィリピンの非要塞化を受け入れていたため、日本側の要求を飲めばフィリピンが日本海軍の脅威に晒されることは明白であった。そのためアメリカ側は日米英の比率維持に固執することとなる。またデイヴィスは、最大限度案が日本の軍拡を意味し、それを容認すればアメリカの世論や議会が納得しないだろうと説明している。結局アメリカの比率主義と日本の最大限度案は全く相容れず、議論は平行線を辿ったのである。

さらに翌朝、デイヴィスはマクドナルドとサイモンに面会し、日米会談における日本側の要求について意見交換を行った。マクドナルドも日本の最大限度案には賛成できないと発言しており、デイヴィスはイギリス政府がアメリカに好意的であるとの印象を持った。この報告を受けたフィリップス国務次官は、米英の意見の一致によって日本の態度に修正を迫ることができるのではないかと期待していた(66)。アメリカ側は当初の予定通り米英の連携によって日本に妥協を迫ろうとしていたのである。

しかしこのようなアメリカのやり取りを裏で傍受・解読していたイギリスにとって事情は複雑であった。イギリスから見た場合、最も意見が対立しているのは日米であるため、まずは両国で話し合いをつけるべきであり、イギリスはその間で仲介役として振舞えば良かったのである。マクドナルド政権の閣議では一時的に日本との交渉を打ち切って英米が日本に圧力をかけることをデイヴィスが提案してくるのではないかと予想されていたが、イギリス側としては敢えて日本と対立する気などなかったのである。実際、一〇月二九日の英米会談において、デイヴィスはマクドナルドに対日共同戦線を張ることを提案していたが、イギリス側はこれを受け入れなかった(67)。

そもそもイギリス側にしてみれば、それまで条約の制限一杯まで艦隊を整備してこなかったアメリカが、今更海軍力について声高に主張することにも納得できなかった。特にマクドナルド首相は米海軍が英海軍との軍備平等を求めておきながら、イギリスの巡洋艦増強に反対する態度に我慢がならず、閣議でアメリカにとって艦隊は必要不可欠なものではなく、プライドを満たすためのおもちゃ（toy）ではないのかとまで発言している(68)。マクドナルド政権はアメリカ側が期待する程、米寄りの姿勢でもなかったのである。

他方、このようなマクドナルド政権の対応に接したローズヴェルトは、英連邦諸国のカナダやオーストラリア、ニュージーランド、南アフリカの世論に訴えかけ、彼らの安全保障がアメリカのそれと深く結びついていることを知らしめる必要がある、と怒りを込めてロンドンのデイヴィスに書き送った(69)。つまり状況は、アメリカ側が期待したように米英の結束によって日本に妥協を迫れるようなものではなかったのである。

(3)　イギリスの妥協

サイモン外相はそれまでの日米との会談から、アメリカは原則として比率主義の維持、日本は日米間の軍備平等を望んでおり、必ずしも日英間の軍備平等を求めているわけではないだろうと双方の主張を理解していた。そしてサイモンは日米の溝を埋める妥協案として、建艦計画の相互通知義務と日英米間での相互不可侵条約を提唱するつもりでいた。さらにチャットフィールド提督は量的制限ではなく、今後は質的制限で協議を進めていくことを提案している(70)。

一一月七日の日英交渉において、サイモン外相から日本側が要求する軍備平等と最大限度は、言い換えれば各国の安全保障を平等にするものなので、比率の問題はさておき、それぞれの国がどれぐらいの海軍力を増強するのか事前に宣言するのはどうかと提案を行った。具体的には、①軍備平等の宣言、②建艦計画についての相互通告、③比率主義からの脱却、であり、サイモンはさらに質的な制限が必要だと付け加えた。重要なのは②の通告提案であり、これによると日英米は毎年の建艦計画をお互いに告知することによって、軍拡競争を未然に防ぐというものであった。

イギリスから見れば、アメリカの比率主義も日本の最大限度案も柔軟性がなく、このままではお互いの妥協点が見つからないため、イギリスとしてはより柔軟な案を提示したことになる。しかしこれに対して山本は計画が曖昧すぎると指摘し、松平は案を東京に諮るのでしばし時間がほしいと回答している(71)。東京ではすでに一〇月三一日の元帥府会議において、嶋田繁太郎軍令部第一部長が、ワシントン会議を脱退した後の軍備整備構想（後の③（マルサン）計画）について説明を行っており、同じ頃、軍令部の方も海軍省に対して四六センチ主砲を備えた世界最大級の戦艦の設計を要求していることから、この頃、日本海軍の幹部達は、ロンドンでの予備交渉がどう転ぼうと、条約脱退後の大艦巨砲主義を柱とした軍備計画を思い描いていたことになる。[72] そのため日本海軍にしてみれば、イギリスが提案したようにこの巨大戦艦の構想についてわざわざ英米に知らせるなど論外であった。

翌日、山本は海軍省に直接報告を行っているが、その中でイギリスの提案については曖昧で、恐らくイギリス政府はアメリカ側が主張する比率主義に反対できないだろうと書いている。[73] 山本はイギリス側の提案については全く期待しない態度であり、イギリス側は通信傍受によってこのような日本側の本音を察知していた。

一一月一六日にこのイギリス案に対する広田外相の回答が届いたが、広田も同案には否定的であった。イギリスの提案は表面上の平等を謳っているだけだと批判したのである。他方、広田は日英不可侵条約については反対するものではなく、今後、東アジアにおける日英協力を推進したいと伝えている。そしてこの訓電も通信傍受によってイギリス側の知るところであった。[74] 一九日には松平からサイモンに広田の回答が伝えられているが、不可侵条約については中国問題にもかかわるため、軍縮交渉とは切り離して別途協議することが好ましいとした。[75]

アメリカ側も不可侵条約では極東でのアメリカ権益が守られるか不確定であり、現状のワシントン体制が維持されるのであれば、特に新たな条約を締結する必要はないという意見であった。[76] むしろローズヴェルト政権はイギリスの対日宥和の可能性に警戒感を高めており、特にハル国務長官は日英がアメリカの意向を無視して話し合いを進めているのではないかと疑っていた。もし日英間で合意が成立すれば、アメリカは自国の主張を押し通そうとした結果、外交的に孤立してしまうことになる。そこでハルは『ニューヨーク・タイムズ』紙のアーサー・クロック記者に情報を流し、イギリス政府の不手際のせいで交渉が纏まらないと書かせたのである。[77] ハルの狙いはイギリスにアメリカ側の苛立ちを伝えようとしたものであったが、これは流石にローズヴェルト大統領の不興を買い、個人的にも行き過ぎた行為であると反省したハルは、イギリス政府に対して遺憾の意を表すしかなかった。ロンドンのデイヴィスも、緊密な米英関係が問題を解決する希望であると繰り返し基本方針を訴えるだけであった[78]。この段階でアメリカ側には状況を打開するような案はほとんどなく、政権内では交渉が決裂した場合に備えて、アメリカの責任回避策が論じられていたほどである。

このように予備交渉は実質的に行き詰っていたが、二六日にイギリスは暫定協定案を提示し、日本海軍は艦艇の大きさや装甲など質的制限を受け入れること、その代償として米英は引き続きアジアにおける植民地の非要塞化を受け入れるというものであった。翌日の閣議でサイモンは「我々の提案にもっと柔軟性を持たせれば日本側は拒否しないだろう」と交渉の妥結にまだ希望を抱いていた[79]。

(4) 予備交渉の頓挫

一一月三〇日、状況を打開すべく山本とチャットフィールドが会談を行っている。ここでは山本の方から、①共通最大限度が受け入れられないのであれば、それぞれの艦種別に上限を設ける、②その後、質的制限について検討する、③期限は六年程度とする、といった提案があった。さらに山本は、戦艦の四隻増強、重巡洋艦はアメリカ海軍に削減を求め、日米でそれぞれ一五隻、駆逐艦は微増、潜水艦は現状の五万トンから八万トンへの拡充を望んでおり、これが受け入れられればイギリス海軍が要求する一五万トン分の軽巡洋艦の拡充を認めても良いというものであった[80]。これは山本の私案だったようであるが、いずれにしても当面の時間稼ぎに過ぎなかった。何故なら既述したようにこの頃、日本海軍は世界最大級の戦艦の建造を構想し始めており、この段階で艦艇の質的制限を受け入れる気はなかったためである。つまり山本は共通にせよ個別にせよ、受け入れられる見込みがないことを織り込んでこのような提案を行ったといえる。

実はこの会談の二日前に海軍省から、山本の私案を出してもよいので時間を稼ぐよう指示があったのである。日本政府としてもどのタイミングで、また日本が責任を負わない形で予備交渉から脱退するかを模索しており、とりあえず政府の公式な方針が決まるまでは時間を稼がなければならなかった[81]。そして東京では一二月三日の臨時閣議において、日本政府は年内のワシントン条約破棄通告を正式に決定し、松平大使に通知している[82]。イギリス側は東京〜ロンドン間のやり取りを逐一傍受・解読していたため、日本側がいよいよ条約からの脱退を宣言し、交渉を切り上げると察知するに至った。イギリス政府は日本の年内脱退通告を避けるため、クリスマス休暇に合わせて交渉の年内休止と翌年からの交渉再開を模索し始めたのである。

一二月四日の英米会談でも交渉の一旦休止が議題となった。イギリス側は通信傍受情報によって、日本の脱退通告が枢密院での審査が終わる一九日以降になるとかなり正確な情報を掴んでいたが、アメリカ側の情報はやや曖昧であった[83]。マクドナルドやサイモンはとにかく交渉を一旦休止することを訴えたが、デイヴィスらの反応は冷淡であった[84]。そもそもアメリカ側はワシントン体制の維持のために話し合いに参加しているのであり、日本が条約脱退を決定したのであれば、協議を続ける意味合いはなかったのである。その後の閣議でサイモンは「これ以上アメリカ人たちを交渉のテーブルに付けておくことはとても困難だ。デイヴィスは政治的な理由でご破算にしたがっている」と不満をぶちまけた。他方、松平は一旦休止については賛意を示していたため、サイモンは日本側にはまだ交渉する意図があると信じていたようである。

そのためイギリス側では日本を交渉に留まらせるべく、山本の提案について検討が行われている。日本海軍の要求する戦艦と駆逐艦の大幅な増加は受け入れられず、潜水艦については交渉次第、巡洋艦についてはそれほど難しくないという判断であった。しかし問題はアメリカ代表団の説得であった。マクドナルドは日本とはまだ交渉の余地があるが、アメリカにはお手上げの様子で、「(アメリカ代表団が)出ていきたいというなら、行かせてやれ」と発言しているように、交渉妥結への障害がアメリカにあると考えていた(85)。この段階でもイギリス側は交渉を延期すれば日本側が妥協する可能性が生じると見ていたのである。このイギリス側の期待感は恐らく通信傍受情報によって高められていたものと推察される。この頃、ロンドンの松平、山本は東京に対して交渉を続けるべきだと繰り返し意見具申していた(86)。

しかし同じく通信傍受によって、日本政府が一二月二二日にアメリカ政府に対して条約からの脱退を通告することが明らかになった。この情報を察知したイギリス政府は慌てて東京のクライブ大使に情報を知らせ、広田外相と面会させているが、広田は二二日か、様子を見て数日後になるかもしれない旨回答している(87)。タイムリミットを知らされたイギリス側は何とか日本を交渉の席に付けておくため、その後も山本とチャットフィールドの会談が精力的に続けられた。

一二月二八日、山本から思い切った軍縮案が提案された。それは、戦艦六～八隻、空母は全廃が望ましいが三隻まで なら可、重巡八隻、軽巡二〇万トン、駆逐艦一五万トン、潜水艦一〇万トンをそれぞれの上限とするものであった。駆逐艦と潜水艦についてはイギリス側の主張が忖度されたようであるが、その他の艦種はイギリスの求める数字からは大きく下方修正されていた。チャットフィールドは「失望困惑の色」を示し、これでは大英帝国の安全保障は確立できないとして大いに落胆したのである(88)。ここが日英交渉の限界であった。日本政府は予備交渉からの撤退を決定し、翌年一月一二日、広田は代表団に帰朝命令を下している。

松平からの要請を受けていた広田は最後の段階で通告を延長したようであるが、最終的に一九三四年一二月二九日正午（ワシントン時間）、斎藤博駐米大使からハル国務長官に、日本のワシントン海軍軍縮条約からの脱退が正式に通告されたのである(89)。同条約の失効は通告から二年後とされており、これは一九三六年末に自然失効するロンドン海軍軍縮条約に合わせたものであった。

その後、一九三五年一二月九日から翌年三月二五日にかけて第二次ロンドン海軍軍縮会議が行われている。会議参加国は日英米仏伊であり、日本は永野修身海軍大将を長とした全権団を送り込んだ。しかし日本側の主張は山本が繰り返したように、軍備平等と共通最大限度案、そして日本の平和主義を印象付けるための戦艦、空母など攻撃兵器の全廃といったものであり、日本側の関心の低さは最初から明らかであった。本会議では主に艦艇の質的制限について討議されたが、すでに大艦巨砲主義による質的向上に方針を切り替えていた日本海軍としては、この種の制限は論外であり、まずは量的制限を各国が受け入れてからだと主張した。[90] そして一九三六年一月一五日、日本全権団は第二次ロンドン海軍軍縮会議からの脱退を通告するに至ったのである。翌月二七日にはイタリアも同会議から脱退した。

三月二五日には英米仏間で、建艦計画の相互通告と艦艇の質的制限を骨子とした第二次ロンドン海軍軍縮条約が調印されている。四月三日にはイギリス政府が日本政府に対して同条約への加盟を求めてきたが、日本はこれを拒否した。同条約には日本が加盟しない場合に備えてエスカレーター条項が設けてあり、一九三八年以降は各制限が緩和されていくことになっていた。

その後、日本海軍は一九三七年度からの「③（マルサン）計画」によって、戦艦「大和」、「武蔵」の建造計画を柱とした大幅な海軍備の増強を実施することになる。これに対抗する形でアメリカ政府は一九三八年五月に第二次海軍拡張法（第二次ヴィンソン計画）を成立させ、一気に艦隊の二割増強を実施した。そしてイギリス政府も日独を対象とした海軍力の二カ国基準を定めて、一九三六年から三九年の間に大規模な拡張計画に着手し、七隻の戦艦、四隻の空母、二〇隻の巡洋艦を整備した。[91] こうして戦間期の国際秩序の一翼を担ったワシントン体制は崩壊し、各国の恐れていた建艦競争が現実のものとなったのである。

4　おわりに

日英米は建艦競争を回避しながら、自国の安全保障を確立するという目的では一致していた。しかしそこに至るそれぞれの方針が異なっており、それが決定的な意見対立の原因となった。アメリカはワシントン体制を維持した上で、各国が軍縮に励めば建艦競争は遠ざかるという理想論的な主張を行ったが、その狙いは日米間、米英間の艦艇比率の維持にあった。日本は各国の軍備が平等であるという考えから、最大共通限度を一貫して主張したが、その狙いは仮想敵であった米海軍へのキャッチアップにあった。そして大英帝国を抱えていたイギリスは、国防上の脆弱性を訴えてそれぞれの国の必要に応じた海軍力を整備するべきであると主張し、具体的な方策として艦艇の質的制限と建艦計画の相互通知が必要であると訴えた。競争関係にあった日米はお互いの主張を反駁し合い、英米は現実的な軍備計画と理想論的な軍縮という相反する主張を行い、こちらも平行線を辿った。

日米の間に立つイギリス政府としては、それぞれと話し合った結果、アメリカよりもまだ日本の方が妥協の余地があると考えたようである。そのためイギリス側は、量的制限を事実上撤廃し、質的制限に話を移そうとしたのである。ところが本章でも述べてきたように、日本海軍はその建艦方針を量から質に切り替えていたため、質的制限について討議するのはあまりにもタイミングが悪かった。日本側は比率主義への反対と最大共通限度という量の問題を主張することで、質的制限に議論が移るのを回避しようとしたのである。イギリス政府は日本の外交通信を盗読しておきながら、この日本側の真意を読み誤り、最後まで日英交渉に期待を抱き続けたといえる。

ワシントン海軍軍縮条約が締結された一九二二年には、まだ第一次世界大戦の記憶が生々しく残っており、各国は集団安全保障の体制を信頼して軍縮を受け入れた。しかし一九三〇年代に入ると、国際連盟は満州事変やエチオピア

各国の主張対比表

	日本	イギリス	アメリカ
主張	共通最大限度案	現状維持	現状から２割削減
本音	対米７割、大艦巨砲主義	巡洋艦増強	対日英比率維持
相互通知義務	反対	賛成	反対
質的制限	反対	賛成	賛成
戦艦	6－8隻（14インチ、３万トン）	15隻（12インチ、2.5万トン）	12隻（14インチ、3.2万トン）
航空母艦	３隻、２万トン	５隻、2.2万トン	イギリスに準じる
重巡洋艦	８隻	15隻	18隻
軽巡洋艦	軽巡以下は計35万トン	70隻	10隻
駆逐艦	軽巡以下は計35万トン	計10-15万トン	毎年16隻起工
潜水艦	軽巡以下は計35万トン	計12-15万トン	毎年６隻起工

出典：軍務局第一課別室「昭和10年海軍軍縮予備交渉ニ於ケル日英米三国ノ主張摘要」を参考に作成。

戦争で機能不全を露呈することになった。そうなると各国は軍縮や協調の理念ではなく、古典的な軍備均衡こそが安全保障確立のために必要であると考えるようになる。表面上は軍縮を標榜していたローズヴェルト政権ですら、その本音は日英海軍への対抗にあり、結果として軍備均衡策を取ったのである。こうして軍拡と軍備均衡策は玉突きのように各国に波及し、その結果、第二次世界大戦に至る軍拡競争が始まったのである。

このように第二次ロンドン海軍軍縮会議予備交渉が失敗した根本的な原因は、国際情勢の変化によって各国が現実的な軍備計画の必要性を認識していたにもかかわらず、引き続き理想的な軍縮に価値を見出そうとしたことであった。つまり建前で本音を縛ろうとして、見事に失敗したといえるだろう。

注

（1）ただし第二次ロンドン海軍軍縮会議を含めた包括的な研究は数多くある。麻田［一九九三］、小林［一九八七］、相澤［一九八七］、今村［二〇〇三］等。
（2）Pelz［1974］.
（3）今村［二〇〇三］五二頁。
（4）関［二〇〇七］二三七頁、工藤［一九八二］二二三頁。
（5）Hall［1987］p. 134.
（6）Roskill［1968］pp. 445, 586.
（7）Pelz［1974］p. 152.
（8）Memo, March 5, 1934, Box. 172, RG80, *NARAI*（*National Archives I, Washington*

D. C.).

(9) Hall［1987］p. 134.

(10) O'Brien［1998］p. 221.

(11) Holwitt［2009］pp. 65-66.

(12) Franny Colby to FDR, March 24, 1934, Box. 172, RG80, *NARAI.*

(13) Dallek［1979］pp. 87-88.

(14) Serial No. 1640-E, 12 March 1934, Box. 172, RG80, *NARAI.*

(15) Department of State, *Foreign Relations of the United States*（*FRUS*）*Vol. V the Far East*（*1934*），（USGPO 1951），p. 190.

(16) 関［二〇〇七］四四～四五頁。

(17) 黒野［二〇〇〇］二七七頁。

(18) O'Brien［1998］pp. 170-174.; Hall［1987］pp. 189-198.

(19)「外国情報　欧2普通第7号　昭和7・1・12　米国海軍新建造法案に関する件」海軍省－公文備考－S7-42-4289　防衛省防衛研究所戦史研究センター。

(20) Hall［1987］p. 134.

(21) 伊藤他編［一九九四］四八一頁。

(22) 相澤［二〇〇二］三一頁。

(23) 防衛庁防衛研修所戦史室編［一九七五］二八〇頁。

(24) 大井［一九九五］一四九頁。

(25) 防衛庁防衛研修所戦史室編［一九七五］二八一頁。

(26) 今村［二〇〇三］五五頁。

(27) 相澤［二〇〇二］二八頁。

(28)「海軍軍縮予備交渉ニ対スル帝国政府方針決定ノ件」昭和11年密大日記第6冊　防衛省防衛研究所戦史研究センター。

(29) 防衛庁防衛研修所戦史室編［一九七五］二八二～二八三頁。
(30)「一九三五年開催ノ海軍軍縮会議一件／会議開催ニ至ル迄ノ経過 第二巻（B04122327700）」外務省外交史料館。
(31) 服部［二〇〇八］七三頁。
(32) O'Brien [1998] pp. 224.
(33) Committee of Imperial Defence, 12 October 1933, Cab 16/109, *TNA* (*The National Archives, Kew*).
(34) Chatfield Memo, 23 March 1934, Cab 29/148, *TNA*.
(35) The Naval Conference 1935, 19 April 1934, Cab 29/147, *TNA*.
(36) Committee of Imperial Defence, 12 October 1933, Cab 16/109, *TNA* (*The National Archives, Kew*).
(37) Committee of Imperial Defence, 24 February 1934, Cab 16/109, *TNA*.
(38) Dutton [1992] p. 191.
(39) DRC 14, Committee of Imperial Defence, 28 February 1934, Cab 16/109, *TNA*.
(40) Ibid.
(41) CP193 (34), Imperial Defence Policy, 5 March 1934, Cab 16/110, *TNA*.
(42) BJ 055650, 10 February 1934, HW 12/176, *TNA*.
(43) Preparations for the 1935 Naval Conference, 11 June 1934, Cab 29/148, *TNA*.
(44) Ibid.
(45) Anglo-Japanese relations and the questions of naval parity, May 28, 1934, Cab 29/148, *TNA*.
(46) 3rd meeting, 27 June 1934, Box. 172, RG80, *NARAI*.
(47) *FRUS* (*1934*), *General*, p. 277.
(48) Notes of the conversation between representatives of UK and US, June 27, 1934, Cab 29/149, *TNA*.
(49) Department of State, *Foreign Relations of the United States* (*FRUS*) *Vol. I General, The British Commonwealth* (*1934*), (USGPO 1951), p. 284.
(50) Interview between Chatfield and Leigh, July 13 1934, Box. 172, RG80, *NARAI*.

(51) Chairman General Board to Secretary of Navy, July 30 1934, Box. 172, RG80, *NARAI.*
(52) BJ 057409, 10 July 1934, BJ057532, 21 July 1934, HW 12/181, *TNA*.
(53) *FRUS*（*1934*）, *General*, p. 300.
(54) Anglo-Japanese negotiations committee, October 1934, Cab 29/148, *TNA*.
(55) BJ 057562, 26 July 1934, HW 12/181, *TNA*.
(56) Dallek［1979］p. 89.
(57) 坂井［一九七四］一三三頁。
(58) FO minutes, 17 August–2 September 1934, FO 371/17599, *TNA*.
(59) C. W. Clarke to Craigie, 8 August 1934, Cab 21/404, *TNA*.
(60) Anglo-Japanese negotiations committee, October 1934, Cab 29/148, *TNA*.
(61) BJ 058036, 27 September 1934, HW 12/181, *TNA*.
(62) 「一九三五年開催ノ海軍軍縮会議一件／予備交渉関係／華府海軍条約廃棄関係（B04122279000）」外務省外交史料館。
(63) The Naval Conference 1935, 23 October 1934, Cab 29/149, *TNA*. 松平発広田宛（昭和九年一〇月二三日）「一九三五年開催ノ海軍軍縮会議一件／予備交渉関係（B04122278100）」外務省外交史料館。
(64) 軍務局第一課別室「昭和10年海軍軍縮予備交渉ニ於ケル日英米三国ノ主張摘要」防衛研究所戦史研究センター。
(65) 松平発広田宛（昭和九年一〇月二五日）「一九三五年開催ノ海軍軍縮会議一件／予備交渉関係（B04122278100）」外務省外交史料館。
(66) *FRUS*（*1934*）, *General*, p. 312, p. 315.
(67) Anglo-American Meeting, 29 October 1934, Cab 29/149, TNA.
(68) The Naval Conference 1935, 29 October 1934, Cab 29/147, *TNA*.
(69) Dallek［1979］p. 89.
(70) The Naval Conference 1935, 6 November 1934, Cab 29/147, *TNA*.
(71) The Naval Conference 1935, 7 November 1934, Cab 29/149, *TNA*.

(72) 防衛庁防衛研修所編［一九六九］四七八、四八三頁。
(73) BJ 058519, 14 November 1934, HW 12/181, *TNA*.
(74) BJ 058607, 22 November 1934, HW 12/181, *TNA*.
(75) The Naval Conference 1935, 19 November 1934, Cab 29/149, *TNA*.
(76) 軍務局第一課別室「昭和10年海軍軍縮予備交渉ニ於ケル日英米三国ノ主張摘要」防衛研究所戦史研究センター。
(77) Pelz［1974］p. 142.
(78) NC（USA）8th Meeting, 23 November 1934, Cab 19/149, *TNA*.
(79) NCM（35）9th meeting, 27 November 1934, Cab 29/147, *TNA*.
(80) NC（J）6th Meeting, 30 November 1934, Cab 29/149, *TNA*.
(81) BJ 058687, 30 November 1934, HW 12/181, *TNA*.
(82) 広田発松平宛（昭和九年一二月三日）。「一九三五年開催ノ海軍軍縮会議一件／予備交渉関係／華府海軍条約廃棄関係（B04122279000）」外務省外交史料館。
(83) BJ 058771, 6 December 1934, HW 12/281, *TNA*.
(84) *FRUS*（*1934*）, *General*, pp. 381-388.
(85) NCM（35）10th Meeting, 10 December 1941, Cab 29/147, *TNA*.
(86) BJ 058792, 8 December 1934, BJ 058828, 13 December 1934, HW 12/281, *TNA*.
(87) BJ 058857, 15 December 1934, BJ 05882, 19 December 1934, HW 12/281, *TNA*.
(88) 松平発広田宛（昭和九年一二月三〇日）。「一九三五年開催ノ海軍軍縮会議一件／予備交渉関係（B04122278200）」外務省外交史料館。NC（J）10th Meeting, 28 December 1934, Cab 29/149, *TNA*.
(89) 斉藤発広田宛（昭和九年一二月三〇日）。「一九三五年開催ノ海軍軍縮会議一件／予備交渉関係／華府海軍条約廃棄関係（B04122279400）」外務省外交史料館。
(90) 防衛庁防衛研修所戦史室編［一九七五］二八四頁。
(91) Hall［1987］p. 183.

文献リスト

相澤淳［一九八七］「日本海軍の軍縮離脱の選択」上智大学国際関係研究所『国際学論集』二一。

相澤淳［二〇〇二］『海軍の選択』中公叢書。

麻田貞雄［一九九三］『両大戦間の日米関係』東京大学出版会。

伊藤隆他編［一九九四］『続　現代史資料5』みすず書房。

今村佳奈子［二〇〇三］「ワシントン条約廃棄と日本海軍」日本研究研究会『日本研究』一六。

大井篤［一九九五］「ファシズム下の新見さんと私」提督新見政一刊行会『日本海軍の良識　提督新見政一』原書房。

工藤美知尋［一九八二］『日本海軍と太平洋戦争（上）』南窓社。

黒野耐［二〇〇〇］『帝国国防方針の研究』総和社。

小林龍夫［一九八七］「海軍軍縮条約（一九二一～一九三六年）」日本国際政治学会太平洋戦争原因研究部編『太平洋戦争への道　開戦外交史』朝日新聞社。

坂井秀夫［一九七四］『近代イギリス政治外交史Ⅲ』創文社。

関静雄［二〇〇七］『ロンドン海軍条約成立史』ミネルヴァ書房。

提督新見政一刊行会［一九九五］『日本海軍の良識　提督　新見政一』原書房。

服部龍二［二〇〇八］『広田弘毅』中公新書。

防衛庁防衛研修所編［一九六九］『戦史叢書　海軍戦備（1）』朝雲新聞社。

防衛庁防衛研修所戦史室編［一九七五］『戦史叢書　大本営海軍部・連合艦隊（1）』朝雲新聞社。

Dallek, R. [1979] *Franklin D. Roosevelt and American Foreign Policy, 1932-1945*, New York.

Dutton, D. [1992] Simon: *A Political Biography of Sir John Simon*, London.

Hall, C. [1987] *Britain, America and Arms Control, 1921-1937*, New York.

Holwitt, J. I. [2009] *Execute Against Japan*, College. Station.

Mowat, C. L. [1955] *Britain between the Wars 1918-1940*, London.

O'Brien, P. P. [1998] *British and American Naval Power*, Westport. Connecticut.

Pelz, S. [1974] *Race to Pearl Harbor,* Cambridge, MA.
Roskill, S. [1968] *Naval Policy between the Wars, Vol. I,* London.

第4章　ジュネーヴ軍縮会議に至るイギリス国際軍縮政策とフランス安全保障問題

松永友有

1　はじめに

一九三二年二月に開幕したジュネーヴ軍縮会議（正式名称は軍備の削減と制限のための会議 Conference for the Reduction and Limitation of Armaments）は、陸海空軍すべての軍備に関する削減・制限策を協議した最初の一般軍縮会議であり、規模の点でも、連盟非加盟国のアメリカやソヴィエト連邦をも含めた六四カ国が参加する、一九一九年パリ講和会議以来の大規模な国際会議であった。会議の開催時期は、世界恐慌の最悪期とちょうど重なっており、当時各国世論の大勢は軍縮支持であったから、国際軍縮に追い風が吹く状況であったとも言える。とはいえ、結局ジュネーヴ軍縮会議は、ナチス党政権下のドイツが一九三三年一〇月に脱退したことが決定的な打撃となり、何ら見るべき成果を得ないまま、一九三四年六月をもって実質的に散会する。

ジュネーヴ軍縮会議が決裂に終わった基本的な状況については、研究史上すでに周知の通りであると言える。本会議には、日本を含めて主要列強はことごとく参加していたが、何よりもその焦点は、ヨーロッパにおける平和の確保であった。そこで決定的な争点となったのは、ドイツによる軍備平等権の主張とそれへのフランスの反対である。すなわち、一九一九年に締結されたヴェルサイユ条約は、敗戦国ドイツの軍備を厳しく制限しつつ、前文において「あらゆる諸国が軍備の一般的制限に着手することを可能にするため、ここで規定される陸海空軍に関する〔制限〕条項をドイツは厳守する」と述べていた。これを受けて、国際連盟規約第八条では、「連盟構成国が認識するところによれば、国家的安全に見合う最低限まで軍備が削減され、国際的義務の履行が共同行動によって保障されることによって、初めて平和の維持は可能となるのである」と規定された。ドイツ代表団の質問に回答した連合国代表団書簡も、次のように述べている。「連合国は、次のことを明言したい。ドイツの軍備に関する連合国の要求は、単にドイツによる軍事侵略政策の再開を不可能とするという目的のみによってなされているものではない。それはまた、一般的軍備制限に向かう第一歩でもあるのだ」[1]。したがって、ドイツの主張によれば、連盟規約第八条によって、戦勝国もまた、敗戦国と同等な水準までの軍縮を義務づけられているのであって、ドイツが一方的に課せられた軍縮に見合った他国の軍縮がなされていない現状では、ドイツ自身、「国家的安全に見合う最低限まで」の再軍備が認められてしかるべき、ということになる。

以上のようなドイツの軍備平等権の主張に対して、フランスは同じ条文を根拠にして、次のような論陣を張った。第八条にある、「国際的義務の履行が共同行動によって保障される」ことが、戦勝国を含めた一般軍縮の条件である。したがって、英米二大国、少なくともヨーロッパ大国であるイギリスによる「共同行動」、換言すれば軍事援助の保障がない限り、フランスの側の軍縮とドイツの軍備平等権回復はあり得ない、というのである。元々一九一九年の時点で、アメリカ大統領ウィルソンとイギリス首相ロイド・ジョージは、フランスによるラインラント恒久占領の要求を退けるため、ドイツの侵攻に対してフランスの安全を保障する条約に調印していたが、アメリカのヴェルサイユ条約批准失敗により同条約は無効となっていた。一九二二年には、対独安全保障を骨子とする英仏同盟案が調印寸前に至ったものの、フランスの政変によって頓挫してしまった(2)。フランスは、侵略国に対する集団的安全保障を規定した一九二四年のジュネーヴ平和議定書に望みをつないだが、これはイギリスの調印拒否によって挫折してしまう。

他方でイギリスは、一九二五年のロカルノ条約によってドイツとフランス双方に対して両国国境地帯であるラインラントの中立を保障したことにより、フランスの安全保障要求に応じたものと主張した。とはいえ、ラインラントが侵攻された際のイギリスの援助が軍事援助という形をとるかどうかは明確でなく、イギリスが中立の立場で仏独間を調停するというロカルノ条約の枠組みの下では、ドイツとの戦争に備える英仏共同軍事計画の策定も不可能であった。したがってフランスは、ロカルノ条約はフランスの安全を十分に保障するものではないと主張した(3)。こうして、ヨーロッパ三大国が各々の主張をくりひろげる三すくみの状況の中で、ジュネーヴ軍縮会議は決裂に至ったのである。

ジュネーヴ軍縮会議に妥結のチャンスがあったとすれば、それは鍵を握る英仏独三国が次のような形で互いに譲歩し妥協することであったろう。フランスはドイツの形式的な軍備平等権を認めるとともに、軍備削減を実施する。フランスの軍備削減を条件として、ドイツは形式的な軍備平等権のみで満足する。イギリスはドイツがラインラントの中立を侵した際にはフランスに対する軍事支援を保障する。一九三二年の時点で、フランスのエリオ内閣とドイツのブリューニング内閣は、上のような妥協策を受け入れる意思を表明していた。のみならず、同年秋にはエリオ内閣は、軍事支援確約の要求を取り下げ、ドイツとの紛争勃発時の対応協議に参画する保障のみをイギリスに求めるまでに譲歩した。それにもかかわらず、イギリスのマクドナルド内閣はフランスの要求を拒み続けたのである。

長く本格的な研究対象とはなってこなかったジュネーヴ軍縮会議だが、一九九〇年代以降、特にイギリスで陸続と研究が刊行されている(4)。実際にこうした近年の研究においては、軍縮会議が決裂した主要な責任をイギリスに負わせる見方が主流となっている(5)。ドイツの軍備平等権回復と軍縮への取り組みというフランスが迫られた譲歩、および軍備解除の実質的な継続というドイツが迫られた譲歩と比較すれば、イギリスが迫られた譲歩は、ロカルノ条約でフランスに与えていた保障をより明確かつ実効的な形で認めることに留まっていたのであり、本来は最もハードルが低い譲歩であったと言える。しかも、軍縮会議の交渉を通じて、そのハードルはさらに引き下げられたのである。また、連立が常態で比較的短命なフランスやワイマール期ドイツの政府に対して、一九三一年一〇月以降のイギリス挙国内閣は圧倒的な安定政権であり、政策面では相当なフリーハンドを有していたと言ってよい。それにもかかわらず、何故イギリスはフランスの安全保障要求に対してそこまで非妥協的な姿勢を貫いたのか。この問題に対して、従来の研究は未だに説得的な解答を示しているとは言えない。

ジュネーヴ軍縮会議に関する代表的な研究者キッチングは、フランスの要求に対するイギリスの非妥協的な姿勢の原因を四つ列挙している。第一は、イギリス人の伝統的な反仏感情（Francophobia）である。第二に、フランスに保障を供与した場合、増長したフランスがドイツに対して過度に攻撃的になるのではないか、という懸念があった。第三に、フランスに保障を与えると、フランス防衛に沿った形でイギリスの軍事力を再編せざるを得なくなるのではないか、という懸念があった。第四に、軍縮につながらないような形でフランスへの保障供与がなされることは、決して世論の理解を得られないだろう、という考慮があった(6)。

とはいえ、これらも十分な解答になっているとは言えない。第二点に関して言えば、キッチング自身が指摘する通り、一方の挑発を原因とする戦争の勃発は介入義務を発生させない、という条項の下で容易に回避可能であった。第三点、第四点に関しても、後述するように、軍縮会議におけるフランスの主張が、安全保障を条件とするラディカルな国際軍縮というものであった以上、もっともな理由とは考えにくい。残るは第一点の反仏感情だが、これは確かに多くの論者によって指摘されている。しかし、軍縮会議交渉を通じてフランスが決定的な譲歩をしながら、イギリスが応じなかった理由が、単なるフランス嫌いの感情であったというのも、やはり考えにくい。

以上のような問題意識に基づいて、本章では、マクドナルド挙国内閣期のイギリス政府がフランスの要求に対して頑なな姿勢を示し続けた原因を改めて究明する。先行研究においては十分な関心を引いていないが、軍縮会議最終準備段階の第二次マクドナルド労働党内閣（一九二九年六月〜一九三一年八月）の時点では、イギリス政府はフランス政府の要求に応えようとする姿勢を示していた。一九三一年八月に労働党内閣から挙国内閣に政権が交代するとともに、対仏政策の激変が生じたのである。対仏政策のこうした変化は、国際軍縮政策の大きな変化をともなっていた。これから読みとれることは、マルチラテラルな国際軍縮をいかに評価するかが、フランスの要求に対するイギリスの姿勢を規定していたということである。つまり挙国内閣は、国際軍縮へのコミットメントを必然とするがゆえに対仏安全保障供与に抵抗したのであり、逆に労働党内閣は、国際軍縮の推進を可能にするために、フランスの要求に譲歩する必要を認めていたのである。軍縮会議の準備は一九二六年から始まっていたが、準備段階の初期にあたる第二次ボールドウィン保守党内閣（一九二四年一一月〜一九二九年六月）の時期にまで遡って、以下、こうした見方の実証を試みる。

2　第二次ボールドウィン保守党内閣の国際軍縮政策と対仏姿勢

一九二四年一〇月国際連盟総会は、武力による国際紛争の解決を集団的安全保障によって禁止することを謳ったジュネーヴ平和議定書（国際紛争平和的処理議定書）を採択した。フランスが強力に後押ししたこの議定書においては、「連盟規約ならびに本議定書に含まれる取り決めを侵害して戦争に訴える国は侵略国である」として「侵略国」が定義され、経済制裁、財政的制裁、軍事的制裁手段の行使が定められた上、これらの規定は国際連盟非加盟国に対しても適用される旨が表明された(7)。翌一九二五年三月、イギリスの第二次ボールドウィン保守党内閣は議定書の調印拒否を表明し、実質的に議定書を葬る役割を果たした。その際の総会演説において、外務大臣オースティン・チェンバレン（Austen Chamberlain）は、議定書の代替案となる地域的な協定を取り決める可能性を示唆した。一九二五年一二月に調印されたロカルノ条約によってそれは具体化されたが、同条約においてはラインラントの中立のみをイギリス、フランス、ドイツ、イタリア、ベルギー各国が連帯して保障することとなった。

一方、ロカルノ条約の交渉が行われていた同時期に、国際連盟は一般軍縮の準備に着手した。元々一九二二年以降、国際連盟の公式見解は、軍縮は安全保障を待って初めて着手可能であり、安全保障に向けての実質的な進展が生じるならば、その自然な帰結として軍縮が生じるであろう、というものであった。しかしジュネーヴ議定書の調印失敗を受けて連盟の姿勢は転換し、もはや安全保障を待たずに軍縮に取り組むこととなったのである。連盟総会の要請に従い、一九二五年一二月に連盟理事会は軍縮会議のための準備委員会を設置し、連盟の常任理事国であるイギリス、フランス、イタリア、日本に加えて、特別招待国であるアメリカ、ドイツ、ソ連の他、ブルガリア、フィンランド、オランダ、ポーランド、ルーマニア、アルゼンチン、チリが当初の構成国となった。翌一九二六年五月には準備委員会最初の会合が開かれることとなる(8)。

第二次ボールドウィン保守党内閣の国際軍縮に対する消極姿勢については、すでにリチャードソンによって詳細に解明されている。閣内においては、国際連盟創設に携わり、以来熱烈な国際連盟主義者として国際軍縮に尽力したセシル（Viscount Cecil of Chelwood）が、連盟担当の無任所相であるランカスター公領担当大臣として孤軍奮闘した。しかしセシルは、一九二七年八月、同年のジュネーヴ海軍軍縮会議を決裂に至らしめた内閣の姿勢に抗議して辞職してしまう(9)。もっとも、セシル辞職以降は、チェンバレン外相が国際軍縮への従前の懐疑的な姿勢を転換することとなった(10)。

セシル辞任直後の同年一〇月、国際連盟担当外務官僚カドガン（Alexander Cadogan）は、国際軍縮をめぐる当時の国際情勢を次のように記している。一般軍縮の手法をめぐって、イギリスと他国、とりわけフランスとの間には、重要な四つの相違点がある。第一に、徴兵制をもたないイギリスは陸上兵力の兵員数を制限するにあたって、実戦兵力のみならず予備的な兵員数も含めるべきと主張するが、徴兵制を有するフランスなどは実戦兵力のみを制限の対象とすることを主張している。第二に、イギリスは各種別に属する軍用船のトン数と船舶数の双方を制限すべきと主張するが、フランスは船舶の種別にかかわらずトータルの軍用船のトン数のみを制限すべきと主張する。第三に、イギリスは軍備の公開については同意できるものの、軍事費の制限という考えは受け入れられない。第四に、イギリスは軍縮条約の順守を厳格に監視するようなあらゆる手法に反対であるが、フランスはそれに賛成である。目下のところ最大の争点は第一と第二であり、そのいずれにおいても、イギリスの立場は少数派である。こうして軍縮準備委員会は早くもデッドロックに行きあたっているが、それにともない安全保障の問題が再燃している。ドイツが求める軍備平等権を認めるには、ロカルノ条約が提供する安全保障では未だ不十分として、フランスがその要求を強めているからである。

カドガンが下す覚書の結論は、はなはだ悲観的である。フランスが望むような安全保障の強化を進めるためには、ロカルノ条約のような地域協定というアプローチか、連盟が行使し得る制裁の実効力を高めるというアプローチのいずれかが考えられるが、前者は結局フランスを満足させるに至らなかったし、後者も現実的ではない。「したがって、結論は落胆させるものであると同時に必然的でもあるようだ。各国は現在の軍備を維持するであろうが、その理由は、各国が向かい合っている危険に対処するためにそれが不可欠であるとみなされているからであり、その軍備の規模は各国が有する不安感の指標に他ならない(11)」。

一九三二年以降の軍縮本会議においては、カドガンは外務政務次官イーデン(Anthony Eden)とともに、国際的合意に向けて必死の努力を重ねていくこととなるが、この時点のカドガンは、このように国際軍縮の先行きに無力感を漂わせていた。この覚書に対して、外相チェンバレンは、「これは大変有能な覚書だが、私にとって必ずしも快い内容ではない」と述べ、異論を添付した。チェンバレンは、集団的安全保障の強化を求めるフランスの要請には極力前向きに応じるべきと述べ、「たとえ小規模で不完全であったとしても、でき得る限り可能な軍縮の方策に関する協定に至るということが我々の目的であるべきである」と記している。

しかしながら、結局彼は、フランス安全保障政策、および国際軍縮政策いずれの面においても、保守党内閣の姿勢を転換させることはできなかった。まず安全保障政策の面では、有事の際の国際連盟による保全措置（conservatory measures）、つまり中長期的に有効な勧告を規定することによって連盟の戦争防止策を具体化しようとする動きが一九二八年に始まったものの、保守党政権はそれを単なる草案（Model Treaty）に留めるよう要請した。国際軍縮政策の面でも、保守党政権はフランスの主張に歩み寄ることを拒否した。セシルの辞任後ボールドウィン首相は、国際軍縮問題全般を検討するために、枢密院議長ソールズベリー（Marquess of Salisbury）を議長として、陸海空軍担当の各大臣など六名から構成される閣内委員会を設置したが、一九二九年二月に開催されたその会議は、カドガン覚書に記されていたところの従来のイギリス政府の主張を基本的に再確認するだけに留まった(12)。

しかしチェンバレンは、閣内委員会の構成員ではなかったものの、三月の委員会に臨席することによって、委員会の非妥協的な姿勢をある程度柔軟化させることはできた。会議の場でチェンバレンは、「全列強の中で単独で軍縮に取り組んできた我が国は、軍縮への障害となっているとみなされるような地位に追い込まれることは本来あり得ない」にもかかわらず、近く予想される総選挙において軍縮準備委員会の行き詰まりが政権与党に不利に作用することへの懸念を表明した。続いてソールズベリーは、「完全に明らかであることは、軍縮会議においては海軍、および陸軍に関する合意が達成されることはありそうにないということだ。実際、旧来の計画が崩壊してしまっていることは明白である」と述べ、軍縮会議の妥結はもはや不可能であるという認識を示した。これらの発言を受け、新たな方向性を示したのは、委員会のメンバーである大法官ヘイルシャム（Viscount Hailsham）である。彼は、「個人的には、他国が一致した見解に達することはまずあり得ないものと考えている」と述べ、「ジュネーヴにおいては、他国が我が国よりもはるかに大きな戦力を保持している陸軍・空軍の軍備に関して言えば、他国が全会一致で支持するような提案はいかなるものでも受け入れ可能なはずである」と論じた。つまり、他国が全会一致に達することは決してないであろうことを見越した上で、会議決裂の責任をイギリスが負うような事態を避けるため、陸軍・空軍軍縮に関する全会一致に達した案ならば何であれ受け入れる意思があることを表明する、というのがヘイルシャム提案の要旨であった。陸軍大臣ワーシントン＝エヴァンズ（Laming Worthington-Evans）は、「ジュネーヴにおいて全会一致が確保されることはないことを確信するがゆえに、他国が全会一致で同意するいかなる提案であれ受容する準備がある」と述べ、この提案に同意した。空軍を担当する航空大臣ホーア（Samuel Hoare）も同調し、結局異論はないまま、ヘイルシャム提案が承認されたのである[13]。

　このように、従来通りの姿勢をイギリスが貫いた場合、軍縮会議決裂の責任をイギリスが負わされることとなり、総選挙への悪影響も懸念されるというチェンバレンの発言は、軍縮会議に対する委員会の姿勢を柔軟な方向に変化させることには成功した。保守党党首経験者であった彼の影響力の大きさが見てとれる。とはいえ、委員会の姿勢の柔軟化も、軍縮会議決裂の責を負うことを回避するとともに、軍縮会議において他国が全会一致に至ることはあり得ないという読みに基づいていた以上、軍縮会議への消極姿勢が実質的に変化したとは言えない。実際、軍縮準備委員会に参加していたアメリカがフランスの主張に折れる見込みがない以上、全会一致が不可能という読みは現実的であった。

　以上のように、ボールドウィン保守党内閣は、ロカルノ条約締結という形でフランスの安全保障要求に対して一定の歩み寄りをしたものの、それはジュネーヴ平和議定書調印拒否の結果、フランスの要求に何らかの譲歩をする必要に迫られた結果に過ぎなかった。同内閣は国際軍縮にも無関心であり、セシルとチェンバレンを例外とすれば、フランスの安全保障強化を通じて国際軍縮を進めるという発想からも無縁であった。(14)

3 第二次マクドナルド労働党内閣の国際軍縮政策と対仏姿勢

一九二九年五月に実施された総選挙においては、マクドナルドが率いる労働党が単独過半数には達しないながらも二八七議席を獲得して比較第一党となり、五九議席を獲得したロイド・ジョージ率いる自由党の閣外協力を得て第二次内閣を組織した（敗北した保守党は二六〇議席を獲得）。前任の保守党内閣とは対照的に、労働党内閣は国際軍縮に積極的であった。マクドナルドはその個人的イニシアチヴを通じて、一九二七年のジュネーヴ海軍軍縮会議では決裂した補助艦建造制限を一九三〇年のロンドン海軍軍縮会議において妥結させることに成功した。(15)これにより、一時は極度に悪化していた英米関係は改善したし、来るジュネーヴ軍縮会議においては、陸軍・空軍の軍縮策にある程度焦点をしぼりこむことも可能になったと言える。元来イギリス政府が最も難色を示していたのは海軍軍縮であったから、軍縮会議の妥結に向けてイギリスが動きやすくなる条件が整ったとも言える。

外相に就任したヘンダーソン（Arthur Henderson）も国際協調主義者として国際軍縮に熱心であり、イギリス政府の連盟代表に保守党員のセシルが任命されることによって労働党内閣が超党派で国際軍縮を目指す姿勢も示された。キッチングは、労働党内閣とその後の挙国内閣との間では、国際軍縮に対する姿勢の面で大きな違いはなかったとみなしているが、その見解は支持しがたい。(16)労働党内閣は軍縮会議の妥結に向けてイギリス自身がイニシアチヴをとるという方針を打ち出したが、後述するように、挙国内閣はその方針を根底から覆したからである。

労働党内閣の国際軍縮政策の特色は、軍備の予算的制限（budgetary limitation）という方法に特に着目し、この方法への国際的合意を得ることによって国際軍縮を推進しようとしたことである。軍備の予算的制限とは、各国が規格化された方法に則って最低限必要な軍事費を算出し、それを上限額にするという方法として検討が始まったが、後に各国の軍事費を定率で削減していくという、より急進的な方法としても同時に検討されていくこととなった軍縮方法である[17]。単に軍事費に上限を設定するという方法だけでは、軍縮を進める上で重大な難点を抱えていたことは事実である。恣意的にきわめて高い上限が設定されることを回避することは困難だからである。しかしながら一九三一年には労働党内閣は、定率で軍事費を削減していくという、より野心的な国際軍縮の方法を採択するに至る。その方針は、同年初頭に労働党内閣が設置した閣内委員会によって決定された。

閣内委員会は外相ヘンダーソンを議長として、蔵相スノードン（Philip Snowden）、自治領担当相トマス（J. H. Thomas）の他、陸相ショー（Thomas Shaw）、海相アレクサンダー（Albert Alexander）、航空相アマルリー（Baron Amulree）から成っていた。これは、軍事担当大臣の他、首相マクドナルドを除く労働党内閣の有力閣僚がことごとく網羅されている強力な布陣である。一九三一年二月四日に開催された閣内委員会の議事録によれば、「委員会は軍備の削減（reduction）の方向に他国を先導する（giving a lead）ことを目指すべきであるという点について、全般的な合意に達した」（下線は原文）。さらに、軍縮の方法に関しては、「兵員数のみの削減は大きな価値を有するものではない。それのみが削減の指標となってしまうならば、軍隊の強さと軍事費の規模は、兵器の増加によって維持可能となってしまう」という問題提起がなされ、予算的制限という方法を援用して兵員と兵器双方の縮小を達成するための方策を目指す点について、合意が達せられた。もっとも、アマルリーのみは強い異論を唱えている[18]。

二月一八日には、連盟代表セシルを招いて再度閣内委員会の会議が開催された。セシルとヘンダーソンがこの会議において開陳した構想は、基本的に次のようなものである。軍縮会議が失敗に終わった場合、ドイツはそれをもって軍備平等権を主張する大義名分が得られたものとみなすであろう。結果として列強が泥沼の軍備競争に陥ることは避けられない。イギリスはフランスをこう説得し、すでにフランスも支持している軍備の予算的制限という方法をより踏み込んだ形で活用する。つまり、軍縮会議以降四年間ほどのタイムスパンをかけて一定のパーセンテージ、一例として二五％の軍事費カットを各国が実行する。この軍事費カットの数値目標は、すでに軍縮を実施しているドイツやデンマークのようなきわめて軽武装の一部の国を例外として適用される。結果としてドイツの軍事力は相対的に向上することになるので、名目的な軍備平等権の獲得のみで満足するようドイツを説得する。セシルが得た感触によれば、ドイツ政府も本格的な軍拡を望んでいるわけではないので、ドイツの同意を得られる公算は高い。結果として、フランスの安全保障とドイツの形式的な軍備平等権の双方が満たされることとなる。

現段階での各国の軍事力を出発点として、原則的にそこから一律のパーセンテージで軍事費を削減していくというセシルの原案は、現段階の軍備の相対的水準に各国が満足しているとは限らないという問題点をはらんでおり、その点はヘンダーソンによっても指摘され、セシル自身も自覚していた。しかしながら、アマルリーの強い異論にもかかわらず、ヘンダーソン主導の下で会議は、こうした急進的な軍縮策を承認する方向でとりまとめられたのである。(19)

こうして労働党内閣は、予算的制限という方法を骨子としつつ国際軍縮を進める方針を決定したが、少数与党である労働党による多数派形成には限界があった。そこで、ヘンダーソンとマクドナルドが協議した結果、自由党代表三名と保守党代表四名を加えた三党委員会を新たに設置し、軍縮会議に臨む方針への超党派的な合意をとりつける方針が定められた。(20)これを受け、一九三一年三月一八日には最初の三党委員会が開かれ、マクドナルドを議長、ヘンダーソン、トマス、ショー、アマルリー、アレクサンダーとセシルに加えて、自由党からは党首ロイド・ジョージ、副党首格のサミュエル（Herbert Samuel）、保守党からはオースティン・チェンバレン、ホーア、イーデン、インスキップ（Thomas Inskip）が出席した（次回の会議からは自由党のロシアン Marquess of Lothian も参加）。三党委員会は同年七月一五日にかけて一〇回にわたって会議を開催し、合意文書の作成に至ったことにより休会した。(21)

三党委員会の場で労働党内閣は、定率で軍事費を削減するという構想は開示せず、単に国際軍縮のために予算的制限という方法を活用するという点に関して他党の同意をとりつけるに留まった。ともあれ、三党委員会で実質的に保守党を代表したチェンバレン、および自由党を代表したロイド・ジョージの双方は国際軍縮に積極的であり、三党委員会は基本的に労働党内閣の方針を了承する形でまとまった。「攻撃的兵器」と「防衛的兵器」を区別し、長距離を射程に入れるような兵器は「攻撃的兵器」として強い規制をかけるべきとロイド・ジョージが強く主張したのに対して、そのような区別は現実的に難しいという根拠から他の出席者は懐疑的といった見解の対立は見られたが、これも政党ラインに沿った論争には至らなかった。実際、三党委員会のしめくくりで、ロイド・ジョージは次のように述べている。「実際問題として、本委員会がこれほどの合意を実現し得たことは非常に驚くべきことである。我々が問題にアプローチする際の角度の違いから主に生じた形式的な不一致がいくつか存在したことは確かだが、実質的な相違点はなかったように思える[22]」。

結果として三党委員会の合意文書においては、「攻撃的兵器」への規制を強化するというロイド・ジョージの持論を取り入れつつ、次のような方針が決議された。イギリス代表団は、同国がすでに実施した軍縮の規模を表明し、さらなる軍縮に取り組むためには国際的協定を要することを宣言する。軍縮会議は定期的に開催される必要があり、侵略国が「決定的一撃」（knock-out blow）を加えることを不可能とするような方法を通じて、諸国の軍備は制限される必要がある。軍縮を進める際には安全保障と近年の歴史に関する配慮も避けられず、とりわけ二度の侵攻をこうむったフランスの事情は斟酌される必要がある。攻撃能力の制限と安全保障を組み合わせるという原則は、軍備の合計と軍備の質（射程範囲や破壊力）双方にわたる軍縮を必要とする。軍縮の最も有効な方法は予算的制限をともなった方法である。必要な個別の事情に配慮しつつも、基本的に軍縮は同一の原則をあらゆる国に適用するという方法で遂行されるべきである。その際には、軍備を解除されている国の武装という形ではなく、軍備を有する国の軍縮という形をとるべきである。軍備監視のための新たなシステムが導入されるべきである。徴兵制は撤廃されることが望ましく、予備の兵員に関する情報は開示される必要がある[23]。

以上のような三党委員会合意は、前保守党政権期に比べて、著しくフランスの主張に歩み寄った内容であった。前述した一九二七年一〇月のカドガン覚書では、イギリスとフランスの主張の間に四つの主要相違点があることが指摘されていたが、その内、海軍軍縮を除くすべての点で、イギリスはフランスの主張に歩み寄ったのである。第一に、イギリスは予備兵員に関する情報の開示を必須としつつも、元来の持論であった徴兵制撤廃の要求に関しては、単に望ましいものとトーンダウンし、実戦兵・予備兵合計の兵員数削減も求めなかった。第二に、フランスが主張していた軍備の予算的制限をイギリスは進んで受け入れた。第三に、イギリスは軍備を実効的に監視するための新システム導入を支持するに至った。

とはいえ、たとえ国際軍縮の方法に関してフランスの主張に歩み寄ったとしても、肝心のフランスの安全保障要求への譲歩がなければ、フランスとの合意は困難であっただろう。実際、一九三一年七月付でブリアン外相がイギリス政府に提示した覚書は、安全保障の確保に関してフランスは一歩も引かないという姿勢を示し、一九二四年のジュネーヴ平和議定書に沿ったイギリスの関与を求めていたのである[24]。

こうしたフランスの安全保障要求に対しても、ヘンダーソンは配慮を示した。元々彼は、ジュネーヴ平和議定書調印の支持者であったが、第二次労働党内閣の外相としても、国際連盟の枠内での安全保障を強化することに熱心であった[25]。一九二九年の労働党政権下にイギリス政府は、前保守党政権によって草案に留めるよう要請されていた、国際連盟による戦争防止策を具体化する協定（戦争防止の手段を改善するための一般協定 General Convention to Improve the Means of Preventing War）を締結するよう積極的に働きかけた。この協定は、有事の際の国際連盟による保全措置を具体化するものであり、フランスが求める集団的安全保障の第一歩となるものであった[26]。同年秋の国際連盟総会でイギリス代表団は、一九二八年のパリ不戦条約を超えて、「より広範な戦争違法化」を連盟規約に盛り込むべきとの提言も行っている(27)。

軍縮会議の見通しに関して一九三一年三月に著した覚書において、ヘンダーソンはフランスの安全保障要求について次のように述べている。「フランス政府は、自らが望むような一般安全保障のシステム構築に向けて多大な努力がなされてきたことを疑いなく認めており、現存のシステムの基礎に基づいて軍縮を進めることに同意する可能性もある。しかし現段階のフランス政府は、軍縮と安全保障は切り離せず、自国の軍縮進行は安全保障の増大によって埋め合わされる必要があるという見解から離れてはいない」。ヘンダーソンは、フランス政府が姿勢を変更しないならばイギリス政府はどう対応すべきかという点について考察を踏み込んではいないが、覚書の結論では次のように述べている。「さしあたり、以上の観察を締めくくるにあたって、私は次のような確信を繰り返したい。すなわち、我々をとりまく困難に対して解決を見出すことは必要不可欠である。もしそれに失敗するならば、ヨーロッパの平和的発展と英国およびコモンウェルス諸国の利害のいずれもが深刻な形で危機にさらされることとなるだろう(28)」。

労働党内閣期の国際軍縮政策を二人三脚となって推進したヘンダーソンとセシルは、いずれもフランスとの協調政策の唱道者でもあったが、彼らの親仏姿勢は、フランスの要求への歩み寄りがなければ国際軍縮の実現が困難であるという見通しに基づいたものであったと言える。

労働党内閣がどこまでフランスに譲歩する準備があったのかどうか、その点は定かではない。反戦的傾向が強い労働党は、国際軍縮に対して保守党よりはるかに積極的であったことは確かだが、その一方で、フランスへの軍事援助を保障することによって戦争に巻き込まれる可能性が高まることに対しては反発したであろう。しかしながら、フランスの安全を保障することが広範な国際軍縮を成功させる唯一の道であることを説得できたならば、労働党をとりまとめることは不可能ではなかったようにも思われる。三党委員会の合意事項においてもフランスの安全保障要求への配慮が示されていた点を考慮するならば、労働党内閣期の政策路線は、ジュネーヴ軍縮会議を妥結に導く潜在的な可能性を有していたものと評価してもよいのではないか。

もっとも、外交通を自任する首相のマクドナルド自身は、軍縮推進論者としての世評の高さにもかかわらず、ヘンダーソンとセシルが推進する国際軍縮政策に対しては距離を置いていた。彼は、駐英アメリカ大使ドーズ（Charles Dawes）との秘密会見の中で、「イギリス政府が軍備の予算的制限を支持していることは大いなる誤りであり、アメリカと同様な〔反対の〕態度をとるべきと感じている」と吐露している。[29] キッチングも、マクドナルドは列強間の個人外交という手法の信奉者であり、国際連盟による国際軍縮という方法を好まなかったことを指摘している。[30]

またヘンダーソンも、軍縮会議の準備を進める際、結果的には重要な判断ミスを犯していた面があった。アメリカ政府公文書からは、労働党内閣がアメリカ政府との緊密な連携を心がけながら軍縮会議の準備を進めていた様子がうかがえるが、ヘンダーソンの求めに応じて、アメリカ国務長官スティムソン（Henry Stimson）は次のような助言を行っていた。すなわち、軍縮会議の多国間協議が行われる前の段階で、障害となりそうな重要問題を各国間の直接協議を通じて解決しておくことが不可欠である。特に重要と思われるのは、1．フランスとイタリアの間の海軍問題、2．フランスとドイツの間の軍備問題、3．ソ連が軍縮会議の当事者となる場合とならない場合の各々のケースにおける、ソ連と国境を接する諸国の軍備問題。以上である。[31] 実際にヘンダーソンは、フランスとイタリアの間の海軍問題調停にまず取り組んだが、最も重要なフランスとドイツの間の軍備問題調停を後回しにしている間に労働党内閣は倒壊してしまった。結果論ではあるが、ヘンダーソンは、より緊要性の高い仏独間調停に先に着手しておくべきであったとは言えるだろう。

4　マクドナルド挙国内閣の政策転換

一九三一年八月、マクドナルド労働党内閣は失業給付削減をめぐる閣内不一致により倒壊した。労働党に無断で保守党と自由党との連立政権（挙国一致内閣）の形成を発表したマクドナルドに対して、ヘンダーソン率いる労働党は、マクドナルドやスノードン、トマスら挙国内閣に参加した一派を除名して野に下った。同年一〇月に実施された総選挙は、マクドナルド挙国内閣の史上類例を見ないような圧勝に終わったが、挙国派の中で四七〇議席を獲得したボールドウィン率いる保守党は単独でも過半数をはるかに超える議席を占めるに至った。対する労働党は四六議席という惨敗を喫し、自由党もサイモン（John Simon）率いる挙国派自由党とロイド・ジョージ一家の脱党によって分裂した。こうした政党勢力図の激変により、イギリスの国際軍縮政策は大転換を遂げることとなる。

挙国内閣期にセシルは表舞台から退き、総選挙で落選したヘンダーソンは、労働党政権期にすでに内定していた通り、ジュネーヴ軍縮会議本会議の議長に就任したものの、彼とマクドナルドとの関係はきわめて険悪になっていた。保守党大物政治家としては国際軍縮に唯一熱心であったと言えるオースティン・チェンバレンも、一九三一年一一月以降は挙国内閣のフロントベンチから外れてしまう。他方で、同月以降、挙国内閣の外相を務めたサイモンは国際軍縮への熱意を欠いており、陸海空軍各省の担当大臣も軍縮に否定的な保守党政治家によって占められた。

ヘンダーソン、セシル、チェンバレンは、いずれも国際軍縮の成功のためにフランスの安全保障要求に譲歩する必要を認めていた政治家であったが、彼らの退場とともに、フランスの要求に対するイギリス政府の姿勢も硬化した。労働党内閣倒壊直後の一九三一年九月に陸海空軍各省の実務家代表が共同で作成した覚書は、同年七月のブリアン覚書に示されたフランスの安全保障要求をきわめて厳しく批判している。すなわち、フランスは世界最大の陸軍国でありヨーロッパ最大の空軍国でありながら、安全保障確保を自国の軍縮の大前提とみなしているが、これはきわめて非合理的で矛盾した姿勢である。フランスを軍事的に援助するためには他国の軍拡が避けられないから、いずれにしても軍縮会議の趣旨とは矛盾する結果は避けられない。こうして陸海空軍実務家代表は、フランスの安全保障要求を論外として退け、フランスの不合理な姿勢のために軍縮会議の破綻も避けられないと結論づけた(32)。

ヴァリーは近年の論文において、対仏強硬姿勢が際立った挙国内閣の中でも、外務省のみは一貫して対仏協調政策を追求したと論じている(33)。しかしながら、実のところ、一九三〇年一月以降外務事務次官の地位にあったヴァンシッタート（Robert Vansittart）は、一九三二年にかけては、むしろ対仏強硬論者であった。元来国際軍縮に懐疑的であった彼は、労働党政権期の一九三一年六月に著した、今後一〇年間大規模な戦争がないことを想定する「一〇年規則」を撤廃することを提唱した覚書において次のように述べ、フランスの安全保障要求を拒絶すべきと主張している。「我が国がフランスに対する新たな責務を引き受けることによって数年間の現状維持を確保できるということは事実であるかもしれない。しかし、そのようなコースを辿ることは、我が国の世論に鑑みた場合の内在的な不可能性を度外視して考えたとしても、〔ヨーロッパ〕大陸へのさらなる関与を避けた上で、避けられない再調整のプロセスを予見し、それを国際連盟の原則に則って導いていくという、我が国の基本方針に沿うものではない(34)」。イギリスの対ヨーロッパ関係を考察した一九三二年一月の覚書においても、彼は次のように明言している。「〔フランスとドイツによる〕二つの相対立する主張が激突した際には、国際政策、帝国政策、そして国内政策のいずれの観点から見ても、英国政府をして、フランスと結んでドイツに対抗することを可能とするものはない(35)」。

一九三三年一月にヒトラーが政権を獲得して以降のヴァンシッタートは、対独強硬・対仏協調姿勢に転じていったが(36)、それ以前の彼の対仏強硬姿勢は、外務政務次官イーデンとカドガンが推進する対仏協調・国際軍縮路線にブレーキをかけることとなり、サイモン外相の日和見的な姿勢を後押しする結果となったように思われる。

労働党内閣が熱心に推進していた、戦争防止の手段を改善するための一般協定に関して言えば、挙国内閣は調印拒否へと姿勢を転換した。協定に対するイギリス政府の姿勢を協議すべく、一九三二年一月にサイモン外相、トマス自治領相、大法官サンキー（Viscount Sankey）、ヘイルシャム陸相、および海軍副司令官ドライヤー（F. C. Dreyer）、空軍司令官サーモンド（J. M. Salmond）などから成る会議が開催された際、さしあたり調印はすべきという外務省と調印拒否を主張する陸海空軍各省との間で意見が分かれた。元々陸海空軍各省も協定受け入れの姿勢を示していたのではないかと指摘するサイモンに対して、ヘイルシャムは、先の労働党内閣は陸海空軍各省に断りなしに協定を進めたのであり、当初から各省は協定に反対だったのであると反論した。もっとも、協定の調印を説くサイモンも、「個人的には、私はこの〔協定〕草案を支持しているわけでは全くない」と述べ、とりあえず調印はした上で、批准は回避するという案を示唆した。元々協定締結の主導権をとっていたのはイギリスであり、フランスとドイツも調印を表明している以上、調印に関しては足並みをそろえたほうがよいという外交的配慮に基づく判断と言える。しかしながらサンキーは、「後で批准するという意図が全くないままで協定に調印することに対しては断固反対である」と述べ、ヘイルシャムらも調印拒否の姿勢を堅持した。結局、ジュネーヴ軍縮会議の結果がわかる以前の調印は拒否するという結論が下されたのである(37)。

国際軍縮の面でも、挙国内閣は労働党内閣の方針を完全に覆し、予算的制限計画の否定に転じた。一九三二年一月、挙国内閣は、外相サイモンを議長として、自治領相トマス、および陸海空軍各担当大臣から成るジュネーヴ軍縮会議イギリス代表団を任命し、軍縮会議の準備作業を委任した。準備会議の場でサイモンは、「軍縮という言葉の真の意味は、あらゆる国が現行の〔軍備の〕数量を削減しようと努力することである、というのが私の理解である」と述べ、「今まで言及されてこなかった大問題、つまり我が国の〔軍備に関する〕上限値を削減することが可能かどうか」という点について内閣に勧告する必要はないか、という問題提起を行ったが、他の四名に一蹴された(38)。

ジュネーヴ軍縮会議開始翌月の一九三二年三月に開催された閣議は、単に軍事費に上限を課すという予算的制限の是非を議論したが、サイモンを除いて支持は得られなかった。[39] 翌四月の閣議で予算的制限案は再度議論されたが、内閣の消極的姿勢に変化はなく、同案はイギリス政府が推進するアジェンダから最終的に外されることとなった。[40]

しかし、実のところ、労働党政権期の方針を継承して挙国内閣が予算的制限案を推進していた場合、主要大国間で合意が得られる可能性はかなり高かったと考えられる。それというのも、主要列強の中で元々は予算的制限に唯一反対していたアメリカが同案の受け入れに傾いていたからである。すなわち、ジュネーヴ軍縮会議に臨む方針を協議するために国務省と陸軍省、海軍省の代表が集って開催された一九三一年一一月の会議において、目下のところ予算的制限案に強硬に反対している大国はアメリカ一国であり、国内世論も同案に好意的であるところから、軍縮会議の場で同案に反対し続けることは困難であると国務省は主張し、陸軍省と海軍省の抵抗を押し切る構えを見せた。しかも、ここで議論されていた予算的制限案は、単に軍事費に上限をかけるのみならず、軍事費を定率で削減するという急進的な案であった。[41] 実際、軍縮会議開始後の一九三二年六月、非公式に英米仏の三国間で対応が協議された際、アメリカ代表の国務次官デイヴィス（Norman Davis）は、次のように言明している。「合衆国は、予算的制限という考えに対して当初は反対であったし、現在も疑いをもってはいる。ともあれ、もし公平で現実的な計画が案出され得るならば、合衆国は進んでそれに参加する準備がある」。

この三国代表間の協議においては、フランス代表として出席したポール＝ボンクール（Joseph Paul-Boncour）陸相が、軍縮を実効的たらしめるための不可欠な手段として、定率で各国の軍事費を削減する予算的制限を主張したが、イギリス代表として出席した内務大臣サミュエルは煮え切らない態度に終始した。[42] サミュエルのそのような態度は、すでに閣議で決定されていた内閣の方針を受けたものであったと言えるが、一九三一年までは軍縮準備委員会の中心的議題であった予算的制限案が本会議の場で失速した主因は、イギリス代表の消極姿勢であったと見て間違いなかろう。逆にイギリスが労働党政権期の積極姿勢を継続していれば、同案において主要国が合意に達する可能性はかなり高かったとも言えるだろう。

5　ジュネーヴ軍縮会議決裂に至る道

ジュネーヴ軍縮会議は一九三二年二月二日に開幕した。フランス代表として軍縮会議に出席した中道右派政権の陸相タルデュー Andre Tardieu（二月二〇日～六月三日首相）は、国際連盟軍を創設し、自国のものも含め、各国が保有する大規模兵器を連盟軍に移管するという斬新な提案を行った(43)。その前提は、国際紛争を国際連盟の強制仲裁制度により解決するという、一九二四年のジュネーヴ平和議定書を復活させることである。あわせて、民間航空産業の軍事転用を抑止するため、それを国際管理下におくことも提唱された(44)。このタルデュー案にこめられたフランス政府の目的は、自国の軍隊の連盟移管を認めるという思い切った譲歩を行うことによって、フランスの抵抗が一般軍縮の最大の障害となっているという世評を覆すと同時に、平和議定書をイギリス、できれば英米両国に受容させ、以てフランスの安全保障を確保することであったと考えられる。

こうしたフランスの提案を協議した挙国内閣の三月の閣議は、反仏大合唱の様相を呈するに至った。マクドナルド首相は、フランスの安全保障要求に関して、次のように言い放っている。「フランスに対しては、明確にこう言うべきだ。無条件で我々を関与させようとしても無駄な努力である。フランスがお返しに我々にくれるものが何かあるのかという点について、我々は大いに知りたい、と」。トマス自治領相もこれに同調した。「フランスに対する回答は明らかに、「何があなた方の貢献なのか？」というものだ。彼らはそうしたものを何ももたない、ということは明瞭だろう」。ロイド・ジョージ脱党後の自由党党首サミュエルは、同年一〇月に保護主義政策に反対して挙国内閣を離脱するまで挙国内閣の内相を務めていたが、彼もまた、「ロカルノ条約の下で、我々は相当なリスクを冒してフランスの安全保障に非常に大きな貢献をしているのだ」と同調した。蔵相ネヴィル・チェンバレン（Neville Chamberlain）も、次のような強硬論を述べた。「軍縮会議で我々がとるべき姿勢は、もしフランスの提案が全く不適切であると感じるならば、それに対して明確に反対することだ」。こうした対仏強硬論に軍事担当各大臣はもちろん異存はなく、結局この閣議においては、フランスの安全保障要求、およびそれと抱き合わせの国際軍縮提案を一蹴することに対して、サイモン外相も含めて誰からも異論は出なかったのである(45)。

翌四月の閣議は、さらに踏み込んだ対仏強硬姿勢を示した。閣議録によれば、「フランスの案が完璧に破壊されればされるほど、フランスはその他の〔軍縮〕案に全く否定的な態度をとるようになることであろう。したがって、実際問題としては、二つの道だけが開かれているのである。一つはフランスに屈する道であり、もう一つはフランスを孤立化させる道である。いかなる場合にせよ、我が国はフランスに屈することはできない、ということで合意がなされた(46)」。

この文言からは、挙国内閣が国際軍縮の達成を決して目指すべき目標とみなしていなかったことが見てとれる。そして、たとえフランスを孤立化させることになろうとも、フランスの要求に対して決定的な譲歩はしない、というこの挙国内閣の姿勢は、一九三四年の軍縮会議最終局面まで堅持されることとなる。

同四月には、ドイツのブリューニング首相が、ジュネーヴ軍縮会議に代わる新たな軍縮会議を開催し、一〇年後にドイツが軍備平等権を獲得するという、ドイツとしてはかなり穏当な提案を行ったものの、安全保障の確保が満たされていないことを理由にフランスが難色を示している間に、ブリューニングはヒンデンブルク大統領に罷免され、五月三〇日にはフォン・パーペンの右派政権にとって代わられるという結果となった。

こうして、軍縮会議が早くも手詰まり状況に陥りつつある中、六月にアメリカのフーヴァー大統領は、それまでの単なる様子見の姿勢から一転し、積極的な提案を行うことによって会議の主導権を握ろうと試みた。このフーヴァー案は、すべての爆撃機、戦車、大型機関銃、化学兵器を廃止し、戦艦と潜水艦を三分の一、航空母艦、巡洋艦、駆逐艦を四分の一削減し、空爆を全面的に禁止するというドラスティックな提案であった。もっとも、先述した英米仏三国代表間の非公式折衝の場でアメリカ代表デイヴィス自身が内々に認めたように、フーヴァー案は軍縮を求めるアメリカ国内世論の圧力への対応策に過ぎず、必ずしも現実的な提案として提起されたものではなかった(47)。

ともあれ、フランス、ドイツ、アメリカの三国が国際軍縮の大義名分のために、それぞれ自国の権益に固執する姿勢から大幅な譲歩を行う姿勢を示した以上、イギリスとしても何らかの積極的な軍縮案を打ち出す必要に迫られた。しかしながら、フーヴァー案を受けてイギリス政府が発表した対案は、自国の軍事力維持に固執する内容であった。すなわち、陸軍戦力に関しては、六・一インチ口径を超える大型機関銃を廃止する点ではフーヴァー案を支持するが、小型戦車は特に「攻撃的兵器」とはみなし難いため、その廃止には反対する。海軍戦力に関しては、潜水艦を全面的に禁止し、将来建造される戦艦のトン数を二万二〇〇〇トン以内、大砲の最大口径を一一インチ以内、巡洋艦のトン数を七〇〇〇トン以内、大砲口径を六・一インチ以内、航空母艦の最大トン数を二万二〇〇〇トン以内、大砲口径を六・一インチ以内に限定する。空軍戦力に関しては、陸軍・海軍航空機の重量および数的制限を行う。また、国際協定で認められる場合を除いて空爆禁止に同意する。ただ、陸海空軍いずれの面でも、すでにイギリスは十分な軍縮を行ってきたのであり、これ以上の軍備制限を行うことは困難である旨があらかじめ表明された(48)。

このように、資源小国の島国として、戦時中の海上輸送網維持を死活的とみなしていたイギリスは、潜水艦の全面禁止という点では、最も踏み込んだ提案を行いはしたが、その提案は、自国防衛のために潜水艦を不可欠とみなすフランスの主張とは全く対立するものであった。潜水艦の全面禁止を例外とすれば、イギリス案は、フランスやアメリカのシンプルかつラディカルな提案から大幅に後退した内容に留まった。またイギリスは、植民地における治安維持の必要を根拠として、空爆の全面的禁止にも反対した。確かにフランスやアメリカの案も、自国の軍縮への積極姿勢を世論にアピールすることを主要目的とした提案であったとは言えるが、イギリス政府の姿勢は、宣伝効果のみを狙いとして急進的な提案を行い、万一それが案に相違して実現に向かうこととなるぐらいならば、軍縮に及び腰という非難をこうむってでも、自国の軍事力確保を図るというものであったと言える。その点では、挙国内閣の国際軍縮政策は、第二次ボールドウィン内閣のそれよりも後退したものであった。また、イギリス政府は、「攻撃的兵器」と「防衛的兵器」を区別し、後者は容認すべきであるという議論に則って、もっぱら軍備の大型化を規制しようとする論陣を張った。しかしながら、「攻撃的兵器」と「防衛的兵器」を区別することが実質的に困難である点については、労働党政権期の三党委員会の時点ですでに広範な合意が見られた。つまり、イギリス政府は、行き詰まりが必至な軍備制限方法を敢えて議題の中心に据えることにより、ラディカルな軍縮案が現実のものとなる動きにブレーキをかけようとしたとも考えられるのである。

他方で、一九三二年六月、エリオを首班とする中道左派政権が成立し、国際軍縮問題担当の陸相にポール＝ボンクールが就任するとともに、フランス政府の方針に大きな変化が生じた。エリオ政権に連立与党として加わったブルム（Leon Blum）率いる社会党が無条件軍縮を強力に主張していた圧力もあり、軍縮会議のフランス代表ポール＝ボンクールは一一月、従来からの重要な方針転換となる新提案を公表した。このポール＝ボンクール案においては、それまでフランスが長く固執してきた大原則、つまりイギリスによるフランスの安全保障が確保されない限り、フランスの軍縮とドイツの再軍備はあり得ないという方針が放棄され、イギリスには国際紛争が生じた際の対応協議への参加を確約することのみが求められた。さらに、以前のタルデュー案においては、国際連盟への大型兵器移管は英米二国も対象とされていたが、両国の反発を考慮してポール＝ボンクール案においては、ヨーロッパ大陸諸国のみが国際的軍隊を組織し、大型兵器をこのヨーロッパ国際軍隊に移管するとともに、大陸諸国は自前の軍隊としては規格化された最小限の民兵組織を保有するのみということとなった。フランス政府の狙いは、国際紛争勃発時の対応協議への参加の確約をイギリスからとりつけることにより、同国の安全保障へのコミットメントを実質的に確保しようとするものであったと言える。

しかしながら、ジュネーヴにおけるサイモン外相はポール＝ボンクール案に対して冷淡な姿勢に終始した。ポール＝ボンクール案が流産に終わった最大の理由はこうしたイギリス政府の消極的対応であったと言えるが、実際キッチングは、ポール＝ボンクール案をジュネーヴ軍縮会議最大の失われた機会であったとみなしている(49)。こうして、ポール＝ボンクール案の廃案とともに、ジュネーヴ軍縮会議の決裂は必然となったと言える。一九三三年一月末には、行き詰った政局打開のため、ヒンデンブルク大統領はヒトラーを首相に任命する決断を下した。

一九三三年二月、ジュネーヴの現場で交渉にあたっていたイーデン外務政務次官は、一旦本国に帰国し、閣議の場で、空爆の全面禁止と軍事転用を防ぐための民間航空機規制にイギリスが反対し続けていることが軍縮会議を危機に陥れていることを訴えた。マクドナルドはイーデンの窮状に理解を示したものの、植民地の治安維持のために空爆の権利を留保することを求める植民地担当相カンリフ＝リスター（Philip Cunliffe-Lister）と自治領相トマス、および民間航空機規制の技術的困難を指摘する航空相ロンドンデリー（Marquess of Londonderry）の反対論を押し切ることはできなかった(50)。

翌三月、このままでは主にイギリスの責任で軍縮会議が決裂してしまうという危機に至って、マクドナルドはジュネーヴに乗り込み、いわゆるマクドナルド案を提起した。これは、国際紛争勃発に際して開催される対応協議の妥結基準をポール＝ボンクール案より厳密化した上でイギリスの参加を承認するものの、その条件としてフランスと同数の兵員保持をドイツに容認するという、大幅にドイツに歩み寄った内容の案である(51)。六月イーデンは、軍縮会議が再度決裂の危機に陥っている現状を訴え、目下重要な障害となっている、軍備監査へのイギリス政府の反対をとりさげるよう本国に要請するが、これも容れられなかった(52)。

こうして、軍縮会議の決裂とドイツ再軍備の現実的リスクが決定的に高まる中で、九月にフランスの中道左派政権のダラディエ首相は、フランスの側の軍縮はドイツの軍備制限を国際的に監視する組織の実効性を検証するための四年間の試行期間を経て着手される、という修正案を付した上でマクドナルド案の受け入れを表明した。これはフランスにとって最大限の譲歩であったと言ってよいが、翌一〇月ヒトラーはダラディエ修正案を不服として軍縮会議を脱退した。ヒトラーは条件次第での軍縮会議復帰をほのめかしたものの、フランスは決定的に態度を硬化させ、結局一九三四年六月、軍縮会議の妥結を目指すことを放棄した旨のフランスの声明をもって、ジュネーヴ軍縮会議は事実上終わりを告げたのである(53)。

6　おわりに

以上のように、第二次労働党内閣から挙国内閣への政権交代は、国際軍縮政策と対仏姿勢の双方に関して全面的な変化をもたらした。第二次労働党内閣においては国際軍縮政策に関する外務省の主導権が確立しており、それを牽引したヘンダーソンとセシルは、軍縮会議の成功を目標として、フランスへの歩み寄りを図った。これに対して挙国内閣は、軍縮会議決裂の責任をイギリスが負わされることは避けようとしたものの、そもそも軍縮会議の成功を目標としてはいなかった。実際、軍備の予算的制限、空爆の全面的違法化、および軍備の強制監査といった、各国がコンセンサスに近づいた各種の提案は、ことごとくイギリスの抵抗によって葬られたのである。挙国内閣のヒステリックなまでの反仏姿勢も、単なるフランス嫌いの感情に発していたというよりは、マルチラテラルな国際軍縮を要請するフランス案がイギリスの行動の自由を縛ることへの苛立ちに発するものであったとみなすべきであろう。

軍縮会議が開幕した同年の一九三二年にイギリス大蔵省は戦間期の最低水準まで軍事費を切り詰める予算を提出していたから、挙国内閣が軍拡を志向していたというわけではない。むしろ挙国内閣が激しく忌避したのは、マルチラテラルな国際軍縮の枠組みが確立し、その中でイギリスの行動の自由が制約されてしまうことであった。フランスはまさしくマルチラテラリズムの強化を通じて自国の安全保障を図るという戦略をとったから、挙国内閣の対仏姿勢を著しく硬化させることとなったのである。

挙国内閣の下でイギリスがこうした単独行動主義に傾斜したことは、大戦への道を止めることを困難にしたのではないか。最後に、この点について簡単に言及したい。戦間期の国際軍縮思想や平和主義は、第二次大戦の勃発を止められなかったことから、一般的にナイーヴな理想主義とみなされる傾向があると言える。ナチス・ドイツの大軍拡に対して平和主義が無力であったというのは、その通りであろう。とはいえ、イギリスやフランスがもっと早い段階で軍拡競争に踏み切っていれば、強大な国力をもつドイツの侵略を抑止できただろうとみなすのも、やはりナイーヴではなかろうか。つまり、軍事的安全保障の強化だけで侵略を抑止するというシナリオも、それほど信頼に値するものとは思われない[54]。その点で、国際軍縮と安全保障をリンクさせ、同時実現を図るという、ジュネーヴ軍縮会議において打ち出された理念は、再評価に値するように思われる。

注

（1）National Archives (NA), CAB 27/361, C. P. 256 (27), Cabinet Committee, Annex I.

（2）以下を参照、大久保［二〇一三］。

（3）Bennett［1979］pp. 94-95; Kitching［2004］も、フランスの安全保障にとってのロカルノ条約の不十分さを指摘している。

（4）McKercher［1992］; Richardson［1995］; Melinger［1999］; Webster［2000］; Kitching［2003］; Davies［2004］; Fleming［2011］; Varey［2013］.

（5） とりわけ以下を参照，Richardson［1995］; Kitching［2003］; Davies［2004］.

（6） Kitching［2003］p. 202.

（7） ジュネーヴ平和議定書については以下を参照，篠原［二〇一〇］一一四～一一六頁；牧野［二〇一二］九八頁。

（8） NA, CAB 27/361, C. P. 256（27）, Cabinet Committee, Annex I.

（9） Richardson［1989］pp. 20-27. ジュネーヴ海軍軍縮会議の決裂に至る経緯に関しては以下を参照，倉松［二〇一四］。

（10） Richardson［1989］chap. 10.

（11） NA, CAB 27/361, C. P. 256（27）, Cabinet Committee, Annex I.

（12） NA, CAB 27/361, Minutes of the Cabinet Committee, dated 27/02/1929.

（13） NA, CAB 27/361, Minutes of the Cabinet Committee, dated 19/03/1929.

（14） もっとも，藤山［二〇一五］によれば，チェンバレンはドイツに対する軍備強制査察を緩和するなど，同時に対独融和にも動いていた。

（15） 以下を参照，西川［二〇一四］五九～六三頁。

（16） Kitching［2003］chap. 2.

（17） 国際連盟の専門家委員会による予算的制限案の検討結果については以下を参照，NA, DO 35/99/5, League of Nations, Preparatory Commission for the Disarmament Conference, Report of the Sub-Committee of Experts on Budgetary Questions, dated 28/02/1931.

（18） NA, CAB 21/347, Minutes of the Cabinet Committee, dated 4/02/1931.

（19） NA, CAB 21/347, Minutes of the Cabinet Committee, dated 18/02/1931.

（20） NA, CAB 21/347, Minutes of the Cabinet Committee, dated 12/03/1931.

（21） NA, CAB 16/102, Committee of Imperial Defence, Sub-Committee on the Conference（Three Party Committee）, Proceedings & Memorandum.

（22） NA, CAB 16/102, Minutes of the 10th Meeting of the Three Party Committee, dated 15/07/1931, p. 19.

（23） NA, CAB 16/102, The Three Party Resolutions.

(24) NA, CAB 21/347, Lord Tyrrell to A. Henderson, dated 15/07/1931.
(25) Egerton［1983］p. 102.
(26) League of Nations, Report of the Special Committee appointed to frame a Draft Convention to Improve the Means of Preventing War, Geneva, dated 15/03/1931.
(27) 三牧［二〇一四］一七九頁。
(28) NA, CAB 16/102, Disarmament Conference, a General Statement（confidential), dated 31/03/1931, p. 11.
(29) National Archives and Record Administration（NARA), College Park, Maryland, RG 43, Box 1, Telegram from Charles Dawes to Henry Stimson, dated 22/01/1931.
(30) Kitching［2003］pp. 41-43.
(31) NARA, RG 43, Box 1, Confidential Telegram by Stimson, dated 28/02/1931.
(32) NA, CAB 27/476, Memorandum by the Chiefs of Staff Sub-Committee, dated 24/09/1931.
(33) Varey［2013］.
(34) Cambridge University, Churchill College, Vansittart Papers, VNST 1/5, dated 12/06/1931, p. 10.
(35) Vansittart Papers, VNST 1/6, dated 1/01/1932, p. 8.
(36) 専らヨーロッパ問題を外交の中心的関心事とみなすヴァンシッタートの外交姿勢については参照、佐々木［一九八七］五二一～六〇頁。
(37) NA, CAB 27/476, Notes of a Meeting to discuss the Draft Convention to Improve the Means of Preventing War, dated 6/01/1932.
(38) NA, CAB 27/476, Minutes of the Cabinet Committee, dated 7/01/1932.
(39) NA, CAB 27/505, Minutes of the Ministerial Committee, dated 21/03/1932.
(40) NA, CAB 27/505, Minutes of the Ministerial Committee, dated 5/04/1932.
(41) NARA, RG 43, Box 1, Memorandum of Meeting of Technical Staff of American Delegation to the General Disarmament Conference, dated 16, 20 /11/1931.

(42) Record of a Meeting, dated 22/06/1932, in Woodward［1948］p. 555–558.
(43) Kitching［2003］pp. 53–54.
(44) 民間航空機の軍事転用規制をめぐる問題に関しては以下を参照、Zaidi［2011］pp. 155–167; 高田［二〇一六］二七〜二八頁。
(45) NA, CAB 27/505, Minutes of the Ministerial Committee, dated 21/03/1932.
(46) NA, CAB 27/505, Minutes of the Ministerial Committee, dated 5/04/1932, p. 36.
(47) Record of a Meeting, dated 23/06/1932, in Woodward［1948］p. 560.
(48) Declaration of British Disarmament Policy, Statement by Stanley Baldwin in the House of Commons, dated 7/07/1932, in Woodward［1948］pp. 609–613.
(49) Kitching［2003］pp. 98–105.
(50) NA, CAB 21/379, Minutes of the Ministerial Committee, dated 17/02/1933. イギリス帝国防衛にとって空軍が有する戦略的重要性については参照、横井［二〇一四］二七五〜二七六頁。空爆違法化問題をめぐるイギリスの強硬な姿勢については以下を参照、Fleming［2011］.
(51) Kitching［2003］pp. 130–133; Davies［2004］pp. 776–777.
(52) NA, CAB 21/379, Memorandum by A. Eden, dated 12/06/1933.
(53) Kitching［2003］chap. 8, 9.
(54) 単なる軍事同盟政策の危険性については、小野塚［二〇一六］が説得的な議論を展開している。

文献リスト

大久保明［二〇一三］「イギリス外交と英仏同盟交渉の破綻　１９１９－１９２２年」『法学政治学論究（慶應義塾大学）』96巻。

小野塚知二［二〇一六］「戦争と平和と経済」『国際武器移転史』第1号。

倉松中［二〇一四］「１９２０年代の海軍軍縮会議とその影響」横井勝彦編『軍縮と武器移転の世界史――「軍縮下の軍拡」はなぜ起きたのか』日本経済評論社。

佐々木雄太［一九八七］『三〇年代イギリス外交戦略』名古屋大学出版会。

篠原初枝［二〇一〇］『国際連盟』中公新書。
高田馨里［二〇一六］「軍事航空と民間航空――戦間期における軍縮破綻と航空問題」『国際武器移転史』第２号。
西川純子［二〇一四］「戦間期の軍縮――ウィルソンからフーヴァーまで」横井勝彦編『軍縮と武器移転の世界史――「軍縮下の軍拡」はなぜ起きたのか』日本経済評論社。
藤山一樹［二〇一五］「ヴェルサイユ条約対独軍縮をめぐるイギリス外交１９２４～１９２７年」『法学政治学論究（慶應義塾大学）』１０４巻。
牧野雅彦［二〇一二］『ロカルノ条約』中公叢書。
三牧聖子［二〇一四］『戦争違法化運動の時代』名古屋大学出版会。
横井勝彦［二〇一四］「軍縮期における欧米航空機産業と武器移転」横井勝彦編『軍縮と武器移転の世界史――「軍縮下の軍拡」はなぜ起きたのか』日本経済評論社。
Bennett, E. W.［1979］*German Rearmament and the West, 1932–1933*, Princeton.
Davies, T. R.［2004］“France and the World Disarmament Conference of 1932–34”, *Diplomacy & Statecraft*, 15–4.
Egerton, G.［1983］“Great Britain and the League of Nations”, in *The League of Nations in Retrospect*, Geneva.
Fleming, N. C.［2011］“Cabinet Government, British Imperial Security, and the World Disarmament Conference, 1932–1934”, *War in History*, 18–1.
Kitching, C. J.［2003］*Britain and the Geneva Disarmament Conference*, New York.
Kitching, C. J.［2004］“Locarno and the Irrelevance of Disarmament”, in G. Johnson（ed.）, *Locarno Revisited: European Diplomacy 1920–1929*, London.
McKercher, B. J. C.［1992］“Of Horns and Teeth: The Preparatory Commission and the World Disarmament Conference, 1926–1934”, in B. J. C. McKercher（ed.）, *Arms Limitation and Disarmament Restraints on War, 1899–1939*, Westport, CT.
Melinger, P. S.［1999］“Clipping the Bomber’s Wings: The Geneva Disarmament Conference and the Royal Air Force, 1932–1934”, *War in History*, 6.
Richardson, D.［1989］*The Evolution of British Disarmament Policy in the 1920s*, New York.

Richardson, D. [1995] "The Geneva Disarmament Conference 1932–34", in D. Richardson and G. Stone (eds.), *Decisions and Diplomacy: Studies in Twentieth Century International History*, London.

Varey, D. K. [2013] "The Foreign Office, the World Disarmament Conference, and the French Connexion, 1932–1934", *Diplomacy & Statecraft*, 24.

Webster, A. [2000] "'The Disenchantment Conference': Frustration and Humour at the World Disarmament Conference, 1932", *Diplomacy & Statecraft*, 11.

Woodward, E. L. and R. Butler, eds. [1948] *Documents on British Foreign Policy 1919–1939*, London.

Zaidi, W. H. [2011] "'Aviation Will Either Destroy or Save Our Civilization': Proposals for the International Control of Aviation, 1920–45", *Journal of Contemporary History*, 46–1.

第5章　戦間期武器貿易規制交渉の帰結と遺産

キース・クラウス
（榎本珠良訳）

1　はじめに

第一次世界大戦から第二次世界大戦までの戦間期は、後に「軍産複合体」と呼ばれるものに対して、あらゆる側面から規制を試みる国際的な取り組みが最高潮に達した時期であった。戦間期に平和の構築を志した人々は、一九世紀末に提案された軍縮構想を踏まえつつ、武器貿易の規制から、特定兵器の禁止、民間の武器製造の禁止、工廠や軍隊の削減や廃絶、軍事費の削減、さらには集団安全保障などの安全保障システムの構築に至るまで、様々な提案を行った(1)。

このような提案のほぼすべては、戦間期に新たに考案されたか、あるいは比較的新しい提案であった。もっとも、なかには、中世に遡る平和・反戦アドボカシーに深く根差した提案もあった。しかし、大方の提案は、戦争の惨害に終止符を打ち、第一次世界大戦の痛切な教訓から学び、人間の幸福を追求するためには、武器の生産と貿易のグローバルなシステムに対する適切な規制が急務であるという、戦争の灰のなかから生まれた痛切な認識に基づいていた。その反面で、第一次世界大戦の教訓とは厳密に何であるのか、そして、ヨーロッパに（そして、ある意味で地球全体に）惨禍をもたらした国家間の緊張が発生し触発され激化した過程において、武器の生産や輸出がいかなる役割を果たしたのかに関して、人々の見解は異なっていた。

最終的には、戦間期のほぼすべての軍備管理・軍縮の努力は水泡に帰した。つまり、国際合意の形成が不可能でなくても困難であったという狭義の意味でも失敗であったし、国際合意が形成された場合にも、戦争発生のリスクや戦争発生時の犠牲を減らすという広義の意味では失敗であった。本章は、とりわけ軍備や武器貿易の規制に重点を置きつつ、この時代の軍縮の努力が失敗に終わった原因を、次の四つの解釈に絞って考察する。

① 政治経済的原因

当時の主要な武器生産国は、自由貿易主義と反重商主義の規範を共有しており、かつ産業の維持・振興のために武器輸出に依存していたため、兵器産業に制約を課す可能性がある内容の武器輸出規制合意に積極的ではなかった。

② 地政学的原因

列強諸国はドイツを封じ込めるために同盟関係の構築を試み、大国は多国間合意に参加せず、列強諸国はそれぞれが帝国主義的な野望を抱き競争関係にあった。

③ グローバルな多国間フォーラムの限界

グローバルな多国間フォーラムには基本的に限界があり、とりわけ、不均衡・不平等な関係にある国々が包括的・普遍的な条約を交渉する場としては限界があった。

④ 概念の不一致

軍備管理と軍縮との関係や、軍縮と安全保障との関係、軍備増強や再軍備の原因について、交渉参加国の見解に隔たりがあった。

これらの四つの解釈は相互排他的ではない。また、完全な証拠を確保して、各解釈の相対的重要度について最終的な結論を下すことは困難である。したがって、本章は、あたかも徹底的な究明に基づいているかのように論じることはしない。このテーマについては、歴史学者及び政治学者による更なる研究の余地が残されているものの、本章では、この四つの解釈のうちどれが最も妥当であるかを検討することにしよう。

戦間期に武器貿易の規制が試みられてから、約一世紀が経とうとしている。そして同時に、本書第7章で詳説されるように、武器貿易を規制する世界初のグローバルな条約である武器貿易条約（ＡＴＴ）が発効した。ＡＴＴは、武器貿易規制のための多国間交渉としては最も成功した事例だが、先述の広義の意味（戦争のリスクや犠牲の低減）における成功をもたらすかは未知数である。こうした時代性を踏まえて、本章では、戦間期に関する考察に基づき、ＡＴＴの成否を左右しうる条件についても検討することにしよう。

2　19世紀までの武器貿易規制の試み(2)

大抵の武器が工廠や国内市場向け企業で生産され、かつ技術革新の速度も遅かった一八世紀から一九世紀初頭にかけて、武器貿易は国家主導の営みとなる傾向がみられた。しかし、一九世紀初頭以降は、産業革命の技術革新を背景として、イギリスのヴィッカーズ社やアームストロング社、フランスのシュナイダー・クルーゾ社、プロイセンのクルップ社をはじめとする主要な製造企業は、武器製造能力を大幅に拡張させ、蒸気と鋼鉄に関する技術革新の最前線を担った。こうした企業は、可能な場合は国内向けにも製品を供給したが、国外からの発注を確保すべく海外市場の開拓を重視した。そして、一九世紀半ば以降、イギリス、フランス、プロイセンといった主要な武器生産国は、国内の技術革新の振興のため、そして自国に関係のない武力紛争に対して中立性を保つために、政府が自国からの武器輸出を規制することに消極姿勢をとった。さらに、他国の武力紛争の影響が自国に及びそうになっても、自国からの武器輸出に対する政府の規制は概して脆弱であった。例えば、一八六六年の普墺戦争（オーストリア＝プロイセン戦争）が目前に迫り両国間の緊張が高まるなか、プロイセンの戦争大臣はクルップ社に「現在の政治的状況への愛国的配慮に基づき、王国政府の同意なしにオーストリアに銃を供給しないと約束する意思はあるか」と問うたが、クルップ社はこの要請を曖昧に拒否した。[3] こうした比較的開放的な武器貿易制度は、一七九三年にトマス・ジェファソン（Thomas Jefferson）が示した次の方針を、各国が程度の差こそあれ採用したことによるものであった。

我が国の市民は武器をいつでも自由に製造し、販売し、輸出することができる。それを恒常的な職業として生活の糧にする者もいる。我々に影響が及ばない遠く離れた外国での戦争を理由に、……彼らから仕事を取り上げることは、全くもって適当ではない……。諸国民の法は……、各国に自国民の職業を妨害することを要請するものではない。[4]

この結果として、各国はグローバルな武器貿易に対して最低限の監督しか行わず、規制のための多国間合意の提案や交渉も行わなかった。その一方で、この時代の多くの国は、一九世紀より前の重商主義的な法律に基づき、戦時に自国の安全保障のために必要な武器を確保することを主目的にして、武器及び戦争物資の輸出を禁止する法的枠組みを整備していた。[5]

このようなパターンの唯一の例外は、本書第1章が詳論している、一八九〇年の「アフリカの奴隷貿易に関するブリュッセル会議一般協定」（以下、ブリュッセル協定）であった。[6] この多国間協定は、アフリカにおける奴隷貿易の根絶という人道的目的を主目的にして、ヨーロッパ一三カ国とアメリカ、ペルシャ、ザンジバル、コンゴ自由国により署名された。この協定において、対アフリカ武器流入の制限という軍備管理の要素は、より大きな計画の一部に過ぎなかった。[7] ブリュッセル協定の背景には、軍事力の独占状態を保ちアフリカ大陸を制圧するという植民地列強の利己的動機と、当時の各国政府及び市民が訴えた奴隷制の根絶という遠大な目的意識が交錯していた。このうち、植民地列強の利己的動機については、一八八八年にザンジバルのイギリス総領事が記した次の言葉に明瞭に表れている。

……東アフリカへの大量の武器流入を抑制する何らかの措置が講じられなければ、この巨大な大陸の開発と平和は、大半が恐らく一流の後装施条銃で武装した膨大な人口と対峙しながら、追求せざるをえなくなるだろう。[8]

アフリカへの武器拡散は、植民地列強自身が生み出した問題であった。貿易商人は、列強諸国の旧式の余剰兵器（マスケット銃など）をアフリカの現地統治者に売り捌いていた。武器を入手して権力基盤を固めようとするアフリカの現地統治者に対して、それぞれの植民地列強が自国の影響下・勢力下に置こうと競い合い、その結果として後装施条銃等の高性能兵器がアフリカに流れ込んだ。[9] アフリカに流入した武器は、膨大な数であったといわれる。例えば、一九世紀末に、アフリカの東海岸（ザンジバルとケニア）には、年間八万挺から一〇万挺の銃が流入していた。[10] しかも、アフリカの現地統治者たちは、次第にヨーロッパの市場で自ら武器を買い付けるようになり、ヨーロッパ列強諸国の短期的な軍事的優位を打破しかねない脅威となっていった。

ブリュッセル協定は、多国間交渉による初の武器貿易規制合意として重要である。この条約の主文は、サハラ砂漠の中央から現在のナミビアやジンバブエに至るまでの、海岸や周辺諸島を含む地域について、銃器（とりわけ高性能の銃器）及び弾薬の流入を防ぐことを締約国に義務付けており、このような規制対象地域が設定された背景にも、列強諸国の帝国主義的な思惑があった。しかし、この協定は実施が極めて困難であり、設定された規制対象地域の境界線は当時の他の様々な境界線に一致しておらず、高性能兵器とその他の兵器の区別も容易ではなかった。加えて、そうした限定的な規制に対しても、反対する者はいた。例えば、当時イギリスの首相兼外務大臣であったソールズベリーは、武器貿易を阻止することは不可能であり、他の供給国が同様の規制をするとは限らず、規制はイギリスの兵器産業に悪影響を与えるだろうとの理由（これらの反対理由は、後の二〇世紀の規制反対論者も主張した）を示し、武器貿易の規制に反対した。事実、ヨーロッパとアフリカの貿易商人は規制から逃れようとしたし、ブラック・マーケットも活発化した(11)。しかし、イギリスの世論において、武器貿易の問題は奴隷問題に結びつけられ、様々な集会において武器貿易規制への支持が表明された。その結果として、イギリス政府は対アフリカ武器貿易規制を推進した。これは、国家の軍備管理政策の形成に世論が影響を及ぼした最初の事例の一つである。

ブリュッセル協定は、基本的に、各締約国が政策を調和させ、協定に盛り込まれた施策を自国の植民地で実施する趣旨の合意であった。また、この協定において、締約国は、許可を与えた武器の輸出入情報や、この地域における武器貿易を抑制するために実施した措置に関する情報を、相互開示することになった。しかし、この協定には、締約国の条約実施に関する実質的な検証措置は盛り込まれなかった。しかも、エチオピア、ジブチ、ソマリアなどにおいては、規制はほぼ実施されず、ブラック・マーケットが活発化した。ある意味で、ブリュッセル協定は、現代の欧州安全保障協力機構（ＯＳＣＥ）の小型武器政策や武器輸出情報の相互開示制度、あるいは国連安保理決議による武器禁輸措置（これは常に違反される）に類するものといえよう。

こうした問題点があったにせよ、ブリュッセル協定はアフリカ（とりわけサブサハラ・アフリカの内陸部）への武器流入を一定程度抑制する効果があった。また、この協定は、アフリカの特定地域への武器流入規制を目的とした二国間ないし少数国間の交渉（対ソマリア武器移転に関するイギリス・イタリア間の合意、コンゴ盆地への武器移転に関するイギリス・イタリア・ドイツ間の合意、アフリカの角地域への武器移転に関するイギリス・イタリア・フランス間の合意）に結び付いた。その後、一九〇七年から翌年にかけて、イギリスはブリュッセル協定を再検討し強化することを試みたが、この構想は一九一〇年に失敗に終わった[12]。

ただし、結局のところ、当時のブリュッセル協定を構想した人々は、この協定を「軍備管理・軍縮」分野の措置とは位置付けていなかった。反奴隷貿易の側面を除けば、この協定の主目的は、植民地列強の立場を強化し、高性能の武器がアフリカの現地統治者の手に渡ることを阻止し、植民地の治安や統制を容易にすることであった。とはいえ、ブリュッセル協定は、第一次世界大戦後の武器貿易規制の礎を築くものになった。

3　第一次世界大戦後の武器貿易規制

第一次世界大戦の終焉は、一九世紀の武器貿易規制からの断絶と連続性の双方をもたらした。断絶の例としては、武器の生産と移転がヨーロッパの安全保障と安定に及ぼす影響への懸念を挙げることができる。そして、この懸念に基づき、国際連盟規約や講和諸条約には、武器貿易規制が目標として盛り込まれた。当時のイギリスのデビッド・ロイド・ジョージ（David Lloyd George）首相は、国際連盟規約を作成したヴェルサイユでの会議を振り返り、「世界平和を守るためには、武器製造による利益という考えを排さねばならないという考えに反対する者はいなかった」と述べた[13]。そして、このような会議での共通認識は、国際連盟規約の第八条パラグラフ五に記された、「民間企業による武器、弾薬及び装備品の製造は重大な非議を受けるべきことに同意する」との文言に体現された。その一方で、国際連盟規約第二三条パラグラフ四は、連盟国に対して「武器・弾薬の貿易を管理することが共通の利益のために必要な諸国との武器・弾薬貿易の全般的監視を、加盟国は連盟に委託する」としており、ここには一九世紀の武器貿易規制との連続性を垣間見ることができる。つまり、この文言はブリュッセル協定の論理を継承したものであり、グローバルな武器貿易というよりも、特定の国や地域への武器貿易が共通の利益上の懸念であるとの見方に基づいている。そして、国際連盟期の交渉は、概して、民間の武器製造の規制とグローバルな貿易の「監督」(後述するように、規制や削減を必ずしも意味しない非常に曖昧な施策)という、二つの軸に沿って展開された。

ただし、第一次世界大戦の敗戦国との講和条約においては、具体的かつ比較的厳しい措置がとられた。ドイツとのヴェルサイユ条約の第一七〇条[14]、オーストリアとのサン゠ジェルマン条約の第一三四条[15]、ハンガリーとのトリアノン条約の第一一八条[16]、トルコとのセーヴル条約の第一七五条[17]、ブルガリアとのヌイイ条約の第八一条[18]においては、武器・弾薬及び軍用資材の輸出入や外国政府向けの製造が明確に禁じられたのである。そして、こうした措置は懲罰的な性質であったにせよ、国際的な武器貿易規制に向けた第一歩と見做す者もいた。しかしながら、一九二〇年代から三〇年代前半の武器貿易規制交渉が失敗を重ねるなかで、敗戦国に対する措置も正当性を失っていった。

国際連盟においては、武器貿易を直接・間接に規制すべく、主に次の五つのイニシアティブがとられた。ここでは、これらのすべてを詳細に検討することはしないが、戦間期の武器貿易規制交渉の全体的な失敗の理由をある程度理解するためには、武器貿易に直接に関連する①と②の二つのイニシアティブを概説する必要があろう。

① 一九年の「武器と弾薬の貿易規制のための条約[19]」
② 二五年の「武器、弾薬、及び装備品の国際貿易の監督に関する条約[20]」
③ 二九年の「武器、弾薬、及び装備品に関する民間製造の監督及び製造情報の公開に関する条約案[21]」
④ 三二年から三四年にかけての「軍備の削減と制限のための会議」

⑤ 二四年から三八年にかけて国際連盟事務局が刊行した『国際連盟年鑑――武器、弾薬、及び装備品の貿易に関する統計情報』

まず、国際連盟で最初に達成されたのは、一九年の「武器と弾薬の貿易規制のための条約」採択であった。この条約は、一八九〇年のブリュッセル協定の延長線上に、この協定の内容を拡張する形で交渉され、二三カ国により署名されたが、主要武器供給国の批准が進まず、効果的規制にならなかった。この条約の前文に明記されているように、同条約が形成された背景には、次の二つの問題意識があった。まず、第一次世界大戦の余剰兵器が拡散し、平和と公共秩序を脅かすことが懸念された。次に、アフリカ大陸のより広い地域に適用可能な詳細な規制や、アジアの特定地域に対する規制レジームの構築が必要視された[22]。この条約の主目的は、植民地統治下もしくは国際連盟の委任統治制度の対象になっているアフリカ・アジア地域（南アフリカ、アルジェリア、リビアを除くアフリカ大陸全体、および中東全体とペルシア湾地域）への武器輸出を禁止することであった。この条約は、火砲、爆弾、手榴弾、機関銃、小口径施条銃を含む特定の武器及び弾薬について、輸出国の輸出許可を受けて他国政府に輸出する場合を除くすべての輸出を禁止した。警察用の回転式拳銃など、軍用・民用の双方に使用しうる武器については、各国政府が用途および輸出許可の必要性を判断するものとした。また、この条約の第五条、第七条および第八条には、武器貿易の透明性確保（年次報告書）や、特定地域に輸出された武器の安全な保管、刻印、登録や記録保持といった管理・監督、不正使用や流出リスクの低減、武器の製造や修理、輸送に対する規制などが規定されていた[23]。こうした条項の内容は、武器の貯蔵管理や、情報共有、透明性確保、最終使用者証明書をはじめとする現代の施策と類似している点が興味深い。

この条約の主要条項であり、アメリカなどの武器生産国による批准を妨げた最大要因の一つになったのが、第五条に盛り込まれた、国際連盟における中央国際事務局（Central International Office）の設置であった。国際事務局は、この条約に関する全般的な監督機能を有し、条約の規制対象兵器の貿易等に関して締約国が共有した文書を収集・保管することになった。さらに、締約国は、自国が発行した武器輸出の許可や、許可された武器及び弾薬の数量や輸出先を記載した年次報告書を発表したうえで、その複写を国際事務局及び国際連盟事務総長に送付することとされた。そして、一九二四年から一九三八年まで、国際連盟事務局は、各国が報告した武器及び弾薬の数量や輸出先に関する情報に基づき、『国際連盟年鑑――武器、弾薬、及び装備品の貿易に関する統計情報』を刊行した。もちろん、すべての国がすべての武器輸出情報を提供したわけではなく、この年鑑に含まれた情報は不完全にならざるをえなかった。しかしながら、この年鑑は、冷戦終結後の国連軍備登録制度のような比較的低いレベルの透明性確保措置や、現在の「通常兵器及び関連汎用品・技術の輸出管理に関するワッセナー・アレンジメント」[24]（以下、ワッセナー・アレンジメント）やヨーロッパ共同体のような公開度の低い場における情報共有制度が登場する遥か以前の試みとしては、他に類を見ない透明性確保措置であった。

この条約は、批准した各国に対して即座に効力が発生することになっていたが、実際には大多数の国が他の主要輸出国が批准した後に自国に対して効力が発生するとの条件を付けて批准した。したがって、二〇年代初頭の段階でも、批准した国はわずか一一カ国、将来的な批准の意思を示した国が四カ国という状況であった。すべての主要な条約署名国はこうした条件を付けていたし、国際連盟規約を批准していなかったアメリカは、この条約からも距離を置いた[25]。それでも、国際連盟総会は武器貿易問題に取り組み続け、二五年にはジュネーヴにて「武器、弾薬、及び装備品の国際貿易の監督に関する会議」を開催した。国際連盟非参加国のアメリカ、ドイツ、エジプトを含めた四五カ国の参加のもとで開催されたこの会議は、国際連盟期の武器貿易規制の取り組みを代表する中心的な会議であり、同時に、新たな視点を提起するものでもあった。すなわち、この会議においては、武器貿易は植民地だけでなく広く国際的に悪影響を与えるものであり、植民地以外の地域への武器貿易も監督することが望ましいとの見方が強調されたのである。

しかし、この会議を通じて作成された条約は発効しなかった。この条約は一四カ国による批准を発効要件としており、実際に一九カ国が署名したものの、留保を付けずに批准したのは八カ国（エジプト、オランダ、カナダ、スペイン、中国、ブルガリア、ベネズエラ、リベリア）のみであった。署名国のうち九カ国は、他の国々に効力が発生した場合に限り自国にも効力が発生することを認めるといった留保を付けた上で批准の意思を示し、これが条約発効を妨げた。さらに、条約発効の最大の障害になったのは、今回もアメリカであった。アメリカの行政府側はこの条約を支持したものの、上院での批准手続きは遅々として進まず、三五年になってようやく留保付きで批准の意思を示した。しかし、この時点では、すでに合意から約一〇年が経過しており、事実上、この条約は死文化していた。条約批准に対するアメリカの消極姿勢は、ＡＴＴを推進する現代の人々にとっても教訓になるだろう。

さらに重要なのは、この条約には、武器貿易規制に関して、相互に関連するものの必ずしも両立しない複数の認識が混在していた。第一に、この条約には、武器が流入すれば列強諸国の利益を脅かす地域（主に植民地）への武器輸出を規制すべきだとの認識が強くみられる。第二に、第一点目に比べれば重要視されなかったものの、この条約には、武器貿易が、軍備競争や、ヨーロッパの平和を損ねる過度な武器の蓄積をもたらしうるとの認識もみられる。そして、第二点目をめぐる交渉において、武器輸入国は、主権国家が武器を入手する権利を守るべきだと訴えた一方で、理想主義者たちは、武器貿易全般を削減あるいは少なくとも規制すべきだと論じた。第三に、この条約は、国家間の相互理解の推進のために武器貿易情報の「監督と公開」のレベルを高めることを追求した。この措置は、透明性を確保することによって、武器輸出に対する一般の人々の監視や圧力を強めることができるという、非常にウィルソン主義的な信念に基づいていた。そして、第四に、おそらくいくらか逆説的ではあるが、この条約の起草段階においては、次のような説明がなされた。

この会議の直接の目的は、軍備の削減ではなく、武器貿易の削減でもない。……この会議の目的は、……合法な貿易を阻害することにはなく、むしろ、非合法で危険な類の貿易によって合法な貿易の評判が傷つけられる可能性を防ぐことにある。[26]

最終的には、この会議で合意された条約の規制内容は、一九年の条約よりも後退した。このような結果や、その後の二〇年代末から三〇年代の交渉もまた頓挫したことに鑑みれば、戦間期の武器貿易規制交渉の失敗に関する一般的な原因を考察する意義があるだろう。

4　失敗原因の検証

(1)　政治経済的原因

一九世紀末までに、武器生産の革新の担い手は、国営工廠から民間企業へと確実に移行し、同時に重商主義的規範が自由放任主義的規範に取って代わられた。[27]武器輸出はいくつかの先進工業国と新興工業国の防衛産業基盤に欠かせない要素になり、武器生産は主要な産業部門になった。武器輸出を規制し制限する試みを、防衛産業基盤の振興・維持のための政策と実践から切り離して理解することはできない。しかし、第一次世界大戦は、世界の武器生産と貿易の構造や性質にいくつかの転換をもたらし、それが国家の政策をも変容させた。

産業革命より前の時代には、多くの武器は国家の主導により国営工廠で生産されており、革新のペースは遅く、重商主義的な輸出政策がとられていた。それ以前の歴史を遡っても、国家は武器の生産と輸出のすべての側面を厳重な管理の下に置き、時には武器生産の知識を持つ者の移住を制限することもあった。その後、一九世紀に入ると、各国の規制は徐々に緩められ、変化が最も遅かったフランスにおいても、一八七〇年には民間の武器製造が許可された[28]。一九世紀を通じて、兵器産業は民間の手に委ねられるようになり、産業革命を先導した重工業企業に欠かせない要素になった。当時の武器生産の最先端を担ったのがドイツとイギリス（そしてこの二カ国には及ばないもののフランス）であり、これらの国が「第一階層」の武器生産国の役割を果たしたのは、当然のことであった[29]。クルップ社やアームストロング社、シュナイダー社は、武器生産の革新を主導し、急速な勢いで輸出を拡大した。そして、それまで国家主導の武器生産を志向し輸出を禁止していたフランスのような国において、一九世紀を通じた国営工廠から民間企業への武器生産の移行と武器輸出の拡大は、規範や法のレベルでも急激な変化を生じさせた。

こうして、一九世紀後半に、武器の生産と貿易は自由放任主義的な時代に突入した。武器輸出の規制は緩められ、それと同時に、国家が武器の研究・開発コストを負担する必要はなくなった[30]。その結果として、民間企業間の競争が激化し、国内発注に頼ることができなくなった民間企業の多くは、武器生産サイクルを維持すべく輸出に依存するようになった。おそらくこの最も良い例がドイツのクルップ社であろう。例えば、クルップ社は武器の生産を本格化させてから四〇年経った一九一四年までに五二カ国に大砲を供給し、この間にクルップ社が生産した五万三千門の大砲の五一％が海外に渡った[31]。スペイン、トルコ、中国、日本、ブラジル、ロシアを含む、当時の主要な武器輸入国一六カ国は、イギリス、ドイツ、フランスの三カ国すべてから武器を入手していた。また、ジョナサン・グラントが論じるように、

　民間の武器生産企業にとって、帝政ロシアとオスマン帝国およびバルカン諸国は、ライフルや火砲の極めて重要な市場であった。……アメリカとドイツ、オーストリア、フランスの民間企業は、国内での販売不振により損失を

負ったり存続の危機に立たされたりした際に、東ヨーロッパの顧客からの発注や彼らとの事業によって、しばしば難を逃れた。(32)

主要な武器生産企業の輸出依存度に関する正確な数値を得ることはできないが、主要企業の事業戦略において輸出が重要な根幹であったことは、事例証拠により明らかである。例えば、クルップ社の創設者アルフレッド・クルップ(Alfred Krupp)は、ドイツ政府が自社の武器を購入しようとしないことに落胆し、海外に市場を求めた。また、戦間期の技術革新(とりわけ戦車や航空機の分野において、そして海軍軍備においても)が比較的急速に進展するなかで、各国政府は、自国の防衛産業による革新を妨げたり、最新鋭の軍事技術の取得に歯止めをかけたりする可能性がある場合には、市場への介入に消極的であった。(33)

こうして、国家が民間企業の武器生産に介入しなくなった結果として、国家は民間企業の商業的利益にかなうような積極的な輸出政策をとらざるを得なくなった。そして、そのような状況において、武器貿易の全般的な規制は甚だしく困難であった。もちろん、自国の軍備を確保する必要が生じたり、紛争等の危機に直面するなどした時に、政府が一時的に武器禁輸措置を講じることはあった。(34) しかしながら、個々の国による武器禁輸が多国間の政策形成に結び付くことはなかった。

第一次世界大戦後は、この状況に二つの変化が生じた。第一に、おそらく最も重要な変化であり、軍縮を求めた人々にとって部分的「成功」といえるのは、国家による武器輸出規制(例えば、政治的に問題のある武器輸出を監督し場合によっては輸出を不許可とするなど)の必要性が一般に受容されたことであろう。ただし、イギリスは一九二一年までに輸出規制制度を導入したが、すべての武器生産国が同様の制度を早期に導入したわけではなかった。例えば、アメリカで武器輸出の許可制度が設けられたのは三五年であったし、ドイツでも三〇年代のことであった(むろん、ドイツの武器輸出は三五年まで禁止されていたのだが)[35]。とはいえ、各国における一貫性ある武器輸出規制制度の確立が、多国間の規制合意形成の前提条件であり、そうした制度が不在のままでは多国間の規制合意交渉が失敗することは、おそらくほぼ間違いないだろう。その一方で、許可制度は武器の貿易を「許可」するものであり、許可を受けた貿易は正当化されることになったし、これに対して武器貿易反対論者は不満を抱いた。

第一次世界大戦後に生じた第二の変化は、各国における武器製造の許可制度の漸進的な整備であった。もちろん、各国の許可制度は、国際連盟規約の第八条に含意されたような、武器の製造を政府の管理下に置く状況からはほど遠かったものの、その後の時代に国家が武器の製造と輸出に対して規制と許可制度を適用し管理を強化することを可能にした。さらに、二六年以降には、各国の国内規制枠組みの発展を背景に、民間の武器製造の監督と情報公開に関する条約を形成する試みが進んだ。そして、二七年から翌二八年にかけての交渉を経て、二九年に「武器、弾薬、及び装備品に関する民間製造の監督及び製造情報の公開に関する条約案」が作成された。しかしながら、情報公開（現在の用語で「透明性」）によって武器の拡散と貿易に制限をかけることが可能なのか、そして、そもそも国家が武器の製造を監督すべきなのかをめぐり、各国の意見は一致しなかった（例えば、フランスは、そのような監督は無駄だと主張した）。その結果として、条約草案を検討するための本格的な交渉会議は開催されず、三〇年代に軍縮関連問題を幅広く扱った「軍備の削減と制限のための会議」の場に条約草案が持ち込まれたのみであった。ここで、二〇年代に国家による武器製造の監督は無駄だと論じたフランス自身が、三六年に兵器産業を国営化したことは言及しておかなければならない。ただし、これは製造規制を通じた武器貿易規制を目指したものというより、迫りくる戦争を前にした判断であったといえよう。

最終的には、国家による監督に向けた限定的な措置は、国際連盟規約第八条が示した目標を達成するには不十分であったし、武器貿易のより全般的な管理と制限の基礎としても不十分なことは確かであった。主要輸出国は、自国における民間企業の経営の健全性を確保するために輸出に大きく依存しており、その状況で政府が導入した許可制度は必ずしも武器貿易を制限するものにはならなかった。スイス、スウェーデン、チェコスロバキア、ベルギーといったヨーロッパの中規模・小規模の武器輸出国も、輸出に大きく依存しており、実際に武器輸出を増加することで「一九三〇年代の国際的な激しい政治・経済的競争状況から利益を得た」[36]。振り返ってみれば、一九世紀後半から二〇世紀後半にかけては、武器の輸出と製造に対する国家の監督が緩慢に漸進的に整備されていく状況であった。各国において体系的で一貫した許可制度が整備された後でなければ、多国間の規制が合意される見込みや可能性はなかったといって良いだろう[37]。事実、二〇年代から三〇年代にかけてジュネーヴでの多国間条約の交渉において提案された規制内容に比べて、同時期のアメリカ、イギリス、フランスなどの主要な武器供給国の規制政策や実施状況は立ち遅れていた[38]。

(2) 地政学的原因

戦間期の武器貿易規制を含む軍備管理・軍縮の失敗原因を説明する際に最も一般的に論じられるのは、広い意味でのリアリスト的な説明である。つまり、E・H・カーが言うところの「戦間期の理想主義者たち」が、国益の影響力や、列強諸国の競争と対立といった地政学的要素を認識できなかった、という説明である[39]。このタイプの説明によると、より詳細には次の要因が、武器貿易規制の多国間合意の可能性を狭めたとされる。

① ドイツを封じ込めるために同盟関係が構築され、帝国主義列強諸国がそれぞれの勢力圏を維持しようとし、さらにドイツがヴェルサイユ体制に対して挑戦したこと
② いくつかの大国が多国間交渉に参加しなかったこと

③　武器を入手する主権国家の権利を維持しようとした小国の国益

これらのすべての要素が必ずしも常に武器貿易規制に不利に働いたわけではない。とりわけ、列強諸国は植民地に対する技術的・軍事的優位を保つことに利益を見出していた。しかし、次に示すように、全般的には、地政学的な対立関係や各国の国益は、多国間の交渉や合意を妨げた。

まず、先に挙げた第一の要素は、主要なヨーロッパ列強諸国（とりわけフランスやソビエト連邦）の武器輸出政策のなかに明瞭に見出すことができる。フランスは、二〇年代を通じてドイツに対する防疫線を固めるべく、バルカン諸国やポーランド、ルーマニアと、武器および軍事技術の移転を通じた関係を構築しようとした。これに対してドイツは、三〇年代にフランスとこれら諸国との関係を覆そうとした[40]。また、ソビエト連邦は、二〇年代には武器製造技術の輸入国であったが、アフガニスタンやイラン、トルコ、さらには中国の軍閥との関係を築くべく武器を輸出した（もっとも、この成果は限定的であったが）[41]。フランスは、アメリカによる国際連盟への不参加により同連盟の集団安全保障が機能不全になったことに懸念を抱き、イギリスも、フランスの懸念に対処する地政学的必要性を認識していた。イタリアも、世界有数の海軍軍備輸出国としての立場を活かして市場を拡大し、対立関係にあったトルコにまで船舶を輸出した[42]。アメリカとイギリスも、戦間期に中国との関係を築くべく同国への武器輸出を競った[43]。より一般的には、戦間期の西洋諸国の政策決定者は、武器移転を国家の道具として利用することを重要な関心事と捉えており、この点は、先に述べた一九世紀的な発想からの大きな転換であった。そして、後の冷戦期の超大国も、国家の道具として武器移転を利用することを重視した[44]。

次に、先に挙げた第二の要素を説明しよう。例えば、アメリカとソビエト連邦、ドイツの三カ国は、それぞれ時期が異なるものの国際連盟に加盟せず、軍備管理・軍縮の交渉にも参加しなかった（あるいは間接的にしか参加しなかった）ため、交渉の成功に必要な地政学的な環境が整わなかった。(45) 例えば、武器貿易規制に関する二五年の条約交渉会議にソビエト連邦は参加せず、ドイツは会議に参加していたものの、ヴェルサイユ条約で制限が課されていたという意味では、公式には非生産国かつ非輸出国であった。アメリカは会議に参加したものの、自国が加盟していない国際連盟のもとで行われた交渉の結果に合意することは困難であり、議会が条約を批准するとは保証できないだろうと明言した。(46)

最後に、先に挙げた第三の要素は、国際連盟での交渉の際にも表出した。例えば、二五年の武器貿易規制交渉に参加した武器の非生産国（とりわけ、エル・サルバドル、ギリシャ、スウェーデン、トルコ、ブラジル）は、武器貿易の抑制について、小国の非生産国に対する大国の共同統治を意味するものであり、小国を大国の管理下に置き、小国に経済的・政治的条件を課すことになると強く批判した。(47) さらに、この見方に基づき、トルコは逆説的な見解すら示した。つまり、トルコは、生産国の政府には「正当に樹立された政府に対する武器輸出に許可を与える絶対的な義務がある」と論じたのである。(48) トルコにとって、第一次世界大戦前のオスマン帝国が海外からの武器供給に依存していた経験や、自国の兵器産業が比較的衰退していたことに鑑みれば、世界の武器市場へのアクセスは死活問題であった。(49) このような武器輸入国の主張にも、ＡＴＴに関する現代の議論との共通点を見出すことができる。

(3) グローバルな多国間フォーラムの限界

概して、武器貿易規制のための戦間期の交渉は、普遍的な多国間フォーラム（当時の基準で普遍的とされたフォーラム）の場で執り行われた。こうした普遍的な軍縮交渉は、その後の時代の軍縮会議（Conference on Disarmament：正確には普遍的ではないが多くの国が参加している）やＡＴＴ交渉の先駆けとなった。ただし、グローバルな多国間フォーラムは、不平等な関係にある交渉参加国が包括的・普遍的な条約を交渉するに際には、とりわけ大きな限界を抱える。先述の一九一九年の合意は普遍的な条約として形成されたが、多くの国は、他国の批准前に自国だけが批准する事態を避けようとした。二二年の国際連盟総会において、アメリカを除く主要武器生産国など三四カ国は、自国以外のすべての主要武器生産国（アメリカを含む）が批准の意思を示せば自国も批准する準備があることを宣言した。しかし、主要武器生産国のなかでアメリカだけは、この条約が国際連盟と密接に関連する形になっている点を問題視した。そして、アメリカがこの条約に署名も批准もしないであろうことが分かった時点で、他の国々もこの条約の批准に難色を示した(50)。その後、三〇年代までには、アメリカとイギリスで（そしてフランスでも）兵器産業を批判する世論が沸き起こり、兵器産業や武器輸出の規制への国民の支持が高まると、政府も自国の規制政策の強化と多国間合意の形成を推進したが、アメリカとイギリスの軍の側は軍縮や多国間合意による規制強化に反対した。奇しくも、三五年になって、アメリカは二五年の条約を批准したが、すでに時機を逸していた(51)。

武器貿易規制の歴史においては、一カ国による、あるいは二カ国ないし少数国による規制も多くみられ、その場合は主導国の見解が反映されやすい。そして、このような規制においては、三つのタイプのアクターがみられる。第一に、主要武器生産国及び中規模武器生産国、第二に、小規模武器生産国及び主要武器輸入国、そして第三に、大国の従属アクター（植民地あるいは弱い立場の国家）である。

武器貿易の場合は、どのような時代においても、条約の有効性を確保するためには、主要武器生産国と中規模武器生産国の合計五カ国から二〇カ国ほど（取り扱う兵器システムや市場の性質により異なる）が条約を遵守する必要がある。そして、このなかで一カ国から数カ国が条約に加盟しない場合には、条約の目的が損なわれる可能性が高くなる。したがって、理論的には、戦間期に必要だったのは、グローバルな多国間交渉ではなく、武器貿易の特定の取引条件を定めるような「供給サイド」の合意だったといえる。そのような「供給サイド」の合意は、一九四五年以降に特徴的にみられる。例えば、本書第7章で言及されている対共産圏輸出統制委員会（ＣＯＣＯＭ）、ワッセナー・アレンジメント、ミサイル技術管理レジーム（MTCR）、そして国連安保理常任理事国五カ国による一九九一年の合意は、「供給サイド」の合意である。

武器の供給国と輸入国、さらには武器生産を直接的に行っていない国を一つのフォーラムに集めても、交渉が行き詰まるのは当然である。武器生産国は規制に利益を見出し、輸入国は先端軍事技術への自由なアクセスを望むなど、交渉参加国の利害関係が複雑だからである。戦間期の武器貿易規制交渉は、参加国が主要生産国に限定された少数国間フォーラムではなく、国際連盟の枠のなかで行われたが、これが適切なフォーラムであったといえるのかは疑わしい。また、一八九〇年のブリュッセル協定から一九一九年の条約への連続性（これは後に二五年の会議における議論にも反映された）は、先述の従属アクターの位置付けを明瞭に示している。いくつかの主要国（とりわけイギリス）にとって、一九年と二五年の両条約の主目的は、植民地を維持し、とりわけアフリカや中東といった「禁止地域」（一九年の条約）あるいは「特別地域」（二五年の条約）への武器移転に厳しい制限を課すことであった。[52] そして、サイモン・ボール（Simon Ball）が述べるように、一八九〇年から一九三〇年代にかけてのイギリスの政策論議には、この「リアリスト」的な目的意識が強く影響していた。[53] 戦間期の多国間協力は、実際には供給国の優位と植民地における行動の自由を強化すべく設計されており、これが交渉における供給国の合意形成を促す要素となった。そして、アフリカやアジアの植民地が帝国主義列強の動きに抵抗できる立場になかった一方で、自国領域が規制対象地域に含まれた国（例えばイラン）は、条約に盛り込まれた規制は自国の主権に対する侵害だと主張した。[54]

(4) 概念の不一致

現代的な軍備管理と軍縮の発想は、一八九九年と一九〇七年に（当初はロシア帝国皇帝の提案により）開催されたハーグ平和会議を通じて本格的に形成され始めたといえる。当初、後に軍備管理と呼ばれる施策は、軍縮の施策から区別されておらず、軍備管理的な施策が軍縮へのステップだと理解されており、この両概念が区別されたのは、第二次世界大戦後のことであった。つまり、第二次世界大戦後に、軍備管理は、二カ国以上の国家間の軍事的関係を制御するものと理解され、その目的は潜在的に敵対的な関係を安定化させ戦争の可能性を低減することだと捉えられるようになった。この一方で、軍縮は常に高遠な目標を持つものとされ、この目標自体が、現実的な合意に至る可能性を狭めた。したがって、戦間期における軍備管理的な施策に関する合意形成の失敗は、厳密な目標・目的を設定するにあたっての規範の脆弱さないし概念的混乱の帰結であると考えることもできよう。このような混乱は、国際連盟規約にも明確にみられる。国際連盟規約の第八条には、民間企業の武器生産に対する「強い規範」（これはヨーロッパ諸国の対立関係や軍備競争に関係していた）が盛り込まれた一方で、第二三条にはグローバルな武器貿易の監督に関する「弱い規範」が含まれ、しかも、これらの二つの規範の整合性や優先順位は曖昧だった。とりわけ、三〇年代のアメリカとイギリスでは、民間企業による武器生産の有害性が強調され、極めて大きな関心を呼んだが、これは武器貿易規制に関する本質的に「理想主義的」ないし「マキシマリスト」な立場を象徴していた。そして、民間企業による武器生産の有害性が強調されたことは、武器を輸入する特定のアクターや懸念地域に対する武器貿易を規制する「現実主義的」ないし「ミニマリスト」な立場に対して不利に働いた側面がある(55)。

さらに、国家間の相互学習プロセスに時間を要する点も現代の軍備管理の特徴であるが、これも戦間期の武器貿易規制合意の失敗の背景にある「規範的」側面として挙げることができよう。冷戦期の例を挙げれば、アメリカとソ連は、六二年のキューバ危機から七二年の弾道弾迎撃ミサイル制限条約および戦略兵器制限暫定協定までの一〇年間を費やして、核兵器の軍備管理・軍縮の目的と範囲に関する共通理解を形成した(56)。また、本書第7章で詳説するように、九〇年代後半にノーベル平和賞受賞者らが武器貿易に関する国際行動規範の形成を訴えてから二〇一四年にATTが発効するまでには、実に一五年以上の長期に渡る徹底的な国際交渉が必要であった。こうした事例に鑑みると、国際連盟という機関は、当時の理想にかなう結果を生むためにはあまりにも未発達で時間も制約されていた。当時、二国間および多国間の外交のペースは遅く、継続的対話を通じて共通理解を形成するための時間は限られ、市民社会は必ずしも有用でも知識豊富でもなかった。アンドリュー・ウェブスター（Andrew Webster）が論じるように、国際連盟での「各国代表のなかで「国境を超えた」コミュニティーが徐々に形成されたが、そのペースは、国益というより強い要請を圧倒するものにはなりえなかった」[57]。コンストラクティビズム的な言い方をすれば、国際連盟外交は、各国の国益を共通の目的に収斂させるためには、あまりに未発達であった。

戦間期に軍備管理と軍縮の目標・目的の厳密な定義が明確ではなかったことを示す好例を二つ挙げよう。第一に、安全（security）と軍縮との関係、および安全保証（security guarantees）の役割である。例えば、フランスにとっては、安全は軍縮の前提であった。そして、フランスはドイツの失地回復主義への懸念を強く抱いていたため、自国の防衛産業や武器貿易に対するいかなる制限にも合意を渋った。また、フランスは、東ヨーロッパ諸国との関係構築の手段として、これら諸国に対して武器を輸出したり、武器移転合意を結ぶなどしていたことからも、輸出の制限に消極的になった[58]。第二の例としては、市民社会の役割を挙げることができる。概して、戦間期の市民社会は平和運動の流れを汲んだものであり、武器貿易の邪悪さを強烈に（いくぶん扇動的に）訴えた。そして、『死の商人』や『鉄と血と利益』といったタイトルの多くの書籍が刊行された[59]。結果的に、市民社会は、軍縮や武器貿易の廃絶、民間企業による武器生産の規制あるいは禁止といった「マキシマリスト」な目標を唱えた。しかし、二〇年代の各国政府の政策決定者にとっては、こうした主張は迷惑極まりなく、国益や安全保障上の懸念と、武器の生産や貿易を規制するという目的との間で適切な着地点を見出そうとする努力と任務を妨げうるものであった[60]。さらに、三三年以降になると、市民社会による活動は、ヒトラーが権力を握った後のヨーロッパ諸国による再軍備を妨げるものと捉えられた[61]。いずれにせよ、この結果として、政府は市民社会を信頼の置けるパートナーとも、専門家とも、多国間プロセスの前進に役立つ有用な見解の提供者とも見做さなかった。この点は、ＡＴＴ交渉や、現代の軍備管理・軍縮プロセス全般において市民社会が大きな役割を果たす状況とは、明らかに対照的である[62]。

5　おわりに

本章冒頭で述べたように、戦間期の軍備管理・軍縮の失敗に関する四つの原因論は、相互排他的ではない。失敗の理想的な説明方法は、武器生産国・輸出国による特定の決定に際して、これら四要素のどれが影響を及ぼしたかを検証することであろう。アメリカやイギリスなどの事例に関しては、先行研究によって、こうした決定に関する経緯がかなりの程度明らかにされているが、イタリア、フランスやロシアなどの事例に関しては、研究を支える証拠になる史料が比較的少なく、多くの課題が残されている。しかしながら、全体的に考えれば、遠大な規制の実現が失敗した要因は、主に二点であったと言える。そして、この二点は、多国間外交およびその歴史に関する研究の潮流を反映している。

まず、第一に、二〇世紀前半は、グローバルなレベルでの組織化と規制のための多国間システムの黎明期でこそあれ、円熟期ではなかった[63]。この時代の交渉について殊のほか印象的なのは、この初期の時代に軍備管理と軍縮を求めて活動した人々の計画や提言が、極めて詳細で先見の明があることだ。彼らは、武器貿易の透明性確保や、紛争地への武器移転の多国間抑制、輸出許可のための共通基準をはじめ、様々な措置を提案した。しかし、同時にこの時代の交渉について印象的なのは、これらの措置を提案した人々のナイーヴさである。彼らは、民間の武器製造は紛争の兆候ではなく原因であると信じ込み、経済的考慮は比較的重要ではないと考え、条約採択後の普遍化のプロセスにおいて著しく大きな課題に直面することに比較的無知であり、条約の遵守や実施の困難さに関してはさらに無知であった。

その後、二〇世紀を通じて、こうした教訓は徐々に認知されていった。ほぼ一世紀に渡る努力の到達点を示すのがATTだと主張すれば言い過ぎであろうが（なぜなら、ATTを推進した人々が過去の外交経験から学んだという証拠はないから）、国家レベルそして時に多国間レベルでの武器輸出規制のための組織化および組織的学習プロセスが、ATTの形成より前の段階で生じたことは確かである。(64)

第二の要因は、武器貿易に関する「理想主義者」と「現実主義者」との相互作用であろう。戦間期の国家は、自国の特定の国益にかなう時には、武器輸出を規制する意思を示した。このことは、一カ国による一方的な決定や短期間の武器禁輸措置にも、そして主要生産国が「センシティブな地域」や植民地への最新兵器の拡散を抑制するために合意を形成しようとした際にも、あてはまる。このような現実主義は、武器輸出が防衛産業基盤にもたらす経済的利益や、地政学的な同盟関係に対する考慮が働いたことを意味する。その一方で、武器輸出規制が自国の国益と衝突する場合には、国家はそのような規制を積極的に検討しなかった。

とはいえ、国益概念自体も流動的である。現代では、少なくとも一部の武器生産国にとっては、武器貿易による経済的および地政学的な利益はほぼ失われている。そして、先端軍事技術の拡散に対する懸念は、ある意味でより大きくかつ一般化している。さらに、おそらくより重要なことに、無責任な武器移転による「ブローバック」は顕著である。例えば、中国は、自国からアフリカ諸国に輸出された武器が、中国の商業的利益や戦略的利益に有害な帰結をもたらす可能性があると認識するようになっている。(65) 純粋に現実主義的な発想は、理想主義的な懸念の重要性を認識することにより、中和さえているともいえよう。しかし、このような状況は戦間期にはみられず、ゆえに一般的な合意に達することは困難であった。

戦間期の事例から、現代に対して、そしてとりわけATTの成功の可能性に対して、どのような教訓が得られるだろうか？　一見すると、ATTは、これまで一世紀の武器貿易規制の試みの到達点である。しかし、過去一〇〇年間の教訓は重要である。条約は、それ自体では効果的な多国間規制システムにはならない。条約により効果的な多国間規制システムが形成されるためには、次に挙げるいくつかの前提条件が必要であり、それは国際連盟の経験からも明らかである。

① すべての主要な武器生産国・輸出国が参加すること
② 武器の供給国と輸入国の両方において、武器輸出の制限は「正当」で「公正」なものであるとの認識が広く共有されていること
③ 条約遵守の状況を効果的に監視するための高いレベルの透明性措置が確保されること
④ 何が「過度で不安定をもたらしうる移転」を構成するのかに関する規範について、強いコンセンサスがあること

これらの前提条件は、今のところ満たされていない。そして、戦間期の経験に照らし合わせて判断すれば、二〇一四年にATTが発効したとはいえ、武器貿易の効果的な多国間規制への道程は、いまだに長く険しいと言わざるを得ない。

注

(1) Webster [2006] を参照。
(2) 本セクションは、Krause and Macdonald [1993] に依拠している。Cooper [forthcoming] も参照。
(3) Manchester [1968] p. 94より引用。
(4) Atwater [1941] p. 8より引用。

(5) 例えば、イギリスにおける武器貿易規制関連法は、一六六〇年及び一七五六年に遡る。Atwater［1939］を参照。
(6) General Act of the Brussels Conference Relative to the African Slave Trade, July 2, 1890.
(7) Yakemtchouk［1977］を参照。
(8) Beachey［1962］p. 453より引用。
(9) Mburu［2001］を参照。
(10) Beachey［1962］p. 453より引用。
(11) アフリカの角地域や西アフリカ、北アフリカにおける条約違反については、Yakemtchouk［1977］に記されている。Grant［2007］pp. 65-77も参照。
(12) 詳細はYakemtchouk［1977］p. 162に記されている。Ball［2012］p. 819も参照。
(13) Sampson［1977］p. 70より引用。
(14) Treaty of Peace between the Allied and Associated Powers and Germany, June 28, 1919, Art. 170.
(15) Treaty of Peace between the Allied and Associated Powers and Austria, September 10, 1919, Art. 134.
(16) Treaty of Peace Between The Allied and Associated. Powers and Hungary, June 4, 1920, Art. 118.
(17) Treaty Of Peace Between The Allied And Associated Powers And Turkey, August 10, 1920, Art. 175.
(18) Treaty of Peace Between the Allied and Associated Powers and Bulgaria, November 27, 1919, Art. 81.
(19) Convention for the Control of the Trade in Arms and Ammunition, September 10, 1919.
(20) Convention for the Supervision of the International Trade in Arms and Ammunition and in Implements of War, June 17, 1925.
(21) Draft Convention with regard to the Supervision of The Private Manufacture and Publicity of the Manufacture of Arms and Ammunition and of Implements of War, League of Nations, Doc Official No C. 393. 1929. IX, Geneva, August 29, 1929.
(22) Convention for the Control of the Trade in Arms and Ammunition, September 10, 1919, Preamble.
(23) Convention for the Control of the Trade in Arms and Ammunition, September 10, 1919, Articles 5, 7 and 8.
(24) Wassenaar Arrangement on Export Controls for Conventional Arms and Dual-Use Goods and Technologies.

(25) League of Nations, "Historical Survey", *Conference for the Control of the International Trade in Arms, Munitions and Implements of War*, C. 758. M. 258 1924 X.

(26) League of Nations, *Proceedings of the Conference for the Supervision of the International Trade in Arms and Ammunition and in Implements of War* (Geneva: League of Nations, 1925) document A. 13. 1925. IX, 122. See also League of Nations, *Conference for the Control of the International Trade in Arms, Munitions, and Implements of War* (Geneva: League of Nations, 1925), document C. 758. M. 258. 1924. IX.

(27) Moravcsik［1991］を参照。

(28) Crouzet［1974］を参照。

(29) このパラグラフの詳細は Krause［1992］pp. 56-71を参照。Grant［2007］pp. 1-36にも関連する情報が掲載されている。

(30) Trebilcock［1977］p. 19を参照。

(31) Grant［2007］p. 25を参照。

(32) Grant［2007］p. 4を参照。

(33) 戦間期の海軍軍備の急速な革新については、Fatton［2015］を参照。

(34) 一九〇五年以降、アメリカはキューバ、中国、ドミニカ共和国、ニカラグア、ブラジル、ホンジュラス、メキシコに対して禁輸措置をとったが、この背景には明らかに外交政策上の意図が働いていた。アメリカの禁輸事例については、Atwater［1941］を参照。

(35) Leitz［1998］を参照。

(36) Eloranta［2002］p. 44より引用。この他に、Skřivan［2011］を参照。

(37) Burley［1993］は、多国間の取り決めは多くの場合、それを主導する国々の国内法制などを投影したものになると論じている。

(38) Green［1937］は、当時、一九二五年に採択された条約の規制内容をアメリカが実施するためには、国内法規制に変更を加える必要があると指摘していた。

(39) Carr［1946］を参照。

(40) フランスとドイツの事例については、次の文献を参照。Leitz［1997］, Stoker［2003］, Stoker and Grant［2003］, Thomas［1996］.
(41) Stone［2012］を参照。
(42) Barlas and Güvenç［2002］を参照。
(43) Xu［2001］を参照。
(44) Krause［1991］を参照。ただし、冷戦期のヨーロッパの武器生産国は、武器の移転を通じた影響力の行使に対する関心が比較的薄かった。
(45) これは、国際連盟の安全保障構築について一般的に指摘されている。なお、近年のATT交渉については、対人地雷を禁止したオタワ条約の交渉の際のような国連の外の枠組みではなく、国連の枠組みのなかで交渉されることを確保するよう試みられた点は、指摘しておく必要がある。
(46) Letter from the U. S. Secretary of State to the Secretary-General of the League of Nations, 28 July 1922, cited in League of Nations, "Historical Survey", *Conference for the Control of the International Trade in Arms, Munitions and Implements of War*, C. 758. M. 258 1924 X, p. 11.
(47) Stone［2000］p. 223のギリシャ政府代表団の発言を参照。
(48) Stone［2000］p. 223のトルコ政府代表団の発言を参照。
(49) Grant［2002］を参照。
(50) こうした一連の経緯に関しては、次の史料を参照。"Historical Survey", *Conference for the Control of the International Trade in Arms, Munitions and Implements of War*, C. 758. M. 258 1924 X, 10-12.
(51) Green［1937］を参照。
(52) Ball［2012］、Stone［2000］を参照。
(53) Ball［2012］を参照。
(54) イランの立場に関しては、Stone［2000］pp. 224-226を参照。
(55) イギリスにおける議論については、Ball［2012］を参照。アメリカでは、いわゆる「ナイ委員会」が、武器製造企業を批判した。Wilz［1963］を参照。また、一九三〇年代にイギリスでは兵器産業の国営化が否定された一方で、フランスでは国営化が行われた。Clarke［1977］を参照。

（56）　Adler［1992］参照。

（57）　Webster［2005］を参照。

（58）　Burley［1993］を参照。戦間期の軍縮交渉におけるフランスについては、Davis［2004］を参照。

（59）　Engelbrecht and Hanighen［1934］および Seldes［1934］を参照。

（60）　Webster［2008］を参照。

（61）　Anderson［1994］を参照。

（62）　Krause［2014］を参照。

（63）　Kennedy［1987］および Ruggie［1993］を参照。

（64）　Spear［1994］を参照。

（65）　Taylor and Wu［2013］を参照。

文献リスト

Adler, E.［1992］"The Emergence of Cooperation: National Epistemic Communities and the International Evolution of the Idea of Nuclear Arms Control", *International Organization*, 46: 1.

Anderson, D.［1994］"British Rearmament and the 'Merchants of Death': The 1935–36 Royal Commission on the Manufacture of and Trade in Armaments", *Journal of Contemporary History*, 29: 1.

Atwater, E.［1939］"British Control over the Export of War Materials", *American Journal of International Law*, 33.

Atwater, E.［1941］*American Regulation of Arms Exports*, New York.

Ball, S.［2012］"Britain and the Decline of the International Control of Small Arms in the Twentieth Century", *Journal of Contemporary History*, 47: 4.

Barlas, D. L. and Güvenç, S.［2002］"To Build a Navy with the Help of Adversary: Italian-Turkish Naval Arms Trade, 1929–

32", *Middle Eastern Studies*, 38: 4.

Beachey, R. [1962] "The Arms Trade in East Africa in the Late Nineteenth Century", *Journal of African History*, 3 (1962).

Burley, A. M. [1993] "Regulating the World: Multilateralism, International Law, and the Projection of the New Deal Regulatory State," in J. Ruggie, ed. *Multilateralism Matters*, New York.

Carr, E. H. [1946] *The Twenty Years' Crisis*, second edition, New York.

Clarke, J. J. [1977] "The Nationalization of War Industries in France, 1936–1937: A Case Study", *The Journal of Modern History*, 49: 3.

Cooper, N. [forthcoming] *Arms Trade Regulation: A History*, London.

Crouzet, F. [1974] "Remarques sur l'industrie des armements en France (du milieu du XIX e siècle à 1914)", *Revue Historique*, 251: 2 (510).

Eloranta, J. [2002] "Weak European States in the International Arms Trade, 1920–1937", *Scandinavian Economic History Review*, 50: 1.

Engelbrecht, H. and Hanighen, F. C. [1934] *Merchants of Death*, London.

Fatton, L. [2015] Comprendre l'unilatéralisme dans les politiques étrangères en matière de sécurité: Le cas du retrait japonais du système de Washington, 1922–1936, unpublished doctoral thesis, Paris, Science Po.

Grant, J. [2002] "The Sword of the Sultan: Ottoman Arms Imports, 1854–1914", *The Journal of Military History*, 66: 1.

Grant, J. A. [2007] *Rulers, Guns, and Money: The Global Arms Trade in the Age of Imperialism*, Cambridge, MA.

Green, J. C. [1937] "Supervising the American Traffic in Arms", *Foreign Affairs*, 15: 4.

Kennedy, D. [1987] "The Move to Institutions", *Cardozo Law Review*, 8: 5.

Krause, K. [1991] "Military Statecraft: Power and Influence in Soviet and American Arms Transfer Relationships", *International Studies Quarterly*, 35: 3.

Krause, K. [1992] *Arms and the State: Patterns of Military Production and Trade*, Cambridge.

Krause, K. [2014] "Transnational Civil Society Activism and International Security Politics: From Landmines to Global Zero",

Global Policy, 5: 2.

Krause, K., & MacDonald, M. K. [1993] *Regulating Arms Sales through World War II, R. D. Burns ed., Encyclopedia of Arms Control and Disarmament*, Vol. II, New York.

Leitz, C. [1997] "Arms as Levers: Matériel and Raw Materials in Germany's Trade with Romania in the 1930s", *The International History Review*, 19: 2.

Leitz, C. [1998] "Arms Exports from the Third Reich: The Example of Krupp", *Economic History Review*, 51: 1.

Manchester, W. [1968] *The Arms of Krupp*, London.

Mburu, N. [2001] "Firearms and Political Power: The Military Decline of the Turkana of Kenya", *Nordic Journal of African Studies*, 10: 2.

Moravcsik, A. [1991] "Arms and Autarky", *Daedalus*, 120: 4.

Ruggie, J. ed. [1993] *Multilateralism Matters*, New York.

Sampson, A. [1977] *The Arms Bazaar*, London.

Seldes, G. [1934] *Iron, Blood and Profits*, New York.

Skřivan, A. [2011] "Weapons from the Heart of Europe. On Czechoslovak Arms Exports in the Interwar Period", *Rivista di storia economica*, 27: 1.

Spear, J. [1994] "On the Desirability and Feasibility of Arms Transfer Regime Formation", *Contemporary Security Policy*, 15: 3.

Stoker, D. [2003] *Britain, France and the Naval Arms Trade in the Baltic, 1919–1939: Grand Strategy and Failure*, London.

Stoker, D. and Grant, J. eds. [2003] *Girding for Battle: The Arms Trade in a Global Perspective, 1815–1940*, Westport, CT.

Stone, D. [2000] "Imperialism and Sovereignty: The League of Nations' Drive to Control the Global Arms Trade", *Journal of Contemporary History*, 35: 2.

Stone, D. [2012] "Soviet Arms Exports in the 1920s", *Journal of Contemporary History*, 48: 1.

Taylor, I. and Wu, Z. [2013] "China's Arms Transfers to Africa and Political Violence", *Terrorism and Political Violence*, 25: 3.

Thomas, M. [1996] "To Arm an Ally: French Arms Sales to Romania, 1926–1940", *Journal of Strategic Studies*, 19: 2.

Trebilcock, C. [1977] *The Vickers Brothers: Armaments and Enterprise 1854–1914*, Kent.

Webster, A. [2005] "The Transnational Dream: Politicians, Diplomats and Soldiers in the League of Nations' Pursuit of International Disarmament, 1920–1938", *Contemporary European History*, 14: 4.

Webster, A. [2006] "From Versailles to Geneva: The Many Forms of Interwar Disarmament", *Journal of Strategic Studies*, 29: 2.

Webster, A. [2008] "'Absolutely Irresponsible Amateurs': The Temporary Mixed Commission on Armaments, 1921–1924", *Australian Journal of Politics and History*, 54: 3.

Wilz, J. [1963] *In Search of Peace: The Senate Munitions Inquiry, 1934–36*, Baton Rouge.

Xu, G. [2001] "American-British Aircraft Competition in South China, 1926–1936", *Modern Asian Studies*, 35: 1.

Yakemtchouk, R. [1977] "Les antecedents de la reglementation internationale du commerce d'armes en Afrique", *Revue beige de droit international*, 13.

第6章　アメリカの戦時在外余剰資産の処分と武器移転
――国務省対外清算局の活動（一九四五～四九年）を中心に――

須藤　功

1　はじめに

国際武器移転の経路が諸種あるなかで、アメリカ合衆国を軸とする武器移転で見過ごされてきた重要な経路の一つは、世界大戦で派兵されたアメリカ軍が帰還時に持ち帰らずに国外で処分した武器、すなわち戦時在外余剰資産に含まれる兵器である。アメリカによる本格的な国際武器移転は、第二次世界大戦参戦前からすでに武器貸与法（Lend-Lease Act of 1941）に依拠した援助プログラムのもとで大規模に行われた事実はよく知られている。同援助プログラムは対日戦勝利（正式には一九四五年九月二日）をもって事実上、終了したとされる。その後、武器貸与援助プログラムのもとで引き渡しの終了していないか輸送途上にある、武器・弾薬、戦闘機や軍艦のような耐久性のある兵器、さらには未使用の武器弾薬が、イギリスなど多くの援助受取国に格安で譲渡されたことも事実である。しかし、戦後アメリカによる国際武器移転には、戦争終結時にアメリカ軍が戦地において大量に抱えた在外余剰物資の処分も一役買ったのである。

第二次世界大戦後アメリカの武器移転政策史については、すでに一定の研究成果がある。パッチ（Chester J. Pach, Jr.）は武器貸与法をアメリカの軍事援助の出発点に据えつつも、世界的展開の契機として相互防衛援助法（一九四九年）の重要性を強調した（Pach 1991）。わが国では、高田が通常兵器の移転を進めながら核兵器の拡散を規制するアメリカの軍備規制政策の形成過程を国務省「武器軍需品政策委員会（Policy Committee on Arms and Armaments：PCA）」に焦点を当て、武器貸与援助に伴う余剰軍需品を活用した中南米諸国・中国・フィリピンへの武器移転を中心とする国務・陸・海軍三省調整委員会（SWNCC）における政策形成過程を描き出している（高田二〇一二）。しかし、こうした政策史の研究では武器移転の実態は必ずしも明示的ではなく、とりわけパッチは、戦時在外余剰兵器は膨大であるにしてもセットとして「不均一か不完全」であるため、友好国の軍事組織支援に有効な方法ではなかったと否定的な見解を示している（Pach［1991］p. 24.）。

本章はアメリカの武器移転政策史研究の成果をもとに、武器貸与援助に派生する余剰物資を含め、アメリカ遠征軍が世界各地に展開して終戦時までに積み上げた膨大な余剰軍需品や軍事施設が平時体制移行後の国際社会に及ぼした影響に着目する[1]。パッチとは異なり、軍事史家のヒューストン（James A. Huston）は兵站の重要性を強調し、第二次世界大戦後の軍事戦略や経済・外交政策においてアメリカ遠征軍の余剰軍需品がバリケードの役割を果たしたと指摘している（Huston［1988］p. 45.）[2]。しかし、総じてアメリカ遠征軍の余剰軍需品の種類や規模、それらがどのように処分（売却・移転）されたのかのイメージは掴みにくいままである[3]。そこで本章は、第二次世界大戦終結時におけるアメリカ遠征軍の在外余剰軍需品の処分を担った国務省対外清算局（Office of the Foreign Liquidation Commissioner：OFLC）の資料を利用して[4]、戦時在外余剰資産の実態とその処分の有り様を検討し、それらが国際武器移転の軽視できない経路の一つとなったことを明らかにしたい。一方で、戦時在外余剰資産処分が平時経済移行に向けて経済合理性を政策的に追及した帰結であったことも、本章の分析を通して明らかになるであろう。

2　第一次世界大戦の戦時在外余剰資産処分

第二次世界大戦後の戦時在外資産の処分は、第一次世界大戦後の経験をもとに出発した。第一次大戦後の戦時在外余剰資産の処分は停戦協定後にアメリカ遠征軍により開始され、一九一九年二月、陸軍が設置した合衆国清算委員会（United States Liquidation Commission）に引き継がれた。同委員会議長パーカーによる最終報告書によれば[5]、同委員会の任務は連合国との間で戦時経費の清算交渉に関連する金額の算定と、戦時在外余剰資産の売却であった。前者は戦時中の経費を網羅的に算定したことから、主要連合国との間の戦時経費の清算はきわめて複雑な作業となった[6]。こうして戦時経費の清算後にアメリカ側に残った債務は、戦時在外余剰資産の売却代金から控除されたのである[7]。

戦時在外余剰資産にはアメリカ遠征軍が持ち込んだ兵器のみならず、生活用品や医療品、現地調達した不動産まで多岐にわたり、それらの大部分はフランスに、一部がイギリス、ドイツ、オランダ、ベルギー、スペイン、ポルトガル、イタリアにあった。六億七二〇〇万ドル分の在外物資が合衆国に輸送され、残る約八億二三〇〇ドル分がヨーロッパで売却処分された。フランス政府に対する売却は五億三二五〇万ドル——一括売却（Bulk sale）約四億ドル分を含む[8]——、ベルギーに二九〇〇万ドル、そしてポーランド、チェコスロバキア、セルビア、ルーマニア、中央ヨーロッパおよび中東の解放諸国に対する売却が一億四〇〇〇万ドルであった。

第一次世界大戦終結後の合衆国清算委員会による在外余剰資産売却には武器と呼べるものはほとんど含まれなかった。アメリカ遠征軍がフランスに保有した資産の最大項目は機関車、鉄道車両、自動車、衣服、そして食料（総額の約一五％）であった[9]。確かに、アメリカの大量生産型の爆撃機用エンジン（Liberty motor）は戦後もフランスにあ

表6-1 第一次世界大戦後アメリカ陸軍による戦時余剰資産の処分（1918-1923年）*

（単位：1,000ドル）

品　目	調達時コスト	売却処分額	回収率（%）
航空機・部品	49,942	6,742	13.5
獣類	37,441	22,298	59.6
大砲・弾薬	126,024	4,465	3.5
弾薬類	54,780	41,449	75.7
衣類	260,021	59,922	23.0
鉄類（スクラップを含む）	197,292	26,801	13.6
非鉄金属類（スクラップを含む）	93,557	37,762	40.4
土地・建物	288,218	24,422	8.5
機械・工学装置	27,780	10,620	38.2
工作機械	34,657	13,957	40.3
非金属スクラップ	12,008	330	2.7
鉄道車両	119,993	98,458	82.1
小型武器・弾薬	12,052	7,951	66.0
食糧	165,798	62,065	37.4
布地（羊毛を除く）	149,119	90,767	60.9
羊毛	323,849	252,955	78.1
金属製品	31,305	6,407	20.5
医薬品・病院・実験装置	12,550	4,080	32.5
発動機・車両	46,575	5,933	12.7
船舶類	22,683	3,373	14.9
その他	131,321	67,769	21.6
合　計	2,196,965	848,526	38.6

出典：U. S. Senate, Committee on Military Affairs, War Contracts Subcommittee, *Disposal of Surplus War Materials: Policies and Procedures, 1918-1926*, Washington: GPO, 1944, pp. 113-114.

注：＊1918年12月1日～1923年4月15日の累積額を示す。調達時価格が不明の品目（売却処分額は8,320万ドル）は除く。

った余剰資産の中からイギリスに提供されたが⑽、戦時経費の清算の一環として、武器はむしろ英仏からアメリカに引き渡された。具体的には、合衆国清算委員会はイギリスから六六四万ポンド相当の榴弾砲、野砲、銃、および弾薬を、フランスからは七五ミリ砲、一五五ミリ榴弾砲、一五五ミリGPF砲などを約一億一七五〇万フランで購入した（Parker [1920] pp. 45 and 63)。

第一次世界大戦に伴うアメリカ政府の余剰資産処分の教訓は、第二次世界大戦後の余剰資産処分政策に大きな影響を及ぼした。クックが指摘するように、第二次大戦後の政策形成では様々な問題点のなかでも「不効率性と不規則性」が重視された。第一次大戦後の余剰資産処分は一九二六年までにその大部分を終了したが（U. S. Senate [1944] p. 117)、例えば、余剰資産とされた二五〇〇万足の軍靴（hobnailed shoes）は一九四四年まで処分されずに残った。またクックは、単価五四セントで調達したタオルがわずか三セントで売却されたと指摘する（Cook［1948］pp. 60-66）。しかし、この回収率五・六％は平均値ではない。陸軍による一九一九年の処分総額五億五二〇〇万ドルの回収率は七二・五％と高く、その後一九二〇年には二億四一〇〇万ドル（回収率四三・二％）、一九二一年五五〇〇万ドル（同一二・七％）、一九二二年六五〇〇万ドル（同一二・五％）と、回収率は時間の経過とともに急速に低下した[11]。表6－1が示すように、一九一八年一二月一日～一九二三年四月一五日における陸軍による余剰資産（調達時コスト判明分）の累積売却額八億四九〇〇万ドルの回収率は三九％であった。それを品目別で見ると、最も回収率が高いのは鉄道車両（八二％）、羊毛（七八％）、弾薬類（七六％）、最も回収率が低いのは非金属スクラップ（三％）、大砲とその弾薬（四％）、土地・建物（八％）であった。新品から中古品、さらにスクラップ品からなる戦時余剰資産売却の回収率には大きな幅が確かにあった。しかし、明確な規則と政策方針が欠如するなかで、陸軍や海軍、財務省や退役軍人局などの諸機関が独自に処分したことが、第二次大戦の余剰資産処分政策では教訓とされたのである。

3　余剰資産法の成立から国務省対外清算局の設置へ

第一次世界大戦の戦時余剰資産処分の経験を踏まえて、行政府も連邦議会も第二次世界大戦中からその準備を開始した。しかし、それにもかかわらず、戦時余剰資産処分のための統一的な組織の構築は紆余曲折をたどることになった。

戦時余剰資産の処分問題がアメリカ政府・議会で真剣に検討されることになったのは、イタリアが降伏する前の一九四三年初めのことであった。それは一部の軍需品が需要を上回って在庫を積み増すに至り、同年秋には陸軍が切削工具、カーキ布地、パイプなどを大幅な値引きで売却し始めたことにあった[12]。こうして戦時余剰資産処分の体制整備が急務となり、戦時動員局長バーンズ（James F. Byrnes）はバルーク（Bernard M. Baruch）とハンコック（John M. Hancook）に戦時および戦後の調整政策についての調査と勧告を要請した[13]。バルーク＝ハンコック報告は一九四四年二月一五日に公表され[14]、その後の政策形成の基礎を形作った。同報告書公表の四日後、ローズヴェルトは行政命令（九四二五号）を発して戦時動員局内に戦時余剰資産局（Surplus War Property Administration）を設置し、商務次官補クレイトン（William L. Clayton）[15]を責任者に任命した。

一九四四年一〇月、「余剰資産法（Surplus Property Act）[16]」が成立し、戦時余剰資産局に代わって「余剰資産委員会（Surplus Property Board：ＳＰＢ）」が設置された。三名の委員で構成する同委員会は、在外余剰資産を含む余剰資産全体を保有し処分する機関に指定され、また余剰資産を所有する他の諸機関と共同で行動するものと規定された。同委員会議長にはアイオワ州上院議員選に敗北したばかりのジレット（Guy Gillette）が、他の二名の委員には前コネッチカット州知事ハーレイ（Robert A. Hurley）と陸軍航空隊ヘラー（Edward Heller）中佐が任命された。しかし、余剰資産委員の就任は一九四五年一月四日にずれ込んだ。しかも、ジレットは同年五月に辞任し、後任の議長には航空機銃塔製造会社の社長サイミントン（W. Stewart Symington）が七月になってようやく着任した。

この間の委員会機能の空白が余剰資産処分の停滞と混乱を招いたことから、バーンズ戦時動員局長は早々に組織改革の必要性を認め[17]、三名委員会を「1名の管理者（a single Administrator）」に変更することを提案した。この提案は一九四五年九月一八日のトルーマン大統領の議会宛特別教書、同年九月一八日の余剰資産法改正に帰結し、「余剰資産管理局（Surplus Property Administration：ＳＰＡ）」が設置された[18]。サイミントンが新設のＳＰＡ局長に就任した。その後、一九四六年一月三一日の大統領行政命令（九六八九号）により、同年三月からＳＰＡの国内部門は「戦時資産公社（War Assets Corporation）」に、そして海外部門は国務省に移管されることになった[19]。

図6-1　国務省対外清算局事務機構（1946年8月12日）

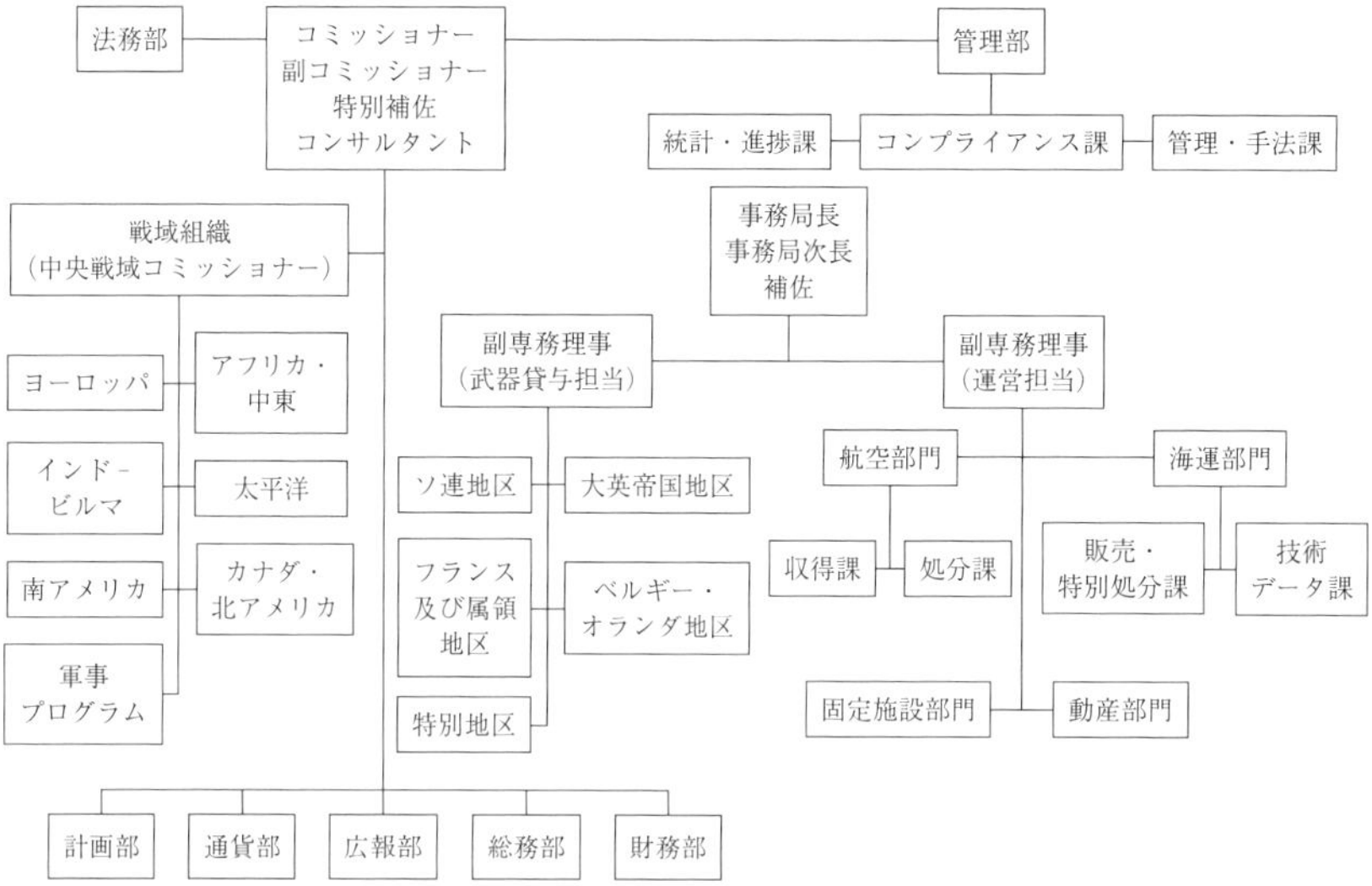

出典：Henry P. Pilgert et al., *The History of Foreign Surplus Property Disposal: 1945-1949*, Vol. I, Part I, Vol. II, Part X, passim; U. S. Department of State, Office of the Foreign Liquidation Commissioner, *Report to Congress on Foreign Surplus Disposal*, Washington: GPO, Oct. 1946, p. 8.

戦時在外余剰資産の処分に当たる組織については、いま少し補足が必要である。一九四四年一二月末、バーンズ局長は陸・海軍清算コミッショナー（Army-Navy Liquidation Commissioner）を任命し、陸軍省と海軍省の在外余剰資産処分の権限を与えることを提案し、両省は一九四五年二月までにこれを了承していた。その後、大統領行政命令九六三〇号（一九四五年九月二七日）により、在外余剰資産の処分に関する陸・海軍清算コミッショナーの機能は国務省に移管され、さらに一〇月二〇日の省令（Departmental Order 一三四七）によりその全権限は「対外清算局（Office of the Foreign Liquidation Commissioner：OFLC）」に委任されたのである。[20]

OFLCの組織図を示したのが図6-1である。陸・海軍清算コミッショナーは一九四五年二月一日に業務運営を開始した。当初、コネリー（Donald N. Connelly）少将（副コミッショナー）がコミッショナーを代行し、同年四月一五日にマケイブ（Thomas B. McCabe）がコミッショナーに就任した。[21] 戦時在外余剰資産の処分を担当することになった陸・海軍清算コミッショナー（後にOFLCコミッショナー）は、ワシントンの本部で策定された広範な一般的政策に従って諸外国政府代表との売却交渉にあたった。戦域コミッショナー（field commissioner）は、各戦域の余剰資産の処分を担当した。

4　戦時在外余剰資産の処分とその方針の変遷

戦時在外余剰資産の処分は余剰資産法に規定され、同法第二条が規定する目的に従うことになる。同条は「戦争目的および共同防衛」（a項）や「平時経済の再確立」（b項）など二〇項目にわたってその目的を例示している。戦時在外余剰資産の処分に密接に関わる項目としては、「外国市場の開拓・開発と相互に友好的な経済関係の促進」（i項）、「国内経済および国際経済関係の混乱の回避」（j項）であろう。[22] OFLCの組織体制が整った後、その責任者マケイブは余剰資産委員会（SPB）議長サイミントン宛の書簡（一九四五年七月一八日付）で、OFLCの六項目にわたる方針をリストアップしている。すなわち、①納税者に最大限の利益を確保する、②平和を危険にさらす譲渡はしない、③国内市場をダンピングから保護する、④国内雇用を引き上げるため輸出市場の開発を支援する、⑤余剰資産が所在する諸国の経済状況を考慮する、そして⑥官僚主義を改め、遅滞なく活動するために分権化するというものであった。[23]

SPBはさらに、より具体的な方針を策定した。すなわち、（1）迅速な処分、（2）業界団体・企業との協議、（3）将来の輸出利益、（4）解放された諸国の救済・復興、（5）武器貸与援助やUNRRAに対する相当な値引き、（6）一括売却の優先、（7）商標登録製品の製造企業に対する配慮、（8）性能・品質保証の拒否、（9）可能な限り米ドルでの販売、（10）財務省の承認を条件とする外国通貨での販売、（11）国務省・財務省等の承認を条件とする信用販売、そして(12)自由競争維持のための国際協定に対する配慮であった[24]。これらの方針は、一九四五年六月七日制定のSPB規則(Regulation 8)[25]に反映した。

SPB規則八は必要に応じて改定されたが、関連法の制定によっても処分方針は変更された。例えば、フィリピン復興法(Philippine Rehabilitation Act of 1946)を受け、フィリピン復興を目的とする在外余剰資産の処分が加えられた——ただし、同法成立(四月三〇日)段階では武器の移転・処分は禁止されていた。その後一九四六年五月三日成立の公法(Public Law 375)は、退役軍人によるスモール・ビジネス、専門職、農業事業の設立・維持を促進するために政府余剰資産を優先的に処分することを規定した。また、同年七月二三日の戦略的重要物資備蓄法改正(Strategic and Critical Materials Stock Piling Act)により、戦略的備蓄対象の重要物資は余剰資産処分から除外された。そして、同年八月一日成立のフルブライト法(Fulbright Act)は、在外余剰資産の売却益をフルブライト計画に利用することを可能にした。最後に、同年九月一八日には、それまで禁じていた売却済み戦時在外余剰資産のアメリカへの再輸入を「危機的に不足する物資で合衆国における再転換に緊急的に必要とする」限りで認めた[26]。

戦時在外余剰資産の申告(declaration)は一九四五年秋までには相当量になった。図6-2は、陸海軍などが保有する在外余剰資産の(純)申告額とその処分額の推移を示している。申告額および販売額(未引渡し)は一九四五年末には最終的なそれの二割近く、一九四六年末には早くも約九割に達し、一九四七年中にほぼ完了した(寄付・廃棄は一九四六年中にほぼ完了)。これは関連立法や規則の整備が進み、また信用供与に関する協定が多くの諸国と結ばれた結果であった[27]。販売可能な余剰資産は一九四八年三月までにはほとんど無くなっている[28]。したがって、OFLCの一九四七年以降の業務は販売契約が完了した資産の引き渡しが中心となった。

OFLCの業務は一九四九年六月末で終了するが、表6-2はその最終的な累積処分額を処分方法別に分類している。OFLCは譲渡先政府等への一括売却を優先したが、主要な一括売却額(約一〇億ドル)は最終的な総処分額(約

図6-2　戦時在外余剰資産（全区域）処分の推移（1945年9月〜1949年6月）

（単位：当初調達価格10億ドル）

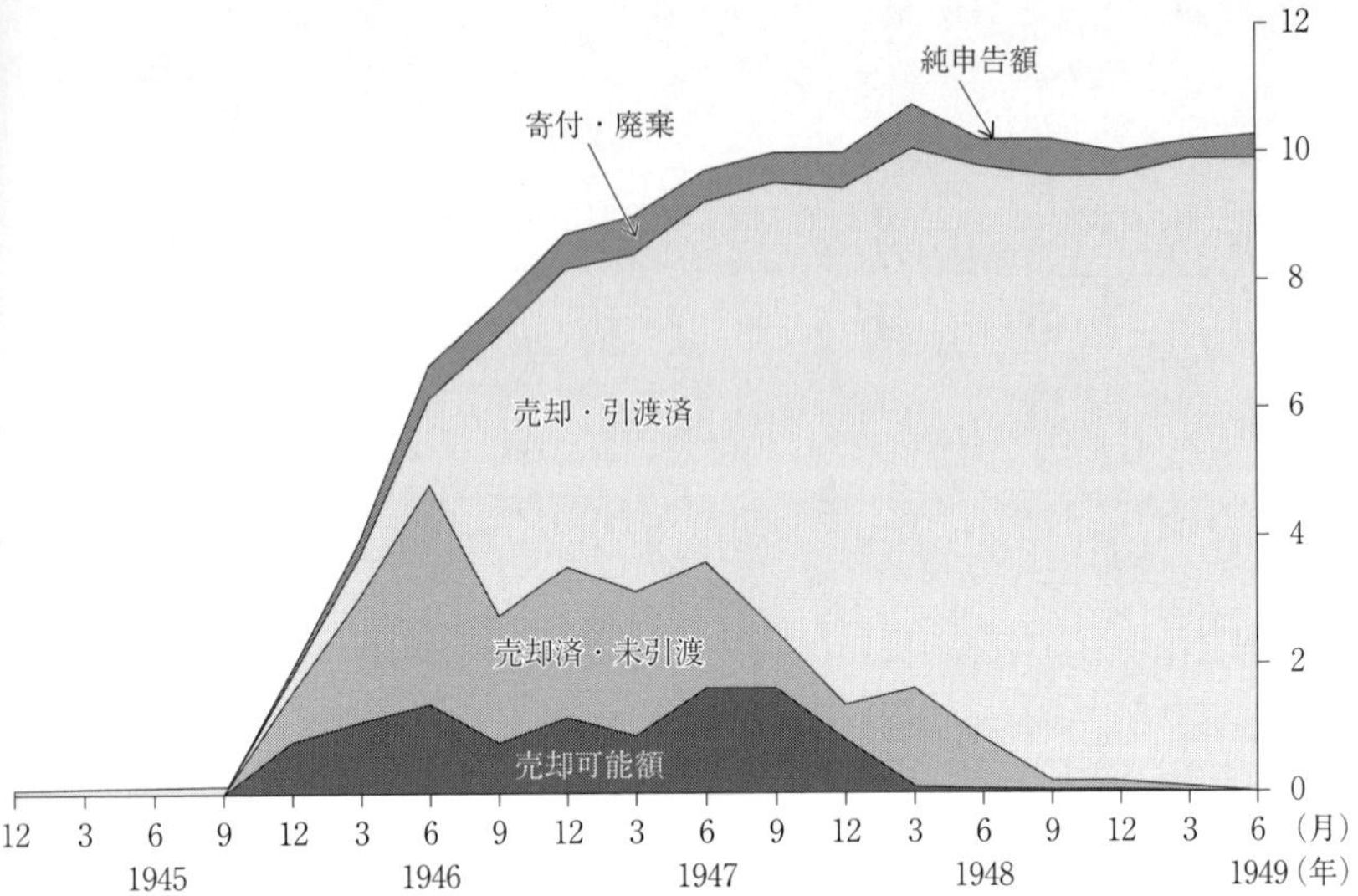

出典：U. S. Department of State, Office of the Foreign Liquidation Commissioner, *Report to Congress on Foreign Surplus Disposal*, Washington: GPO, July 1949, p. 9.

表6-2　戦時在外余剰資産の累積処分額（1949年6月末現在）

（単位：1,000ドル）

	調達時価格	（%）	売却価格	（%）	回収率（%）
売却（a）	9,451,168	90.5	1,771,844	93.6	18.7
主要一括売却	5,836,955	55.9	1,007,994	53.3	17.3
その他の売却	3,614,213	34.6	763,850	40.4	21.1
その他の処分（b）	989,111	9.5	121,444	6.4	12.3
UNRRAへの移転	121,855	1.2	84,560	4.5	69.4
軍事プログラム処分	412,675	4.0	35,884	1.9	8.7
航空サービス協定	4,692	0.0			
寄付	50,259	0.5			
廃棄	399,630	3.8			
申告余剰資産合計（a）+（b）	10,440,279	100.0	1,892,288	100.0	18.1

出典：U. S. Department of State, Office of the Foreign Liquidation Commissioner, *Report to Congress on Foreign Surplus Disposal*, Washington: GPO, July 1949, p. 8, Table 1より作成.

注：売却済みで未引渡し資産は17,000,000ドルである。軍事プログラムには米国所在資産が含まれる。

一八・九億ドル）の五三・三％を占めた。その他の方法による処分（約一・二億ドル、全体の六・四％）としては、ＵＮＲＲＡへの移転が八四五六万ドル（四・五％）、軍事プログラム（後述）が三五八八万ドル（一・九％）であった。これら余剰資産の処分価格が、各政府機関が調達した時点の価格（調達時原価）に占める割合、いわゆる回収率は一括売却で一七・三％、それ以外の売却で二一・一％とやや高く、先に言及した方針とは違って、ＵＮＲＲＡへの移転は計算上六九・四％と極めて高かった。一方、後述する軍事プログラムの場合は八・七％に過ぎず、武器移転のための売却価格の低さが際立っている。

表6－3　戦時在外余剰資産の処分累積額（機関別）（1949年6月末現在）

（単位：1,000ドル）

処分機関	調達時価格	売却価格（%）		回収率（%）
対外清算局（OFLC）	10,440,279	1,892,288	93.6	18.1
陸軍省の直接販売	234,886	72,409	3.6	30.8
海軍省の直接販売	71,946	23,540	1.2	32.7
陸軍省のスクラップ販売		32,107	1.6	
陸軍省のスクラップ販売		533	0.0	
合　計	10,747,111	2,020,897	100.0	18.8

出典：U. S. Department of State, Office of the Foreign Liquidation Commissioner, *Report to Congress on Foreign Surplus Disposal*, Washington: GPO, July 1949, p.10, Table 2.

最終的な累積処分額を機関別に示したのが表6－3である。ＯＦＬＣ設置前は陸軍省と海軍省が独自に処分していたが、スクラップ販売を除いたその割合は陸軍省が全体の三・六％（七二四一万ドル）、海軍省が一・二％（二三五四万ドル）、そしてＯＦＬＣが九三・六％を処分した。これを回収率で見ると、ＯＦＬＣ販売の一八・一％に対して陸軍省販売が三〇・八％、海軍省販売が三二・七％と高かった。これは第一次大戦時の経験から見て、陸海軍による売却時期が早かった——したがって、新品が多かった——ことによるものと推測できる。

戦時在外余剰資産はどの地域や国で処分されたのか。表6－4は、一九四八年七月末までの累積売却額を地域別・部門別に示している。まず売却価格で見ると、全体の五二・六％（九・六億ドル）がヨーロッパ、二九・八％（五・四億ドル）が太平洋・中国地域で、この二つの地域だけで八二・四％を占めた。回収率は軍事プログラムを除けば、ペルシャ湾地域が三七・七％

表6-4　戦時在外余剰資産の地域別・部門別累積売却額（1948年7月末まで）

（単位：1,000ドル）

地域・部門	調達時価格	売却価格（%）		回収率（%）
ヨーロッパ*	4,637,147	961,230	52.6	20.7
アフリカ・中東	142,853	48,313	2.7	33.8
ペルシャ湾	79,756	30,036	1.6	37.7
太平洋・中国	3,399,766	544,202	29.8	16.0
インド-ビルマ	716,597	80,956	4.4	11.3
カナダ・北アメリカ	348,204	101,969	5.6	29.3
南アメリカ	147,028	35,673	2.0	24.3
航空機部門（ワシントン）	22,232	4,774	0.3	21.5
合　計	9,493,583	1,807,153	99.0	19.0
軍事プログラム部門**	219,052	18,888	1.0	8.6
総　計	9,712,635	1,826,041	100.0	18.8

出典：U. S. Department of State, Office of the Foreign Liquidation Commissioner, *Report to Congress on Foreign Surplus Disposal*, Washington: GPO, July 1948, p. 29, Table 5.
注：＊北西ヨーロッパ、イギリス、イタリア、地中海地域を示す。
＊＊米国所在物資を含む。

表6-5　戦時在外余剰資産の主要一括売却対象国（契約順）（1949年3月末まで）

（単位：1,000ドル）

売却対象国	契約期日	調達時価格	売却価格	回収率（%）
イギリス	1945.12.6	531,319	60,000	11.3
カナダ	1946.3.30	58,775	11,925	20.3
インド	1946.5.16	618,721	52,478	8.5
フランス	1946.5.28	1,423,758	300,000	21.1
エジプト	1946.6.15	35,615	10,684	30.0
ブラジル	1946.7.5	17,400	7,971	45.8
中国*	1946.8.30	824,000	170,000	20.6
イタリア（第1回）*	1946.9.9	405,041	123,078	30.4
フィリピン*	1946.9.11	1,000,000	137,000	13.7
ベルギー*	1946.9.24	255,880	38,000	14.9
イタリア（第2回）	1947.7.21	184,404	18,000	9.8
ドイツ	1948.1.23	403,439	84,722	21.0
合　計		5,758,352	1,013,858	17.6

出典：U. S. Department of State, Office of the Foreign Liquidation Commissioner, *Report to Congress on Foreign Surplus Disposal*, Washington: GPO, April 1949, p.29, Table 7.
注：＊この契約日以前の売却契約を含む。

［写真1］　戦時在外余剰資産：航空機（キャンプ・ハックステップ、エジプト）

出典：Henry P. Pilgert et al., *The History of Foreign Surplus Property Disposal: 1945-1949*, Vol. II, Part II, The Disposal of Surplus Property in the Africa-Middle East and Persian Gulf Areas, p. 122.
注：写真はC-46およびC-47輸送機で、主としてエジプト政府に売却された。

と最も高く、インド・ビルマ地域が一一・三％と極端に低くなっている。表6-5は、一括売却に限定して、売却対象国について契約期日の早い順に示したものである。契約日が早いからといって回収率は高くない。回収率の低い順に見ると、インド（八・五％）、イタリア第二回（九・八％）、イギリス（一一・三％）となり、回収率の高い順ではブラジル（七五・八％）、イタリア第一回（三〇・四％）、エジプト（三〇・〇％）となっている（写真1はエジプト政府に売却された輸送機）。またフランスのケースが示すように、調達時原価の高い契約の割引率が高かった訳でもない。それぞれの個別的な要因――例えば、当該資産の現在価値や譲受国の政治経済状況など――が反映されたと見られる。

次に、在外余剰資産の処分を品目別に見てみよう。表6-6は、陸海軍などの政府機関が調達時に支払った価格を品目別に示したものである。一九四六年七月末のデータであるが、この時点で余剰申告額がすでに七割程度になっていることから（図6-2参照）、概略としては十分であろう。同表によれば、最大の余剰品は自動車

表6-6　戦時在外余剰資産の種類と調達時価格（1946年7月末現在）

（単位：1,000ドル）

種　類	調達時価格（%）	
食糧・飲料	112,350	1.9
生地・布地・衣服	274,477	4.7
薬・医薬品	22,128	0.4
化学製品	75,144	1.3
石油製品・石炭	39,814	0.7
ゴム製品	40,460	0.7
鉄・鋼鉄	69,111	1.2
その他の金属・鉱物	23,846	0.4
組立金属製品	140,813	2.4
自動車	1,037,839	17.9
鉄道用機器	155,159	2.7
建設用・工業用・採掘用機器	90,526	1.6
トラクター	90,560	1.6
電気機械・機器	128,107	2.2
工業機械・機器	193,233	3.3
その他の金属製品	78,339	1.3
その他の機器	115,713	2.0
その他の民生品	310,412	5.3
科学技術器具・装置	77,498	1.3
通信設備	326,341	5.6
海運資産	770,772	13.3
航空機	729,997	12.6
軍需品	340,448	5.9
固定施設	562,945	9.7
合　計	5,806,032	100%

出典：U. S. Department of State, Office of the Foreign Liquidation Commissioner, *Report to Congress on Foreign Surplus Disposal*, Washington: GPO, Oct. 1946, p. 32, Table 7.

で約一〇・四億ドル（全体の一七・九%）、次に船舶等の海運資産が七・七億ドル（一三・三%）、そして航空機が約七・三億ドル（一二・六%）を占め、これら三品目で四三・八%を占めている。表6－7は、一九四九年三月末時点における船舶の累積売却件数を地域（戦域）別、船舶の種類別に示している。船舶の売却先としては太平洋地域が六七八七件（五一・七%）と突出している。船舶の種類としては、上陸用船艇が五〇二一件（隻）で全体の三八・二%を占める一方で、タンカー（七四隻）や大型船（五九七隻）、巡視艇（五三一隻）なども売却された。最後に、表6－8はアメリカ遠征軍が外国に所有した固定施設の一九四六年九月末時点での累積売却額等を示している。売却済みの固定施設について見ると、野営地・兵舎・駐屯地が調達時価格（四七一四万ドル）でも売却価格（五九六万ドル）でも最大で、続いて輸送施設がそれぞれ四六〇八万ドル、二三六万ドルと続いた。他方、回収率が高かったのは港や埠頭などの港湾施設で二七・七%であった。固定施設の場合は撤去費用がかさむ一方で、飛行場などアメリカ軍が共同利用する意図がある場合は無償で提供された可能性もあろう。

表6-7　戦時在外余剰資産（船舶）の累積売却件数（戦域別・形態別、1949年3月末現在）*

		売却件数	（%）
戦域	（ヨーロッパ）地中海	4,103	31.2
	（アフリカ・中東）インド-ビルマ	340	2.6
	中国	1,199	9.1
	太平洋	6,787	51.7
	南アメリカ	648	4.9
	カナダ-北アメリカ	69	0.5
	合　計	13,143	100.0%
種類	バージ	2,705	20.6
	ランチ（大型船）	597	4.5
	タンカー	74	0.6
	タグ（引船）	1,385	10.5
	巡視艇	531	4.0
	上陸用舟艇	5,021	38.2
	その他船舶	1,731	13.2
	その他の小型船	1,102	8.4
	合　計	13,146	100.0%

出典：U. S. Department of State, Office of the Foreign Liquidation Commissioner, *Report to Congress on Foreign Surplus Disposal*, Washington: GPO, April 1949, p. 26.

注：＊余剰資産として申告されたすべてが売却された。

表6-8　戦時在外余剰資産（固定施設）の累積売却（1946年9月末現在）

（単位：1,000ドル）

種　類	売却予定		売却済み				無償処分	
	件数	調達時価格	件数	調達時価格	売却価格	回収率（%）	件数	調達時価格
飛行場・空港	215	96,976	25	13,899	1,097	7.9	55	38,086
港・埠頭・船渠	40	42,323	6	7,853	2,175	27.7	15	2,420
貯蔵施設	142	40,837	40	12,646	2,040	16.1	3	2,026
輸送施設	63	262,100	32	46,082	2,359	5.1	4	184,428
野営地・兵舎・駐屯地	146	157,222	67	47,143	5,958	12.6	5	—
病院施設	61	18,912	10	4,253	714	16.8	1	44
その他の施設	357	82,304	109	21,318	7,624	35.8	19	1,204
非軍事施設	3	3,578	3	3,578	650	18.2	0	0
合　計	1,027	704,252	292	156,772	22,617	14.4	102	228,208

出典：U. S. Department of State, Office of the Foreign Liquidation Commissioner, *Report to Congress on Foreign Surplus Disposal*, Washington: GPO, Oct. 1946, p. 34, Table 9.

ところで、戦時在外余剰資産とされた中に兵器も含まれ、それらが中南米諸国やフィリピンに売却され、「これら諸国の軍事基地使用権獲得を含む共同防衛関係強化と武器市場の確保」が意図されていたことはすでに指摘されている。[29] 次節では、戦時在外余剰資産の処分が国際武器移転のもう一つの経路であったその実態に迫ることにしよう。

5 軍事プログラムによる戦時余剰武器の処分

一九四七年七月二一日に締結したイタリアとの第二回一括売却協定（表6－5）を見よう。その中には明らかに武器が含まれていた。一九四六年九月の第一回一括売却協定では、「弾薬を含む武装化戦闘用具」は除かれていた。[30] しかし、第二回協定で売却された余剰資産は、（1）イタリアに所在するアメリカ陸軍物資、（2）補助モータ付き掃海艇一六隻、（3）陸軍が指定する航空機五〇機および整備施設、当該航空機のスペア部品三年分、（4）固定施設の全権益、（5）スクラップ・廃品・廃棄材料であった。[31] 水陸両用車（写真2）や掃海艇は第二次世界大戦で使用された重要な兵器の一部であった。

まず、こうした武器が戦時在外余剰資産として処分されるに至った経緯から見てみよう。一九四五年末からすでに、陸軍省を中心に戦時在外余剰資産の売却対象に武器を含める意図があり、翌一九四六年二月五日には国務省幹部レベルで、例外的にイギリス、フランス、中国、フィリピン、および中南米諸国（後出「暫定配備」プログラム）対する「軍事用余剰装備の処分」を承認した（SC/R-184）。[32] 最終的に同年三月二一日、この国務省案は国務・陸・海軍三省調整委員会の承認（SWNCC 202/2）を受けて、トルーマン政権の包括的な戦後国際武器移転政策の端緒となった。[33]

アメリカは中南米諸国に対して一九四五年末までに、武器貸与協定に基づき総額三億二四〇〇万ドルの軍事援助を実施していた。しかし、この金額は武器援助計画全体のわずか一％に止まり、しかも中南米援助の七一％が対ブラジ

［写真2］　戦時在外余剰資産：2.5トン水陸両用車（リヴォルノ港、イタリア）

出典：Henry P. Pilgert et al., The History of Foreign Surplus Property Disposal: 1945–1949, Vol. II, Part II, Unit 2: Europe, p. 8.
注：GM社製のDUKW――通称「ダック（Duck）」はアメリカ陸軍が上陸作戦に使用した水陸両用車で、写真はイタリア政府に一括売却された。

ルに偏っていた。このため陸軍と海軍が協調して、中南米諸国への武器供与と軍事訓練の支援を目的とする「米州軍事協力法案（Inter-American Military Cooperation Bill）」を支援し、法案は一九四六年五月六日に議会に提出された。しかし、国務省内には中南米諸国内に不適切な軍備競争を招くとの懸念も根強くあり、また生活水準を引き上げて同地域との経済協力を推し進める国務省の政策に反するとの批判も根強かった。結局、一九四七年後半には同法案通過の見通しはなくなった(34)。

そこで陸軍省は、米州軍事協力法案の通過を支援する一方で、一九四六年春までに包括的な「西半球防衛計画（Western Hemisphere Defense Program）」の準備を始めていた。ヒューストンによれば(35)、この計画は、第二次世界大戦の余剰武器を中南米諸国の軍隊に移転しようとするものであった。最終的な計画では、中南米の二四個師団六七飛行大隊に一五三〇機を配備し、さらに必要な初期装備一式、五年分の訓練用弾薬を提供する計画であった。この計画は米州軍事協力法案の成立を待って実施される予定であったが、同法案の議会通過が混迷を深めるなかで、陸軍省は利用可能な在外余剰資産を三個師団三〇飛行大隊に配備する、いわゆる「暫定配備（Interim Allocation）」プログラムを先行させた。暫定配備には、他に約二五五〇台のトラック、ジープ、自動車、九〇〇両のトレーラーが含まれていたとされる。国務省も一九四七年半ばには、アメリカ国内の戦時余剰資産処分を管轄する戦時資産管理庁（War Assets Administration）には退役軍人への売却を凍結させ、OFLCには在外余剰資産を確保させて「暫定配備」プログラムを支援した。(36)

OFLCの内部記録によれば、「暫定配備」空軍プログラムは一九四六年六月末時点で、爆撃機B－25を一一五機、戦闘機P－47を一五一機、輸送機C－47を一〇一機など合計六二六の航空機を中南米一一カ国に配備する計画であった。すなわち、ブラジル（一七〇機）やウルグアイ（一〇八機）、チリ（六七機）、コロンビア（六五機）、ペルー（六〇機）、メキシコ（五八機）、ベネズエラ（三七機）、グアテマラ（一三機）、エクアドル（一二機）、キューバ（一九機）、エルサルバドル（三機）である。これには航空機予備部品、測候所や通信施設、軍隊編成に応じた訓練用の武器・弾薬などを含んでいた。一方、「暫定配備」海軍プログラムは、補助艦、揚陸艦、軽戦闘艦など二七〇隻を、中南米一四カ国に配備する計画であった。すなわち、チリ（五六隻）、キューバ（四七隻）、ブラジル（三四隻）、ペルー（三四隻）、メキシコ（三〇隻）、パラグアイ（一八隻）、コロンビア（一六隻）、ウルグアイ（八隻）、ベネズエラ（七隻）、ドミニカ（六隻）、ニカラグア（五隻）、ハイチ（四隻）、パナマ（三隻）、そしてエクアドル（二隻）であり、空軍同様に、マシンガンやライフルなど各種銃器と弾薬が含まれていた。(37)

ところで、一九四六年三月七日、余剰資産管理局（SPA）の規則改正により、国務省は国内の余剰武器資産を「他のアメリカ諸政府」に処分する機関に指定された。さらに、同年七月一九日の規則改正で余剰武器資産の世界的な売却が可能となった。国務省内では、すでに四月一八日、余剰武器資産の処分がOFLCに委任され、また「暫定配備」プログラムについてもプログラムの枠内で余剰武器売却の権限が与えられていた。次にOFLC内では、一九四六年四月二三日付で軍事プログラム担当戦域コミッショナー部（Office of the Field Commissioner for Military Programs：ＯＦＣＭＰ）が国内外の余剰武器の処分を担当することになり、その後間もなくＯＦＣＭＰはカナダ政府に対する余剰武器移転の指示を受けた。さらに一九四七年二月一二日、ＯＦＣＭＰのミッションは世界大に拡大され、その直後から、イランや中国など西半球以外の政府との交渉も担当することになったのである(38)。

こうしてＯＦＣＭＰは、中南米諸国に対する「暫定配備」プログラムとは別個に、いくつかの国際武器移転プログラムにも携わることになった。すなわち、カナダ、中国、イランに対するプログラム、「海軍用船リース船舶」プロジェクトなどであった。まずカナダに対する余剰武器売却は共同防衛を目的とするもので、陸軍省とは一九四六年三月までに、海軍省とは同年末までに合意された。中国に対する在外余剰武器の売却は、一九四七年一二月二六日に国務省から対外清算局に指示されたが、ＯＦＣＭＰでは確固たるプログラムと見なされていなかった。一方、イランに対するプログラムは一九四七年八月一三日に国務省の武器軍需品政策委員会（ＰＣＡ）事務局長からＦＣＭＰに対する指示で始まり、ソ連との緊張関係を契機としていた(39)。「海軍用船リース船舶（Naval Charter Party Lease Vessels）」プロジェクトは、ＯＦＬＣが一九四七年三月にＯＦＣＭＰに指示した外国政府との余剰船舶リース契約であり、一九四九年四月一五日に海軍用船リース協定が中南米諸国とフランス、ノルウェーとの間で結ばれた。その他にも、ＰＣＡなど国務省内の関係部局との協議を経てＯＦＣＭＰがアメリカ国内の余剰武器を移転するプログラムや、国務省内の他の部局からの指示で国外余剰武器を移転するプログラムもあった(40)。

以下、これらのプログラム等によってＯＦＣＭＰが売却した余剰武器の実態を見ることにしょう。表６－９は、陸軍部門の余剰武器売却を示している。中南米一五カ国には基本装備一式（original program unit equipment）に加えて、各国の軍隊編成に応じた各種武器と弾薬、予備部品などが売却された。その他の諸国には戦車（カナダ、イラン）や銃器などが個別に売却された。また、余剰武器売却は武器貸与協定に基づく武器援助を補完する弾薬や予備部品など

表6－9　軍事プログラムによる戦時在外余剰武器売却（陸軍部門）*

売却先	売却武器
ブラジル	基本装備一式（1歩兵師団）、訓練用弾薬（1年分）、車両予備部品、50-cal. 弾薬、化学迫撃砲（13）、ヘルメット、訓練学校備品、短機関銃、訓練砲、戦車・トラック部品(L)
チリ	基本装備一式（1連隊・1野砲大隊）、訓練用弾薬（3年分）、トレーラー、予備部品(L)
コロンビア	基本装備一式（2歩兵大隊・2野砲大隊）、訓練用弾薬（2年分）、予備部品、2.5トン・トラック、装甲車・同予備部品
キューバ	基本装備一式（1軽歩兵大隊・1野砲大隊）、訓練用弾薬（3年分）、予備部品
ドミニカ共和国	基本装備一式（1歩兵ライフル中隊・1野砲大隊）—余剰資産不足のため未完了
エクアドル	基本装備一式（1歩兵大隊・1野砲大隊）、訓練用弾薬（3年分）、軽戦車予備部品、訓練用弾薬(L)
エルサルバドル	基本装備一式（1歩兵ライフル中隊・1野砲大隊）、訓練用弾薬（3年分）、予備部品(L)、軽戦車予備部品(L)
グアテマラ	基本装備一式（なし*）、車両予備部品、各種弾薬・武器付属品(L)、軽戦車予備部品
ハイチ	基本装備一式（1歩兵ライフル中隊・1野砲大隊）、訓練用弾薬（3年分）、予備部品、追加のヘルメット
ホンジュラス	基本装備一式（1歩兵ライフル中隊・1野砲大隊）
メキシコ	基本装備一式（機甲偵察大隊の一部）、予備部品、ピストル（1,000）、訓練用弾薬（1年分）、105mm 榴弾砲（15）、ヘルメット（25,000）、軽戦車・受信機予備部品(L)
パラグアイ	信号装置
ペルー	基本装備一式（1連隊・1野砲大隊）、訓練用弾薬（3年分）(L)、予備部品、軽戦車用を含む整備・予備部品・付属品(L)
ウルグアイ	基本装備一式（2歩兵大隊・2野砲大隊）、訓練用弾薬（3年分）(L)、予備部品、軽戦車用を含む整備・予備部品(L)
ベネズエラ	基本装備一式（1軽歩兵大隊・1野砲大隊）、訓練用弾薬（3年分）、予備部品、軽戦車用を含む整備・予備部品(L)
カナダ	中戦車（300）、軽戦車（105）、戦車予備部品、訓練用戦車弾薬、VT 信管（230,000）(L)、車両・通信装置・大砲付属品とそれらの予備部品
中国	7.92mm 弾薬（130,000,000）
イラン	陸軍及び憲兵用の大規模（不均衡）装備——105mm 軽戦車及び偵察用装甲車、それらの弾薬、中型貨物車、練習用・偵察用航空機、空軍特殊車両等を含む
アルゼンチン	砲兵中隊用大砲（90mm）及び予備部品、重機関銃及び TNT 火薬（3,000d トン）、その他の陸軍用装備及び予備部品
エチオピア	少数の予備部品(L)
オランダ	ライフル銃（400）及び予備部品、弾薬及び重火器予備部品(L)
フィリピン	カービン銃（1,000）及び弾薬（45,000,000）
トルコ	戦車用予備部品(L)

出典：Henry P. Pilgert et al., *The History of Foreign Surplus Property Disposal: 1945–1949*, Vol. II, Part X, Chapter 7, pp. 76–83.

注：*「暫定配備」プログラムによる売却を含む。（L）武器貸与協定に基づく提供。（ ）内は数量を示す。

の供給源でもあった。次に、空軍部門の余剰武器売却（表6－10）を見ると、戦闘機、輸送機、練習機など合計五七三機が売却された。中南米諸国への売却は四四八機であるから、暫定配備計画（六二六機）についての達成率は、単純計算で七一・六％であった。カナダには戦闘機（P－51D）が三〇機、中国には戦闘機が七五機（P－51Dが五三機、P－47Dが四二機）売却された。また、空軍関係でも武器貸与援助を補完する武器の補給が行われた。そして表

表6－10　軍事プログラムによる戦時在外余剰武器売却（空軍部門）*

売却先	航空機	数量	売却先	航空機等	数量
ブラジル#(L)	B-25	64	グアテマラ	練習用爆弾	—
	P-47	25	ハイチ	AT-11	1
	C-47	36		練習用爆弾	—
	AT-11	10	メキシコ+	C-47	8
	AT-7	20	ペルー+	CA-10	3
チリ+	CA-10	2		B-25	8
	B-25	11		P-47	25
	F-47	11		C-47	6
	C-47	5		AT-11	6
	AT-11	8		AT-7	2
	AT-5	1		AT-6	5
コロンビア	CA-10	4	ウルグアイ#	B-25	11
	B-25	3		C-47	5
	F-47	20		AT-11	10
	C-47	11		AT-6	15
	AT-7	2	ベネズエラ#(L)	B-25	15
	AT-11	5		P-47	28
	AT-6	2		C-47	10
キューバ#	CA-10	1		AT-11	6
	B-25	4		AT-7	3
	AT-7	2		AT-6	6
	AT-11	2		PT-17*	6
エクアドル+	P-47	12	カナダ#	P-51D	30
	C-47	4	中国#	P-51D	53
	AT-7	1		P-47D	42
エルサルバドル+	AT-11	1			
	BT-13	2			

出典：Henry P. Pilgert et al., *The History of Foreign Surplus Property Disposal: 1945-1949*, Vol. II, Part X, Chapter 6, pp. 69-75.
注：*「暫定配備」プログラムによる売却を含む。
#関連する保守・予備部品、訓練用装備・弾薬など一式を含む。
+当該機用の予備部品・訓練用弾薬を含む。
（L）武器貸与協定により引き渡された航空機の予備部品を含む。

表6-11　軍事プログラムによる戦時余剰武器売却（海軍部門）*

売却先	種　類	数量	売却先	種　類	数量
ブラジル	航法装置・通信装置	—	エクアドル	哨戒フリゲート（PF）	1
	エンジン予備部品	—	メキシコ	巡視艇（PCE）	5
	各種付属品	—		哨戒フリゲート（PF）	4
チリ	歩兵揚陸艇（LCI）	6	ペルー	戦車揚陸艇（LCT）	4
	人員揚陸艇（LCP）	8		哨戒フリゲート（PF）	1
	車両揚陸艇（LCVP）	8		タグボート（ATR）	2
	機動揚陸艇（LCM）	4		機動掃海艇（YMS）	2
	タグボート（ATR）	2		哨戒／爆撃機（PV-2）	6
	タグボート（ATA）	3		魚雷（演習弾頭・予備部品）	—
	航法装置・通信装置	—		通信装置・兵器付属品	—
	予備部品・付属品	—	ウルグアイ	通信装置・兵器装備	—
コロンビア	哨戒フリゲート（PF）	1	ベネズエラ	戦車揚陸艦（LST）	1
	エンジン付き救命ボート	1		航法装置	—
キューバ	巡視艇（PCE）	2		訓練支援	—
	哨戒フリゲート（PF）	2	カナダ	航法装置・通信装置（一部予備部品）	—
	タグボート（ATR）	2		各種付属品	—
	駆逐艦（SC）	2		訓練支援	—
	説明書	—	フランス	戦車揚陸艦（LST）	3

出典：Pilgert et al., *The History of Foreign Surplus Property Disposal: 1945-1949*, Vol. II, Part X, Chapter 8, pp. 84-86.
注：*「暫定配備」プログラムによる売却を含む。

6－11は、海軍部門による余剰武器売却を示している。駆逐艦や掃海艇など合計七〇隻が売却された。このうち中南米諸国には六七隻が売却されており、暫定配備計画（二七〇隻）の達成率は二四・八％にとどまった。

海軍部門で暫定配備計画の達成率が極めて低かった事情は、海軍用船リース協定による船舶の提供にある。表6－12は、このプロジェクトに基づく事実上の船舶売却が暫定配備計画を補完していたことを推測させる。中南米諸国に対する当該プロジェクトによる売却が合計一四六隻あり、これを含めると暫定配備計画の達成率は七八・九％に上昇する。一方、フランスに対する売却は合計二六二隻に達し、中南米諸国に対する暫定配備計画を遥かに上回っている。最後に、当該プロジェクトによる武器売却の回収率を見ると、中南米諸国全体で平均三・五％、フランスで三・二％、ノルウェーで一・六％に過ぎず、海軍用船リース船舶プロジェクトは事実上、無償の武器援助に近かったことが分かる。

表６-12　軍事プログラムによる戦時在外余剰武器売却（海軍用船リース協定）

売却先	種　類	数量	調達時価格	売却価格	回収率（％）
ブラジル**	巡視艇（PC）	8	9,016,750	236,800	2.6
	航空機再武装船（PRB）	19	102,600	9,500	9.2
	駆逐艦（SC）	8	2,523,200	56,000	2.2
	修理船（YR）*	1	674,000	50,000	7.3
	発動機艇（ML）	1	9,230	923	10.0
	揚陸艇（LCVP）	5	30,000	3,750	12.5
	スティール・バージ（YS）*	1	32,829	5,000	15,1
	ドライ・ドック（YFD）*	1	600,000	49,405	8.2
	航空機再武装船（Pl, Pers.）	11	27,500	2,750	10.0
	航空機再武装船（PRB）	19	102,600	9,500	9.2
チリ	救難機（ARB-36 Foot）	3	75,000	3,000	4.0
	救難機（ARB-33 Foot）	6	35,700	3,570	10.0
コロンビア	航空機再武装船	5	26,500	2,650	10.0
	Pulling Cutter（26 Foot）*	6	25,020	2,502	10.0
キューバ	沿岸警備艇（CGC）	12	1,380,000	52,000	3.8
ドミニカ	沿岸警備艇（CGC）	3	420,000	18,000	4.3
	港湾警備艇（26 Foot）	1	34,000	1,700	4.0
エクアドル**	巡視艇（PYc）	2	185,000	4,500	025
	救命艇（36 Foot）*	2	13,000	1,300	10.0
	発動機艇（ML）	1	12,000	1,200	10.0
	輸送艦（APc）	1	275,000	10,000	3.6
	キャビン・ランチ（36 Foot）	2	25,000	2,500	10.0
ハイチ	沿岸警備艇（CGC）	1	140,000	6,000	4.4
メキシコ	揚陸艇（LCVP）	1	10,000	750	7.5
パラグアイ**	港湾警備艇（45 Foot）	6	135,000	6,750	5.0
ペルー	ハーバー・タグ（PYT-3）	1	90,000	6,300	7.0
	ハーバー・タグ（PYT-2）	1	500,000	35,000	7.0
	沿岸警備艇（CGC）	6	690,000	21,000	3.0
	発動機艇（ML）	2	90,000	6,300	7.0
	揚陸艇（LCVP）	1	13,000	780	5.8
	モーター・ボート（35 Foot）	1	13,000	1,300	10.0
ウルグアイ	巡視艇（PC）	1	1,214,500	29,600	2.4
	救難機（ARB-63 Foot）	1	82,000	4,100	5.0
	発動機艇（ML）	1	5,858	585	10.0
	港湾警備艇（45 Foot）	1	21,525	1,076	5.0
ベネズエラ**	沿岸警備艇（CGC）	4	500,000	24,000	4.8
	中南米諸国合計	146	19,129,812	670,091	3.5
フランス	巡視艇（PC）	30	42,985,941	888,000	2.6

売却先	種　類	数量	調達時価格	売却価格	回収率（%）
フランス	駆逐艦（SC）	48	23,484,885	336,000	1.4
	機動掃海艇（YMS）	30	25,173,830	450,000	1.7
	ハーバー・タグ（AN）	3	2,362,002	240,000	10.0
	ガソリンエンジン・バージ（AOG）	2	1.684,934	450,000	27.0
	戦車揚陸艇（LCT）	2	360,000	10,000	2.9
	給油船（YO）	3	2,652,869	675,000	25.4
	給水船（YW）	1	700,000	20,000	2.8
	ハーバー・タグ（YT）	19	2,193,538	104,500	4.7
	ハーバー・タグ（YTB）	2	558,000	180,000	32.0
	人員揚陸艇（LCP）	1	10,900	800	7.3
	機動揚陸艇（LCM）	19	492,800	19,000	3.7
	人員揚陸艇（LCP）	2	24,000	1,000	4.2
	車両揚陸艇（LCVP）	48	573,850	36,000	6.3
	発動機艇（40'）	6	74,500	7,450	10.0
	発動機艇（36'）	2	27,000	2,700	10.0
	港湾巡視艇	9	223,500	11,175	5.0
	モーター・ボート	2	70,000	7,000	10.0
	救命艇	4	48,000	4,800	10.0
	ブイ・ボート	3	23,000	2,300	10.0
	航空機再武装船（PRB）	3	17,500	1,500	8.6
	航空機再武装船（Pl, Pers.）	2	6,400	640	10.0
	戦車揚陸艦（LST）	2	4,637,600	150,000	3.3
	上陸用船艇	8	5,720,000	40,000	0.7
	クオンセット・バージ	5	119,000	8,000	6.7
	浮きドッグ（YFD, 325 Ton）	3	360,000	10,800	3.0
	浮きドッグ（YFD, 100 Ton）	1	52,500	1,575	3.0
	発動機巡視艇（MLVP）	2	66,000	6,600	10.0
	フランス合計	262	114,702,549	3,664,840	3.2
ノルウェー	機動掃海艇（YMS）	7	6,095,000	105,000	1.7
	駆逐艦（SC）	3	1,642,575	21,000	1.3
	ノルウェー合計	10	7,737,575	126,000	1.6

出典：U. S. Deputy Field Commissioner for Military Programs（Naval）, "Annual Report -Charter Party Naval Lease Agreement with Latin America Republics, and France and Norway", April 15, 1949, in Henry P. Pilgert et al., *The History of Foreign Surplus Property Disposal: 1945-1949*, Vol. II, Part X, passim.

注：＊中南米諸国について、これらを除く全船舶が完全武装・軍用化されている。
＊＊1945年４月15日現在、決済交渉中であった。

6　おわりに

国際武器移転の経路は種々ある。本章はこれまで顧みられることの少なかった経路に踏み込み、第二次世界大戦において アメリカ遠征軍が世界各国に展開した結果として蓄積された戦時在外余剰資産の処分に着目した。強大な経済力を背景にアメリカ軍は世界大戦の広範な戦域に自国で生産した多種多様な物資を大量に送り込む一方、世界各地で石油などの戦略物資の開発や軍需品の現地生産を行った。その結果、勝敗の帰趨が見え始めた一九四三年には、終戦とともに直面すると想定される膨大な戦時余剰資産の処分問題を検討しなければならなくなった。アメリカの戦争のやり方の重要な特徴の一つは、労働者のより高い資本装備率を模す形で、兵士一人当たりの大砲、戦車、軍艦、戦闘機などの装備を敵国よりも高めることにあった[41]。軍需物資動員を支えた経済合理性は戦時余剰資産の処分にも適用されたのである。しかも、アメリカ遠征軍が国外に蓄積した膨大な余剰物資が国内に持ち込まれて平時経済の復興を妨げてはならなかった。こうして戦時在外余剰資産は国外で迅速に、(多くの場合)現地政府にあらゆる資産を一括して、大幅な割引価格で売却されることになった。

戦時在外余剰資産の処分対象に狭義の武器が公然と入り込むことは、形のうえでは確かに回避された。しかし、処分を管轄する統一的組織として設置された国務省対外清算局(OFLC)が結んだ一括売却協定には掃海艇などの武器が埋め込まれていた。さらに、ソ連との緊張関係が高まり戦後の国際関係が不安定化すると、トルーマン政権は在外余剰武器を国際移転政策に組み入れることを承認し、西半球防衛計画の一環として在外余剰武器を中南米諸国に売却する「暫定配備」プログラムが実行に移されることになった。その後、余剰武器の売却先は世界大に広げられ、また国内の余剰武器も売却対象に含められ、ヨーロッパやアジア、北アメリカなどの諸国に大量の戦闘機や軍艦、武器弾薬が、政府調達時価格のわずか数%の価格で、しかも長期・低利の信用供与を付して売却された。戦時在外余剰資産としての大量の武器弾薬の処分は、国際武器移転の無視しえない重要な経路の一つとなったのである。

注

（1）戦時余剰物資は、それがあまりに巨大であるため、平時移行後のアメリカ経済のみならず処分先の外国経済に及ぼす影響がすでに第一次世界大戦からの教訓であった（Burns［1945］pp. 485-495）。戦時余剰資産の処分が戦後企業体制に果たした役割については、河村［一九九五］第7章を参照。

（2）Huston［1988］は、第二次大戦終了から朝鮮戦争に至る軍事援助と対外政策を戦域別に詳細に検討しているが、戦時余剰資産処分の実態と全体像の解明の点では不十分である。

（3）戦時余剰資産の処分を、在外資産を含めて詳細に検討したCook［1948］の研究もあるが、売却方法の効率性に焦点が当てられている。なお、高橋ほか［二〇一四］は、「米国外交文書史料集」を利用して中国に対する戦時在外余剰資産の売却交渉について言及し、米山［二〇一四］は、一九四九年六月末に五六〇〇万ドル相当の軍装備品（掃海艇、哨戒艇、各種弾薬など）が対外清算局（ＯＦＬＣ）によって韓国政府に移管された事実を指摘している。

（4）U. S. State Department［1949］. 本資料は、ＯＦＬＣの歴史家が詳細な内部資料をもとに業務の開始から終了までを記録したタイプ印刷文書で、三部作成された。その内の一部が、各部局の報告書類とともに国立公文書館に所蔵され、本章はこれを利用した。なお、Huston［1988］もこの資料は利用していない。

（5）Parker［1920］を参照。

（6）一例を挙げれば、アメリカは戦時中に、イギリスのカックミアとフランスのカップ＝ダンティフェールの間に海底ケーブルを敷設したが、これをイギリスとフランスとの共同所有・運用、アメリカへのリースを条件として、イギリスからは三万ポンドの支払いを受けた（Parker［1920］p. 39）。

（7）ベルギー政府に対する余剰資産の売却と戦時経費の清算は比較的シンプルであった。売却額二九〇〇万ドルから戦時中のアメリカ遠征軍に対する機関車リース、列車・船舶による兵員・物資輸送、アントワープ港利用料、合計約二〇〇万ドルが控除された。残りの金額については、年利五％で三年間の信用が提供された（Parker［1920］p. 33）。

(8) フランスの民間ではなく政府に売却した理由は、①租税・関税の支払いを回避するためと、②アメリカ軍がフランス国内に設置した軍事施設から生ずる全請求権（移設や解体費用など）をフランス政府が持つためであった（U. S. Senate [1944] p. 57）。

(9) この一括売却は五%利付一〇年国債で支払われることになっていたが、支払いは行われなかったとされる。また、アメリカ国内の戦時余剰資産についても、実業界は輸出を望み、諸外国も購入意欲はあったが、十分な貿易信用を欠いていた（U. S. Senate [1944] p. 57）。

(10) リバティ・エンジンを二二五二基に到達するまでイギリスに供給することで両国は合意した（一九一九年五月一〇日）。Parker [1920] p. 52.

(11) U. S. Senate [1944] p. 112.

(12) 例えばCook（[1948] pp. 67-68）は、ユタ州オグデンでは二〇万ドルの電池が一二五ドルで払い下げられ、その後三万ドルで転売された事例などを紹介している。

(13) バーンズは下院議員、上院議員を経て最高裁判事（一九四一～四二年）を、バルークはニューヨーク証券取引所ブローカーとして成功し、ローズヴェルトの特別顧問を務めていた。ハンコックはリーマン商会（Lehman Brothers）パートナー、ニューディールでは全国復興庁（National Recovery Administration）取締役、戦時資源委員会（War Resources Board）で戦時動員を担当した。

(14) Bernard and Hancock [1944]. この報告書は在外余剰資産の処分については、国務省および外国経済局と協力して行うこと、武器貸与物資も対象とすること、そして処分対象の種類や価格、政策、組織は今後研究する必要があるとしている（pp. 59-60, 66）。

(15) クレイトンは綿花販売会社「アンダーソン＝クレイトン商会（Anderson, Clayton and Company）」を設立し、第一次大戦時は綿花流通委員会（Cotton Distribution Committee）委員、その後は復興金融公社（RFC）や輸出入銀行の役職を歴任し、一九四四年末に経済問題担当の国務次官に就任し、マーシャル・プランの策定に重要な役割を果たした。

(16) 「余剰物資法」や「余剰物資」と日本語表記されることもあるが、サービスなどを含む資産全般を対象としたことから、本章では「余剰資産法」や「余剰資産」と表記する。

(17) U. S. Department of State［1949］Vol. I, Part I, p. iv; Cook［1948］pp. 70-71. なお、一九四五年九月一八日公法一八一号により戦時動員局は「戦時動員・再転換局」に改組された。

(18) Truman［1945b］.

(19) Truman［1945a］.

(20) Ibid. なお、国務省は当初、同省の通常の責務からはかけ離れた活動を嫌がったとされる。U. S. Department of State［1949］Vol. I, Part I, p. vi.

(21) マケイブは製紙会社（Scott Paper Co.）ＣＥＯを長年務め、戦前はフィラデルフィア連銀取締役会議長、戦時中は武器貸与プログラムや戦時生産局の要職を務め、陸海軍清算コミッショナー、一九四八～五一年には連邦準備制度理事会議長を務めた。なお、マケイブは一九四六年九月に辞任したが、主要な一括販売契約に署名を済ませた。後任はコネリーで一九四八年三月まで在職し、余剰資産の引き渡し業務に専念した。その後任コミッショナーはラムゼイ（Fried W. Ramsey、クリーブランドの実業家出身で、前アフリカ・中東地区コミッショナー）で一九四八年四～七月、残りの期間をハイソン（Clyde L. Hyssong）少将が務めた。U. S. Department of State［1949］Vol. I, Part I, p. vii.

(22) U. S. Department of State［1946］pp. 1-2.

(23) U. S. Commission on Organization of the Executive Branch of the Government［1955］, p. 203.

(24) U. S. Department of State［1949］Vol. I, Part I, p. 8.

(25) U. S. Department of State［1946］pp. 48-56.

(26) U. S. Department of State［1946］pp. 30-57.

(27) ＩＭＦ・世界銀行の創設に伴いアメリカの国際通貨金融政策にかかわる関係閣僚による諮問機関、国際通貨金融問題国家諮問会議（ＮＡＣ）は、一九四五年一〇月末日付けで、ＯＦＬＣの裁量による長期（三〇年以上）・低利（〇・三七六～二％）の信用供与を承認した。U. S. Department of State［1949］Vol. II, Part II, Chapter 3, p. 5. ＮＡＣについては、須藤［二〇〇八］第6章を参照。

(28) 一九四九年六月末以降のＯＦＬＣの業務終了後に発生した戦時在外余剰資産の処分は、それぞれの保有機関（陸軍、空軍、海軍）によって行われた。U. S. Department of State［1949］Vol. I, Part I, p. vii.

（29）高田〔二〇一二〕一二八頁。
（30）U. S. Department of State, Office of the Foreign Liquidation Commissioner〔1946〕p. 46, Appendix II, Bulk Sale to Italy.
（31）U. S. Department of State, Office of the Foreign Liquidation Commissioner〔1947〕pp. 29-31, Appendix I, Supplementary Italian Bulk Sale Agreement.
（32）*FRUS*, 1946, Vol. 1, pp. 1141-42.
（33）*FRUS*, 1946, Vol. 1, pp. 1145-60. 以上については、高田〔二〇一二〕一一七頁を参照。
（34）以下を参照。Pach〔1991〕, pp. 271-273.
（35）Huston〔1988〕, p. 272.
（36）こうした政策転換は利害関係者からの反発を招いた。連邦議会下院の公聴会では、戦時資産管理局（War Assets Administration）がC－54輸送機を余剰資産として三四五機を売却したが、退役軍人への売却が優先されず、独占力の強化となる航空会社（Pan American）への売却が優先されたとの訴えが取り上げられた。U. S. House, Select Committee to Investigate Disposition of Surplus Property〔1946〕pp. 1821-1829.
（37）U. S. Department of State〔1949〕Vol. II, Part X, Chapter 4, pp. 46-68.
（38）U. S. Department of State〔1949〕Vol. II, Part X, pp. 1-7. なお、ＯＦＣＭＰは本体のＯＦＬＣが役目を終える直前の一九四九年五月末日をもって閉鎖された。
（39）イランにおける石油利権をめぐるソ連との確執も重要である。この点については、さしあたり油井〔一九八五〕第2章を参照。
（40）U. S. Department of State〔1949〕Vol. II, Part X, Chapter 5, pp. 59-68.
（41）「アメリカの民主的に選出された政府は、自国の戦争犠牲者を最小限にして強大な火力で敵国の犠牲者を増やさない限り持ちこたえられない」。Rockoff〔2012〕p. 29.

文献リスト

河村哲二〔一九九五〕『パックス・アメリカーナの形成――アメリカ「戦時経済システム」の分析』東洋経済新報社。

須藤功［二〇〇八］『戦後アメリカ通貨金融政策の形成――ニューディールから「アコード」へ』名古屋大学出版会。

高田馨里［二〇一二］「第二次大戦直後のアメリカ武器移転政策の形成」横井勝彦・小野塚知二編『軍拡と武器移転の世界史――兵器はなぜ容易に広まったのか』日本経済評論社。

高橋順子・森岡稔・波照間陽［二〇一四］「占領初期沖縄の勝連半島地域における「チャイナ陣地」に関する一考察」『日本女子大学大学院人間社会研究科紀要』第二〇号、三一～五二頁。

油井大三郎［一九八五］『戦後世界秩序の形成――アメリカ資本主義と東地中海地域１９４４－１９４７』東京大学出版会。

米山多佳志［二〇一四］「第２次世界大戦後の再軍備と在韓・在日米軍軍事顧問団の活動」『防衛研究所紀要』第一六巻二号、一二三～一五〇頁。

Burns, A. R.［1945］"Surplus Government Property and Foreign Policy", *Foreign Affairs*, 23(3), 485-495.

Baruch, B. M. and J. M. Hancock［1944］*Report on War and Post-War Adjustment Policies*. Retrieve from FRASER website of St Louis Fed.

Cook, J. A.［1948］*The Marketing of Surplus War Property*, Washington, D. C.

Huston, J. A.［1988］*Outposts and Allies: U. S. Army Logistics in the Cold War, 1945-1953*, London.

Rockoff, H.［2012］*America's Economic Way of War: War and the US Economy from the Spanish-American War to the Persian Gulf War*, New York.

Pach, C. J., Jr.［1991］*Arming the Free World: The Origins of the United States Military Assistance Program, 1945-1950*, Chapel Hill.

Parker, E. B.［1920］*Final Report of United States Liquidation Commission, War Department*, Washington.

Truman, H. S.［1945a］"Executive Order 9630 - Redistribution of Foreign Economic Functions and Functions with Respect to Surplus Property in Foreign Areas", September 27.

Truman, H. S.［1945b］"Special Message to the Congress on Amending the Surplus Property Act To Provide for a Single Administrator", July 17.

U. S. Commission on Organization of the Executive Branch of the Government［1955］*Report on Use and Disposal of Federal*

Surplus Property, Washington, by Task Force on Use and Disposal of Federal Surplus Property.

U. S. Department of State [1946] *Legislation, Regulations and Orders Pertaining to Foreign Surplus Disposal*, Department of State Publication 27024.

U. S. Department of State, Office of the Foreign Liquidation Commissioner [1946-47] *Report to Congress on Foreign Surplus Disposal*, Washington.

U. S. Department of State [1949] *The History of Foreign Surplus Property Disposal 1945-1949*, Vol. I, II, 1949, by Henry P. Pilgert, Grace E. Aube, James P. Clark, Harry A. Shirker, Office of the Foreign Liquidation Commissioner, National Archive, RG 59, Boxes 1A, 1B.

U. S. House, Select Committee to Investigate Disposition of Surplus Property [1946] *Investigation, Disposition of Surplus Property: Hearings before the Select Committee to Investigate Disposition of Surplus Property*, 79th Cong., 2nd Sess., Washington, by Select Committee to Investigate Disposition of Surplus Property.

U. S. Senate [1944] *Disposal of Surplus War Materials: Policies and Procedures, 1918-1926*, Washington, by Committee on Military Affairs, War Contracts Subcommittee.

第7章　冷戦終結後の通常兵器移転規制の進展と限界

榎本　珠良

1　はじめに[1]

一九九〇年代以降、通常兵器は国連などの場で「事実上の大量破壊兵器」とも呼ばれ、その不正使用による甚大な人的被害や持続可能な開発への悪影響などが問題視され、規制合意の形成が進展した。とりわけ、自国からの武器輸出が国際人道法・人権法の重大な違反の遂行や助長などに使用されるリスクを認識しながら輸出を許可した政府の行為が非難され、通常兵器の国際移転を規制すべく数々の地域的合意等が形成された。そして、国連において武器貿易条約（ATT）交渉が行われ、二〇一三年四月二日に国連総会で同条約が採択され、同年六月三日より署名と批准が進められた。この条約は五〇カ国による批准、受諾又は承認（以下、「批准」に統一する）[2]の九〇日後に発効することになっていたため、一四年九月二五日に批准国が五〇カ国に達したことにより、同年一二月二四日に条約が発効した。[3]一七年一月二六日現在の署名国は一三〇カ国、締約国は八九カ国である。[4]

冷戦終結後の通常兵器移転規制には、一九世紀から冷戦期までの国際的な移転規制論議に比べ、どのような特徴がみられるのだろうか？　一九世紀から冷戦期までの関連する国際的な政策論議の内容や帰結を踏まえることにより、冷戦終結後の通常兵器移転規制の「成否」や課題について、いかなる考察が可能になるだろうか？　本章では、まず、本書の関連する章を振り返りつつ、冷戦期の主要な国際的政策論議を概観する。次に、一九九〇年代に合意形成の動きが生じた背景を述べ、同時期の主な国際合意を紹介する。そして、二〇〇〇年代に通常兵器移転規制に関する「グローバル」な合意の形成が模索された過程を辿り、ＡＴＴの内容を明らかにする。

現代の軍備管理・軍縮は、政策提言志向の研究者あるいは実務者により、兵器カテゴリーや交渉枠組みごとに「現代の課題」に焦点を当てて論じられる傾向があり、各課題を長期的な歴史のなかに位置付けて考察する視点は生まれにくい。他方で、現代の軍備管理・軍縮に関しては、何らかの「内部者」でない限り、現在進行形の合意形成の内幕や実務者間の論議に関する一次資料の入手や内部情報の入手に相当の限界がある。また、現代の国際会議の交渉の仔細に昼夜を問わず関与しながら、過去数世紀に渡る各個別事例について一次資料を収集し分析することは現実的ではない。したがって、過去の一次資料に可能な限りあたりつつ、実務に関与し、かつ現代の政策論議の特徴や課題を考察しようとする者は、本書第5章を執筆したクラウスなど、極めて限られる。

筆者は、二〇〇三年から一五年まで非政府組織（ＮＧＯ）で勤務し、軍備管理・軍縮や人道問題の担当者として、通常兵器規制に関する国連での交渉プロセスに関与した。一五年からは、個人のコンサルタントとして、引き続きこの分野の政策論議に関与している。本章は、このような現代の政策論議の詳細に加え、一九世紀末から現在までの通常兵器移転規制に関する国際的な政策論議の少なくとも大枠を踏まえる。そのうえで、冷戦終結以前に試みられた通常兵器移転の国際規制のうち、発効や実施に至った合意にみられるいくつかの共通点を指摘し、それらに照らし合わせて冷戦終結後の規制合意の特徴や限界を考察する。

なお、本章におけるNGOの行動や国連での交渉等に関する記述のなかで、出典を明示していないものは、過去一三年ほどの筆者の記録や観察に基づいている。ただし、本論文の考察は筆者個人に属し、関係する組織の見解や分析を示すものではない。また、本論文では、上記の組織内部で共有された情報のうち、関係者以外に共有することを厳格に禁じられた部外秘扱いの情報は使用していない。

また、本章において、「通常兵器規制」とは基本的に「非人道的」とは見做されない通常兵器を扱う規制を意味するものとし、「非人道的」と見做しうる特定の通常兵器の使用や製造、移転等の禁止の試み[5]と区別する。また、通常兵器の国際移転の部分的禁止や制限だけでなく、移転情報の公開や報告・登録制度の設置も、通常兵器の移転規制と見做す。

2　一九九〇年代：通常兵器移転に関する規制合意の形成

(1)　冷戦期までの通常兵器移転規制

本書第1章及び第5章が詳説している「アフリカの奴隷貿易に関するブリュッセル会議一般協定」（以下、ブリュッセル協定[6]）が一八九〇年に締結された後、戦間期にはより広い地域への武器移転を規制ないし監督する条約の交渉が試みられた。しかし、本書第5章が示すように、一九一九年の「武器と弾薬の貿易規制のための条約[7]」は死文化し、二五年の「武器、弾薬、及び装備品の国際貿易の監督に関する条約[8]」は発効に至らず、二九年の「武器、弾薬、及び装備品に関する民間製造の監督及び製造情報の公開に関する条約案[9]」は草案段階に留まり、三二年から三四年の「軍備の削減と制限のための会議」での武器貿易規制条約交渉は頓挫した。

その一方で、本書第5章が言及するように、戦間期から第二次世界大戦後にかけては、欧米諸国で武器やその他の関連物資の輸出に対する許可制度が構築され、詳細な法制度の整備が進んだ[10]。本書第6章を通じて明らかにされた、アメリカの戦時在外余剰資産の処分をめぐる具体的で詳細な方針・制度の形成は、武器を含む様々な物資の所有権や管轄・管理権の移転を可能にしたと同時に、それら物資の移転を国家が規制するための法整備の構築・発展を意味した。

さらに、欧米諸国において法制度の整備が進むと、各国の法制度を調和させることも可能になった。本書第5章が指摘するように、各国における体系的で一貫した貿易管理制度・手続が整備されたからこそ、多国間合意を通じた政策・制度の調和が可能になったのである。そして、東西の対立が深まるなかで、西側諸国は冷戦構造を反映した国際的な移転規制枠組みを設立した。すなわち、一九四九年に、共産主義諸国への軍事技術・戦略物資の輸出を統制すべく、対共産圏輸出統制委員会（ＣＯＣＯＭ）を発足させた[11]。これにより、西側諸国から東側諸国への武器移転には一定程度共通した規制が課されたが、他方で、東西両陣営とも、自己の勢力範囲を維持・拡大するために非同盟諸国に対して武器を移転する傾向がみられた。

その後、米ソデタント末期の一九七七年から翌年にかけては、ジミー・カーター（Jimmy Carter）政権がソ連に武器貿易の相互抑制を呼びかけ、これにソ連が応じたことにより、四ラウンドの通常兵器移転交渉（ＣＡＴＴ）[12]が行われた。しかし、双方とも、通常兵器の移転を規制すべきでありそのためのガイドラインが必要だとの点では同様の立場を表明していたものの、具体的にどの地域への武器移転を規制対象にすべきかをめぐり意見が対立した。結局、七九年のソ連によるアフガニスタン侵攻に伴い米ソ関係が悪化したため、ＣＡＴＴの第五ラウンド以降の会合は再開されず、ガイドライン形成の交渉も立ち消えた[13]。

冷戦期の国連における通常兵器移転規制としては、まず、国連安保理決議による国連憲章第四一条に基づく武器禁輸が挙げられるが、僅かな例外を除けば常任理事国五カ国が合意に至ることはなかった。[14] その一方で、五〇年代から七〇年代までの国連総会においては、主に西側諸国が、通常兵器移転の報告制度の創設を目指す国連総会決議案を提案し、「南」の軍備増強が経済・社会開発に悪影響を与えていると指摘した。しかし、こうした主張は、概して「南」の国々の賛同を得ることができず、国連の場で大勢を占めるには至らなかった。つまり、西側諸国を中心にした国々の提案について、非同盟諸国の多くの国は、植民地人民の独立の権利や武器輸入国の自衛権を侵害し、武器輸入国の国内管轄事項に不当に介入しようとする差別的な提案だと見做して、数の多さを活かして国連総会決議案の採択を阻むなどしたのである。[15] 非同盟諸国の多くの国は、武器輸入は国家が兵器を入手する手段の一つに過ぎず、その一方で武器の主要生産・輸出国である先進国こそが急速に軍備を拡張しているのだから、武器移転の問題を取り上げるのであれば、武器生産の問題とあわせて包括的に検討したうえで、先進国による軍備（とりわけ核軍備）の削減に重点を置くべきだと論じた。四五年に設立された国連においては、大国も小国も区別なくすべての国が総会で一票を有することになった。そこで、非同盟諸国は、数の多さを活かして、西側諸国による国連総会決議案の採択を阻むことができた。また、第二次世界大戦後に、国際社会の基本ルールが、国家を維持することができ国内統治能力がある（すなわち「文明の基準」を満たしている）という意味での「積極的主権」に基づくゲームから、外部による干渉を受けないという意味での法的な「消極的主権」に基づくゲームへと転換するなかで、[16] 非同盟諸国の主張は容易に正当化された。

　ところが、一九八〇年代に入ると、国連での議論や、国際社会で大きな反響を呼んだ報告書において、「南」の国々の軍備を問題視したり、通常兵器移転に関する国際的な報告制度の形成を求めたりする動きが徐々に強まった。国連の場では、イギリス、イタリア、オーストラリア、スウェーデン、スペイン、西ドイツ、日本、ベルギーなどにより、通常兵器移転の情報を登録ないし公開する制度の設立や各国の軍備削減の必要性が頻繁に提起された。[17] さらに、国連の枠外では、ヴィリー・ブラント（Willy Brandt）西ドイツ元首相を委員長とする「国際開発問題に関する独立委員会」（通称：ブラント委員会）が、八〇年に報告書『南と北―生存のための戦略』[18]を発表した。この報告書は、紛争や緊張が発生している地域への武器及び武器生産設備の輸出を抑制するような合意を形成すべきだと提言し、すべての武器及び武器生産設備の輸出情報を開示するためのグローバルな合意の必要性を訴えた。さらに、その二年後の八二年には、ブラント委員会のメンバーで元スウェーデン首相のオロフ・パルメ（Olof Palme）を委員長とする「軍縮と安全保障の問題に関する独立委員会」（通称：パルメ委員会）が、報告書『共通の安全保障』[19]を公表した。そして、この報告書も、すべての国が軍備の質的制限に取り組む必要があることや、武器輸出にガイドラインや制限を設けるための公平な制度を武器輸出国と輸入国が協働して構築すべきことを論じた。

八〇年代に欧州や日本などの国々や上記の委員会が通常兵器移転規制に対して積極姿勢をとった背景としては、まず、八〇年代に累積債務問題に直面した国々の軍事費を含む国家予算のあり方が、援助ドナー国や国際機関等による批判に晒されるようになったことが挙げられる。累積債務問題への対応のなかで、南米やサブサハラ・アフリカなどの国の軍事支出あるいは国家予算全体の肥大化に批判が集まり、そうした国の予算編成の問題に外部アクターが介入する余地が広がったのである。このような状況下で、八〇年代に債務危機に陥った国々のなかでも、「北」の大国だけではなく「南」の国々を含むすべての国の軍事予算について国連の場で議論することを容認したり、あるいは債務増大の責任の一因は途上国に武器を輸出して利益を得る大国の側にあると批判したりする傾向が生じた[20]。その一方で、サブサハラ・アフリカ諸国ほどの深刻な債務危機には直面していなかった産油国をはじめとする国々――インド、イラク、クウェート、リビア等――は、通常兵器の調達や移転を問題視して国際的な規制を求める西側諸国の動きに対して、警戒感を示し続けた[21]。この結果として、七〇年代までは西側諸国による武器移転規制の提案に反対する傾向がみられた非同盟諸国のなかで、立場の相違が顕著になった。

さらに、八〇年代後半に東西間の緊張が緩和し冷戦が終結へと向かい始めると、東西両陣営にとって、非同盟諸国の戦略的価値や非同盟諸国への通常兵器輸出の重要性が低減した。その結果、東西ともに通常兵器の移転規制のための国際合意形成に対して積極姿勢をとりやすくなったと同時に、国連における非同盟諸国の影響力はますます低下した。こうした状況の中、八〇年代末に、通常兵器移転規制について国連の場で具体的な進展がみられた。

八八年の国連総会決議「国際的な武器移転[22]」は、武器移転について、緊張や地域紛争が国際の平和と安定及び国家安全保障を脅かしている地域において潜在的影響を及ぼし、平和的な社会・経済開発プロセスに対して負の影響を与える可能性があるとの認識を示した。そして、この決議は、武器の非合法取引が増大していると指摘し、武器移転問題は国際社会による真剣な検討に値すると確信する旨を述べた。そのうえで、この決議は、国連加盟国に対して、武器の生産や移転に対する管理システムの強化や、世界の武器移転の透明性を向上させる方策の検討を求め、国連事務総長に対して、政府専門家の助力を得て通常兵器の国際移転の透明性を推進する方法に関する研究を行い、その結果を九一年の国連総会に提出するよう要請した。

(2)　国連軍備登録制度から移転許可基準へ

八八年の国連総会決議に基づき設置された政府専門家グループ（GGE）が作成し、国連事務総長が九一年九月の国連総会に提出した報告書は、国際的な武器移転の報告・登録制度の創設を提案した[23]。そして、この報告書が作成された過程においては、湾岸危機後の国連における、対イラク通常兵器移転に関する問題意識が強く作用した[24]。八九年一二月のマルタ会談において米ソ首脳が冷戦終結を宣言した直後の九〇年八月にイラクがクウェートに侵攻したが、この際にイラクが保有していた兵器の多くが、それ以前に欧米諸国から移転されたものであった。そのため、欧米諸国の国内では、自国からの武器移転がイラクの侵略行為を助長したのではないかとの批判が高まった[25]。そして、この批判を背景にして、欧米諸国は国連の場で、武器移転は国際の平和と安定に大きな影響を与えるものであり規制強化が必要だと主張したのである。

こうしたなかで、九一年一二月の国連総会では、「軍備の透明性」と題する決議が採択された[26]。この決議は、武器移転の透明性・公開性を向上させることにより、各国の信頼醸成に貢献するとともに、地域の安定を損なうおそれのある過度な軍備蓄積を防止することを謳った。そして、この決議に基づき、九二年に国連軍備登録制度が創設された。この制度は、重兵器を中心とする七カテゴリーの通常兵器について、報告年前年の移転数や移転相手国といった情報を各国が国連事務局に自発的に報告するものであり、国内生産を通じた調達等に関する情報の提出も奨励されている。

また、対イラク通常兵器移転問題を受けて、欧州諸国とアメリカは、通常兵器の輸出国側がとるべき対策を検討した。まず、欧州理事会においては、加盟国政府が武器輸出を許可する際に適用する共通基準を創設することの是非や共通基準の内容が協議された[27]。そして、この協議の結果、九一年六月の欧州理事会で「不拡散と武器輸出に関する宣言」が採択された[28]。この宣言は、武器の移転先の国における人権の尊重、移転先で生じている緊張や武力紛争などの国内状況、地域的な平和・安全・安定の維持、輸入国内で第三者に流用されたり望ましくない条件下で再輸出されたりするリスクの存在といった共通基準に基づいて各国の輸出政策を調和させる方針を示した。さらに、翌九二年六月の欧州理事会では、この共通基準に新たな項目（受領国の技術的・経済的能力に見合っているかどうか）を追加することが合意された[29]。

アメリカも、国連安保理常任理事国五カ国による合意形成を呼びかけた[30]。そして、実際に五カ国は、九一年に二回の会合を開催し、第二回会合において「通常兵器移転ガイドライン」に合意した[31]。このガイドラインには、武器の移転が武力紛争を長期化・激化させる可能性がある場合や、地域内の緊張や不安定化をもたらす可能性がある場合、国際テロリズムを支援ないし助長する可能性がある場合、移転先国の経済に深刻な打撃を与える可能性がある場合などに、五カ国が武器の移転を避ける旨が盛り込まれた。このガイドラインは、五カ国による実施状況を報告するなどの制度を伴わない宣言的な合意にとどまったものの、先述の欧州理事会での合意と並び、九〇年代以降の移転規制合意の先がけとなった。

以上のように、冷戦終結直後に、通常兵器の移転は主に対イラク武器移転問題の文脈で問題視されたが、九〇年代半ばから後半には、若干異なる視点から議論されるようになった。まず、九〇年代半ばまでに、通常兵器移転の問題は、冷戦終結後の世界における「新しい戦争」[32]を助長する要因として認識されるようになった。また、九〇年代後半に入ると、アンゴラ、コンゴ民主共和国、シエラレオネといった国々への武器移転が、それらの国々における紛争下のダイヤモンド、金、コルタン、木材などの資源搾取やトランスナショナルな資源取引ネットワークの問題（とりわけ「血のダイヤモンド」ないし「紛争ダイヤモンド」問題）と結びついていることが国連の場でも取り上げられ、研究者やＮＧＯ等にも問題視されるようになった[33]。

さらに、九〇年代を通じて、開発と安全保障の分野では、本書序章で述べた「開発と安全保障の融合」と呼ばれる現象がみられたが[34]、両分野の政策論議の境界線が曖昧になるにつれ、軍備管理・軍縮と平和構築や開発に関する政策論議の境界線も不明瞭になった。そして、通常兵器の生産、保有や移転だけでなく、開発と安全保障の双方に関わると見做された多くの施策が、小型武器・軽兵器規制や通常兵器移転規制の政策領域の範疇に位置付けられた。それと同時に、通常兵器移転規制に関しても平和構築や開発の視点を取り入れた議論が次第に主流化した。このような経緯ゆえに、九〇年代後半までには、通常兵器移転について、「南」における「新しい戦争」を激化・長期化させ、「南」の開発に悪影響を及ぼし、「人間の安全保障」を脅かすリスクがあるものとして、規制の必要性が論じられるようになった[35]。そして、通常兵器移転のリスクを減じるべく規制する一義的な責任は、武器の移転元の国々（輸出国）にあると考えられたため、移転規制に関する九〇年代の合意形成は、まずは「北」の武器輸出国（とりわけ欧米諸国）を中

表7－1　1993年から2000年代初頭の移転許可基準を含む文書

合意年	合意枠組み	合意名	法的拘束力の有無
1993年	欧州安全保障協力機構	通常兵器の移転に関する原則a）	無
1996年	国連軍縮委員会	国際武器移転に関するガイドラインb）	無
1998年	欧州連合	武器輸出に関する欧州連合行動規範c）	無
2000年	欧州安全保障協力機構	小型武器・軽兵器に関する欧州安全保障協力機構文書d）	無
2002年	ワッセナー・アレンジメント	小型武器・軽兵器の輸出に関するベスト・プラクティス・ガイドラインe）	無

注：a）Principles Governing Conventional Arms Transfers, November 25, 1993.
b）Guidelines for International Arms Transfers in the Context of General Assembly Resolution 46/36 H of 6 December 1991（Outcome of the UN Disarmament Commission's 1996 Substantive Session from April 22-May 7, 1996）
c）European Union Code of Conduct on Arms Exports, June 8, 1998.
d）OSCE Document on Small Arms and Light Weapons, November 24, 2000.
e）Best Practice Guidelines for Exports of Small Arms and Light Weapons, December 11-12, 2002.

心とした場で進められた。

そうした合意においては、九〇年代初頭の欧州理事会や国連安保理での合意と同様に、特定の国や地域への移転を明示的に禁止するのではなく、移転の可否を判断する際の基準（移転許可基準）を設けるアプローチが採用された。そして、九三年から二〇〇〇年代初頭にかけて、表7－1で示すような文書が合意され、それら文書には、人権、平和構築、開発といった視点に基づく許可基準が盛り込まれた。

この流れのなかで、冷戦期に西側諸国により形成された移転規制レジームも、武器移転のリスクを個別の移転許可申請ごとに審査する方向に変化した。冷戦期のCOCOMは、西側自由主義陣営の相対的な技術優位性を保つべく、共産圏諸国への軍事技術・戦略物資の移転を共同で統制するものであった。その後、冷戦が終結するに伴い意義を失ったCOCOMは九四年に解散したが、九六年にはかつての規制対象国である旧共産主義国の参加のもとで「通常兵器及び関連汎用品・技術の輸出管理に関するワッセナー・アレンジメント」（以下、ワッセナー・アレンジメント）[36]が発足した。ワッセナー・アレンジメントは、非参加国向けの武器輸出を管理対象としているが、輸出禁止国を指定するというアプローチは採用しておらず、地域の安定を損なうおそれのある過度な武器蓄積の防止を掲げ、通常兵器及び関連汎用品・

技術の輸出管理を推進している。そして、二〇〇二年にワッセナー・アレンジメントの枠組みで合意されたガイドラインには、表7－1に示す同時期の他の合意とほぼ同様の移転許可基準が盛り込まれた。

3　二〇〇〇年代から二〇一〇年代：移転許可基準のグローバル化の試み

(1)　地域的合意や「グローバル」な合意の模索

前節で示したように、一九九〇年代から二〇〇〇年代初頭の移転規制合意の多くは、「北」の武器輸出国（とりわけ欧米諸国）を中心とした場で形成された。しかし、二〇〇〇年代に入ると、類似の移転許可基準を盛り込んだ「グローバル」な合意や欧米以外の地域的な合意を形成し、それらに前節で述べたような移転許可基準を盛り込もうとする動きが活発化した。もちろん、地域の枠を超えた「グローバル」な合意を求める動きは一九九〇年代から存在していたが、それを提唱する国々やNGOが合意形成のために具体的に動き始めたのは、二〇〇〇年代に入ってからのことであった。

この背景としては、通常兵器の輸出国数の増加、旧ソ連・東欧諸国における余剰兵器の移転問題の顕在化、技術のトレンドのスピンオフ（軍事技術の民生転用）からスピンオン（民生技術の軍事転用）への変化、軍事・汎用技術開発の国際化、グローバリゼーションの進展やインターネットの普及による移転ルートの多様化・複雑化といった状況を指摘できる[37]。つまり、この頃には、欧米諸国による移転規制だけでは、世界全体の武器移転に規制の網をかけることが困難になっていた。

また、欧州の防衛産業も、移転許可基準を盛り込んだ「グローバル」な合意の形成を支持した。欧州諸国の政府も、

ATTに関する国内での協議にあたってNGOと防衛産業関係者を同席させるなどしており、防衛産業をATT交渉における主要なステークホルダーと見做していた[38]。前節で述べたように、欧州ではすでに一九九〇年代から通常兵器の移転許可基準が合意されており、それはNGOが求めたATTの内容に類似したものであった。したがって、欧州諸国の防衛産業にとっては、欧州で合意された移転許可基準に類似する内容の条約が新たに形成されたとしても、自国の規制がさらに厳しくなる可能性は極めて低かった。むしろ、欧州の防衛産業のなかには、移転許可の「世界標準」が合意されれば、欧州の基準に基づくと輸出許可が下りないような相手に対して欧州以外の企業が抜け駆け的に輸出できるという「不平等」が改善される可能性があるのではと期待する傾向もみられた[39]。また、そもそも、国際人権法、国際人道法、開発等に関する許可基準に基づいて自国政府が武器輸出の可否を判断するというアイディアは、許可された輸出に政府が倫理的観点からのお墨付きを与えることを意味するため、武器輸出国の防衛産業にとって不都合なものではない。加えて、近年、先進国では先端兵器の共同開発・生産が主流になり、新興の兵器生産国との共同開発・生産も視野に入るようになってきている。そうした状況において、防衛産業の側には、各国ごとに大きく異なる武器貿易ルールをATTにより一定程度共通化すれば、他国との取引がより円滑になる可能性があるとの期待もみられた[40]。さらに、欧州諸国が欧州外の国と兵器の共同開発・生産を検討する際に、相手国もグローバルな合意に参加していれば、共同開発・生産した兵器を相手国が第三者に移転する際にATTの許可基準が適用されるため悪者の手に渡る心配はないとして、対内（議会、国内メディア、国民など）・対外的に説明することも可能である。こうしたことから、欧州の防衛産業関係者も、グローバルな移転許可基準文書の形成を概して支持した。

加えて、二〇〇一年のアメリカ同時多発テロ以降は、通常兵器移転規制の政策論議のなかで、テロ行為の防止が強調される場面がみられた。もっとも、一九九〇年代の通常兵器移転規制の論議においても、テロ行為の防止という観点はみられたし、テロ行為の助長や支援につながる可能性がある場合は移転を許可しないといった許可基準は、九一年の国連安保理常任理事国五カ国による「通常兵器移転ガイドライン」や、九三年から二〇〇〇年代初頭に合意された許可基準を含む文書（前節表７－１）の多くに盛り込まれている。そうした意味では、同時多発テロが通常兵器移転規制をめぐる政策論議を劇的に変化させたと捉えることはできない、むしろ、その影響は、従来から規制の目的の一つとして位置付けられていたテロ防止という側面が強調される機会が若干増加した程度にとどまると言えよう。

このような状況のなかで、欧州諸国や国連機関、ＮＧＯ、研究者などは、通常兵器移転規制のための欧州以外の地域における合意や「グローバル」な合意の形成を推進した。ただし、「グローバル」な合意の交渉枠組みや内容については、多様なアクター間で意見が一致しておらず、そのため複数のイニシアティブが同時進行で進展した。

例えば、二〇〇三年から〇五年にかけて、イギリスのブラッドフォード大学と、イギリスに拠点を置くＮＧＯのインターナショナル・アラート及びセイファーワールドは、共同プロジェクトの一環として、小型武器に関する「コンサルティティブ・グループ・プロセス」（ＣＧＰ）を主宰した。[41] ＣＧＰには三一カ国が参加し、[42] 小型武器の移転許可基準と非国家主体への移転問題を検討した。そして、ここでの議論を基にして、小型武器の移転許可基準に関するＣＧＰの報告書が、〇四年から〇六年にかけて作成された。[43]

この動きとは別に、イギリス政府が二〇〇三年に開始した「移転規制イニシアティブ」（ＴＣＩ）も、小型武器の移転許可基準を明確化して「グローバル」な基準を形成することを目指した。[44] ただし、ＣＧＰもＴＣＩも、ＡＴＴ構想とは異なり、小型武器に議論の対象を絞っていた上に、法的拘束力のある文書の形成を目指すものではなかった。

こうした動きに先立ち、一九九〇年代後半から二〇〇〇年前後までに、ＮＧＯやノーベル平和賞受賞者、国際法学者らは「国際武器移転に関する枠組み条約案」を形成しており、これは、小型武器だけでなく重兵器も含めた通常兵器全般の移転を規制する条約構想であった。しかし、当時の活動に関与したＮＧＯ関係者や研究者は、アムネスティ・インターナショナルやオックスファムの職員を除けば、調査・研究活動に重点を置くＮＧＯの職員や大学の研究者が多く、その議論は比較的狭い範囲の「専門家」のなかにとどまっていた[45]。そのため、彼らのなかでは、この条約構想への各国の認知度を高め、多くの国々の支持を得たうえで、いずれかの政府が条約交渉の場を設置するような方向に動かすべきであり、そのためには、世論を動員するような活動が必要だとの認識が強まった。そこで、関係団体のなかでもパブリック・キャンペーンに長けたアムネスティ・インターナショナルとオックスファムが資源を投入して、〇三年一〇月に国際キャンペーン「コントロール・アームズ」(Control Arms：正式略称はないが、以下CAと略す)を立ち上げた。そして、CAは、先述の枠組み条約案に修正を加えて新たに「ATT案」として提示し、各国に支持を求めた。

ATT構想、CGP、TCIに関与した政府、研究者、NGOには重複がみられた。そして、CA関係者は、CGPやTCIで形成された報告書や合意文書のなかに、CAが主張するATTの内容に近い移転許可基準を盛り込むよう働きかけた。ATT構想、CGP、TCIは、当初は相互に影響を及ぼし合いつつ展開し、後述のように、〇六年の国連総会でATTに関する議論を進める内容の決議[46]が採択された時期を境に、国連でのATTプロセスに収斂していった。

また、表7-2で示すように、二〇〇〇年代以降は、欧米以外の地域においても移転許可基準を含む合意文書が採択された。そして、これらの文書の形成過程にも、イギリスなどの欧州諸国やNGO、研究者などが深く関与し、一九九〇年代に欧州等で合意された内容に類似する移転許可基準を採用するよう各国に働きかけた。こうしたアクターは、移転許可基準を盛り込んだ地域的文書の策定を、グローバルな移転許可基準の形成に向けた一つのステップとしても位置付けていた。とりわけCAは、通常兵器の移転に関する既存の地域的な条約や政治的文書に散在する規範を結晶化する構想としてATTを提案していた。そのためCA関係者は、近い将来に開始されるであろうATT交渉を自らに有利な形で進めるために、欧米以外での地域合意にも欧州等の規制と同様の文言を盛り込むよう働きかけたの

表7－2　2000年代以降に作成された地域的な移転許可基準文書

合意年月	合意枠組み	合意名	法的拘束力の有無
2003年	米州機構の全米麻薬濫用取締委員会	銃器並びにその部品及び構成品並びに弾薬の仲介に関するモデル規制草案a)	無
2005年	大湖地域及びアフリカの角地域諸国	小型武器・軽兵器に関するナイロビ宣言及びナイロビ議定書の実施のためのベスト・プラクティス・ガイドラインb)	無
2005年	中米統合機構	武器、弾薬、爆発物、及びその他関連物資の移転に関する中央アメリカ諸国行動規範c)	無
2006年	西アフリカ諸国経済共同体	小型武器・軽兵器、弾薬及びその他関連物資に関する西アフリカ諸国経済共同体条約d)	有
2008年	欧州連合	軍用技術と装備の輸出規制に関する共通規則を定める共通の立場e)	有
2010年	中央アフリカ諸国	小型武器・軽兵器、その弾薬、及びそれらの製造・修理・組立のために使用されうる部品・構成品を規制するための中央アフリカ条約f)	有

注：a）Draft Model Regulations for the Control of Brokers of Firearms, Their Parts and Components and Ammunition. Approved at the 34th Regular Session of CICAD, Montreal, November 17-20, 2003.
b）Best Practice Guidelines for the Implementation of the Nairobi Declaration and the Nairobi Protocol on Small Arms and Light Weapons, June 20-21, 2005.
c）Code of conduct of Central American States on the Transfer of Arms, Ammunition, Explosives and Other Related Material, December 2, 2005.
d）ECOWAS Convention on Small Arms and Light Weapons, Their Ammunition and Other Related Materials, June 14, 2006.
e）European Union Council Common Position 2008/944/CFSP of 8 December 2008: Defining Common Rules Governing Control of Exports of Military Technology and Equipment, December 8, 2008.
f）Central African Convention for the Control of Small Arms and Light Weapons, their Ammunition and all Parts and Components that can be Used for their Manufacture, Repair and Assembly, April 30, 2010.

であった。

(2)　国連ATT交渉

二〇〇六年の国連総会決議により、ATTに関する〇八年までの国連での協議プロセスが方向付けられた。この決議に基づいた〇七年のコンサルテーションを通じては、約一〇〇カ国がATTの実現可能性、規制対象、構成要素案の三項目に関する見解書を国連に提出した(47)。そして、〇八年にはこれらの点を検討すべく政府専門家グループ（GGE）会合が計三回開催された。第三回GGE会合で「コンセンサス」により合意された報告書は、上記の三項目に関する具体的な合意を含む内容ではなかったものの、国連の場で更なる検討を行うことを提案した[48]。

続く〇八年の国連総会では、ATTに関するオープンエンド作業部会（OEWG）を設置し、〇九年以降の三年間に渡り会合を開催することを主旨とする決議案が採択された[49]。OEWGの〇九年内の任務は、条約に含むべき内容を検討し、国連総会に報告することであった[50]。〇九年七月の第二回会合において「コンセンサス」で採択された報告書のパラグラフ二三には、「OEWGは、通常兵器の無秩序な貿易や非合法市場への流出の問題に取り組む必要性も認識する。そうしたリスクが不安定や国際テロリズムや国境を超えた組織犯罪を助長することに鑑み、OEWGは、この問題に取り組むためには国際的な行動をとるべきであることを支持する」と記された[51]。そして、このことは、国連ATTプロセスにおいて、何らかの「国際的な行動」をとるべきことが、初めて「コンセンサス」で合意されたことを意味した。

このOEWG報告書を受けて、〇九年国連総会には、さらなるATT関連決議案が採択された[52]。その主旨は、一二年七月に、ATTの採択を目指す四週間の国連ATT会議（以下、七月会議）を「コンセンサスに基づき（on the basis of consensus）」開催し、一〇年以降に予定されていたOEWG会合を、七月会議に向けた準備委員会に変更することであった。そして、一〇年から一二年にかけて合計四回の準備委員会が開催され、第四回準備委員会において七月会議の手続規則が合意された[53]。

しかし、一二年七月にニューヨークの国連本部で開催された七月会議の交渉は、条約採択に至らず決裂した。同年の国連総会では、一三年三月に同本部において最終交渉会議（以下、最終会議）を「コンセンサスに基づき」開催する旨の決議が採択された[54]。そして、実際に一三年三月に二週間の最終会議が開催されたが、ここでも会議参加国の「コンセンサス」を確保することができず、交渉は決裂に終わった[55]。しかし、最終会議で作成されたATT草案を支持する国々は、この条約案を国連総会の場に持ち込むことを決め[56]、これが一三年四月二日の国連総会の場で表決により採択された[57]。

以上のように、ATTについては、基本的に過半数の賛成による採択が可能な国連総会決議に依拠して交渉プロセスが展開した。しかし、規制推進派の国やNGOらは、最終的な合意文書の採択にあたり大きな困難に直面した。国連においては、国家の安全保障に関わる軍備管理・軍縮分野の合意は「コンセンサス」により採択するとの規則ないし慣例が概して定着していたのである。そして、一九九〇年代以降の交渉プロセスにおいて、規制推進派が、自らが提唱する規制の普遍性や正当性を訴えるのであれば、国家安全保障にかかわる分野の合意を「コンセンサス」により採択するという規則ないし慣例の妥当性をあえて否定して、一部の国々の見解を無視した合意を採択する姿勢をあからさまに示したうえで交渉にあたることは、控えざるをえなかった。

しかも、冷戦期に軍備管理・軍縮分野の合意形成で「コンセンサス」が追求されたとはいえ、一九六〇年に設置された「一〇カ国軍縮委員会」や、それに非同盟諸国八カ国が加わって六二年に創設された「一八カ国軍縮委員会」は参加国数が少なかった。その後、この軍縮委員会は、軍縮委員会会議、軍縮委員会、軍縮会議と名称を変えつつ拡大・改組したものの、一七年一月二六日現在でも参加国は六五カ国である。また、一九九〇年代に特定通常兵器使用禁止制限条約（CCW[58]）の枠内で地雷に関する議定書を作成しようとした際に、地雷の全面禁止に合意することができなかったが、CCWの加盟国は一七年一月二六日現在でも一二三カ国である。

これらに対して、ATTを交渉した際の会議は、すべての国連加盟国に開放され、そのなかで「コンセンサス」での意思決定が追求された。しかも、交渉過程においては、アラブ首長国連邦、イラン、インド、エジプト、北朝鮮、キューバ、シリア、ジンバブエ、スーダン、ニカラグア、ベネズエラ、リビアをはじめとする国々が、ATT構想は輸出国による恣意的な輸出可否の判断を可能にし、輸入国に対して内政干渉的に機能するものだと批判した[59]。こうした状況のなかで、ATTは「コンセンサスに基づく」採択に失敗した後に国連総会で表決により採択されたとはいえ、最終会議の最終日の午後まで「コンセンサスに基づく」採択を前提に交渉がなされた。

4 ATTの内容

最終的に採択されたATTには、輸出許可の共通基準を設定するという先述のアプローチが、ある程度反映された。例えば、ATTには、締約国が、条約の規制対象兵器が移転先でジェノサイドや人道に対する罪などの実行に使われるであろうことを知っている場合や、国際人権法や国際人道法の重大な違反の実行や助長に使用されるような「著しいリスク」があると判断した場合には、その締約国は輸出を許可してはならない旨が記された(60)。

その一方で、ATTは、交渉過程で妥協が重ねられた結果として、最大公約数的な内容とならざるをえなかった(61)。例えば、ATTの第二条から第五条は、戦車、装甲戦闘車両、大口径火砲システム、戦闘用航空機、攻撃ヘリコプター、軍用艦艇、ミサイル及びその発射装置、小型武器・軽兵器を規制対象としたうえで、それら兵器の弾薬や部品・構成品にも一定の規制をかけているものの、これらのカテゴリーに含まれない武器は多数存在する。例えば、輸送・偵察用の航空機やヘリコプター、偵察用車両、射程距離二五キロメートル以上のミサイル等を搭載しない五〇〇排水トン以下の軍用艦艇、携帯式地対空ミサイル以外の地対空ミサイル及びその発射装置、爆発物、兵器の開発・製造・維持のための技術や設備、指揮・統制・通信・コンピュータ・情報関連システム、兵器の維持やアップグレードのための部品・構成品、軍用に転用可能な汎用品、被服装備などについては、ATTに基づいて規制する義務はない。また、大口径火砲システムとは見做されない口径七五ミリ未満の火砲のうち、小型武器・軽兵器にも含まれないボフォース五七ミリ砲などの火砲も、規制対象にする義務がないとの解釈が可能である。さらに、無人（人間が搭乗せず、遠隔操作あるいは自動操縦で操縦される）兵器も規制対象となるのか、あるいは対象は有人兵器に限定されると解釈すべきなのかについては論争がある。一般的に、戦闘用航空機と攻撃ヘリコプターについては無人の場合も規制対象に含めるとの見方が支配的であるが、その他のカテゴリーの兵器については各国の見解が分かれている。輸出、輸入、通過、積替え、仲介といった規制対象行為の定義も条文に明記されていないうえに、後述するように、輸出以外の輸入、通過、積替えに関しては実質的な規制義務が少ない。

また、第六条第三項には、締約国は、第二条から第四条までに定義された兵器の「移転に許可を与えようとする時において」、ジェノサイド、人道に対する罪、一九四九年のジュネーヴ諸条約に対する重大な違反行為、民用物もしくは文民として保護されるものに対する攻撃、または自国が当事国である国際合意に定める他の戦争犯罪の「実行に使用されるであろうことを知っている場合には、当該移転を許可してはならない」と記されている。ただし、第六条第三項の戦争犯罪は、とりわけ国際的性質を有しない武力紛争に関しては限定的に解釈できるものになっている[62]。また、どのような状況をもって締約国が上記を「知っている」と見做すのかについても、解釈の余地がある[63]。

この条項に続く第七条第一項には、締約国が第二条から第四条までに定義された兵器の輸出に許可を与えるか否かを判断する際に適用する基準が示されている。そして、この項には、武器が国際人権法や国際人道法の重大な違反の実行や助長に使用される可能性や、輸出国が当事国であるテロリズムや国際組織犯罪に関する国際条約または議定書に基づく犯罪を構成する行為の実行や助長に使用される可能性と並んで、「平和及び安全に寄与するか、またはこれらを損なう」（would contribute to or undermine peace and security）可能性という許可基準が記されている。そのうえで、第七条第三項では、第七条第一項に盛り込まれた基準に照らしていずれかの「否定的な結果」（negative consequences）を生ずる「著しいリスク」（overriding risk）が存在すると締約国が判断する場合は、その締約国はその兵器の武器輸出を許可してはならない、としている。

第七条第三項の文言を「重大なリスク」（significant risk）といった表現ではなく「著しいリスク」（overriding risk：

この日本語訳は外務省によるものであるが、[64] overridingには「～を上回る」といった意味もある）とすることは、条約交渉中にアメリカが強く要求し、条文に盛り込まれた。また、第七条第一項には、「平和及び安全」とは何の平和と安定を意味するのかが明記されていない。これを国際の平和と安定とも解釈できるが、輸入国あるいは輸出国の平和と安全保障と解釈することもできる。したがって、例えば、兵器の輸出許可申請に対して、締約国である輸出国が第七条第一項に規定された審査を行い、それらの「否定的な」帰結が当該兵器の輸出による「我が国（輸出国）の平和と安全保障」への寄与を凌駕するほど圧倒的な（overriding）リスクであるとはいえないと判断した場合は、輸出を許可してよいものとして限定的に条文を解釈する余地が生じた。

さらに、第八条から第一〇条にかけては、輸入、通過または積替え、仲介に関する規制が盛り込まれているものの、「……することができる」、「適切な措置をとる」、「必要なときに」、「必要かつ実行可能な場合には」、「その措置には、……を含めることができる」など、締約国の裁量の余地が大きい文言が多数挿入されている。

また、第一三条は、各締約国は、第二条第一項の規定の対象となる通常兵器の前暦年における許可されたまたは実際の輸出及び輸入に関する報告を事務局に提出するとしている。ただし、第三条の弾薬類や第四条の部品・構成品の輸出入情報や、通過や積替え、仲介に関する情報を報告に記載する義務はない。報告に掲載すべき具体的な情報のレベルも明記されていない。また、締約国の報告に含める情報の種類については、「国連軍備登録制度を含む、関連の国連の枠組みに提出した同一の情報を含めることができる」との一文が挿入されているが、これは義務ではない。さらに、そもそも国連軍備登録制度の報告書に記載する情報は大雑把なものである。加えて、第一三条には、各締約国は「商業上機微」な情報や「国家安全保障に関わる」情報を報告書から除外することができるとされているが、どのような情報を「商業上機微」あるいは「国家安全保障に関わる」と見做すのかの判断は、締約国の裁量に委ねられる。

5　冷戦終結後の通常兵器移転規制の限界

冷戦終結以に試みられた通常兵器移転の国際規制のうち、一八九〇年のブリュッセル協定、冷戦期のCOCOM、国連安保理決議等による武器禁輸といった、発効や実施に至った合意（その規制を何らかの一定の視点から「成功」と見做すことができるか否かにかかわらず、発効や実施に至った合意）には、次のような相互排他的ではない四つの共通点がみられる。[65] 第一に、合意当事国は、規制を形成するうえでの軍事的・政治的な目的や利益を一定程度共有していた。第二に、通常兵器の入手を阻止ないし制限すべき対象の人々の範囲が比較的明確であった。第三に、合意が実施されることにより通常兵器へのアクセスが困難になる集団や国々は、合意当事国ではなかった。第四に、合意当事国内で差別的に機能しうる制度（第三点目以外で、特定の合意当事国の安全保障を顕著に脅かす可能性が想定しうる制度等）は盛り込まれなかった。

一方、これらの点は、国際連盟期や冷戦期に発効や実施に至らなかった合意では、一部ないし全部が欠如していた。本書第5章で論じられている国際連盟期の条約においては、列強諸国が主張する条約の目的はその他の交渉参加国に必ずしも共有されず、交渉参加国の一部が輸出禁止地域に含まれたり、交渉に参加した小国にとって自国の安全保障を顕著に脅かしかねないと捉えうる内容が含まれたため、反発を招いた。冷戦期には、東西間で軍事的・政治的な目的や利益が一致せず、国連安保理での武器禁輸決議の採択は困難であった。一九七七年から翌七八年に国連の枠外で行われた米ソのCATTも、武器移転の規制対象国をめぐり交渉が頓挫した。また、冷戦期に国連総会の場で提起された通常兵器の議論においては、植民地から独立し主権国家となった国々を含めた非同盟諸国が、西側諸国による武器移転規制に関する決議案は植民地人民の独立の権利や武器輸入国の自衛権を侵害する可能性がある差別的な内容であると主張して抵抗した。

冷戦が終結すると、安保理内の対立構造が弱まり、安保理による武器禁輸決議が数多く採択された。国連総会における非同盟諸国の結束力や影響力も弱まり、国連軍備登録制度やATTなど、冷戦期であれば差別的であり内政干渉にあたると多くの非同盟諸国に批判されたような内容の規制が国連総会の場で合意された。そして、規制推進派の国やNGOは、開発、人道、人間の安全保障といった視点から、通常兵器移転規制の必要性を語った。ただし、数多くの合意が形成された一方で、安保理による武器禁輸決議を除けば、冷戦終結後の移転規制合意には、冷戦終結以前に発効や実施に至った合意に共通する前述の要素の一部ないし全部が欠如している。

まず、ATTにおいては、ブリュッセル協定やCOCOMなどにみられたような「通常兵器の入手を阻止ないし制限すべき対象」が具体的に特定されていない。一九九〇年代以降に通常兵器移転規制を推進した人々が、概して「南」の紛争や人権侵害を問題視したとはいえ、彼らが想定した「南」は紛争が多発し人権が侵害され低開発に苛まれる場としての漠然としたイメージにすぎない。彼らが提唱したのは、武器の入手を阻止ないし抑制すべき国や集団をあらかじめ明確に指定するようなアプローチではなく、共通の目的や利益も、あるいはそれを脅かす「共通の敵」も特定することができないという前提に基づき、「北」か「南」かにかかわらずすべての国に対する武器移転のリスクを共通の許可基準に基づいて審査するアプローチであった。そして、このアプローチは、最終的には各国政府にリスク判断を委ねるものであるため、リスクの有無や程度の判断に主観が入り込む余地がある。したがって、ある国に対する移転の可否について、各締約国が異なる判断を下す可能性があるし、このような規制合意については、「目的が達成されたか否か」を判断したり条約の「実効性」を測ったりすることも難しい。

また、ATT構想に反対したり消極姿勢をとるなどした国々は、この条約構想は「北」の「持てる国」にとって都合が良い差別的な施策を道徳的・倫理的に正当化するものだと批判した。そして、規制推進派の国やNGOと意見を異にする国々の参加のもとで「コンセンサス」での合意文書の採択が追求された結果として、ＡＴＴは最大公約数的な規制内容とならざるを得なかった。

そして、ＡＴＴの最終会議及び一三年四月の国連総会における条約案の採決時に反対したイラン、北朝鮮、シリアの三カ国や、条約採択に対して積極的に反対の意思を示さなかったものの消極姿勢をとっていた国々（例えば、インド、インドネシア、エジプト、サウジアラビア、ニカラグア、ベトナム、ベネズエラなど）が、ＡＴＴに加盟する可能性は高くない(66)。これらの国には、武器輸出国や、将来的に通常兵器の輸出国に転じる可能性がある国も含まれているが、そうした国が仮に将来ＡＴＴに加盟したとしても、個々の移転の是非に関する許可基準に基づいた判断が、欧州諸国による判断と同様になるとは限らない。また、これらの国は、武器の入手先を多角化し、欧米だけでなく中国やロシア等からも武器を輸入する傾向があるが、中国やロシアがＡＴＴに加盟する可能性は低い。

一方で、欧州やワッセナー・アレンジメント等、欧米諸国中心の場では、実際の運用の中でリスクが大きいと判断される可能性が高いのは合意の非参加国であり、合意当事国向けの移転に影響が及ぶことは考えにくかった(67)。したがって、冷戦終結以前に交渉された国際的な移転規制合意のなかで発効や実施に至ったものにみられる共通点のうち、第三・第四の要素は当て嵌まる状況であり、そのような場では合意形成が比較的容易であった。とはいえ、こうした合意においても、通常兵器の入手を阻止ないし制限すべき対象の集団や国々は明示的に示されておらず、個別の事例に関する移転許可基準に基づくリスク判断は国によって異なる可能性があることが前提とされている。

加えて、一七年一月二六日現在のＡＴＴ加盟国の大部分は、すでに移転許可基準を含む地域的な文書に合意している欧州や東アフリカ、西アフリカ等の諸国をはじめ、ＡＴＴに加盟しても自国の法律を大きく変える必要がない国ばかりである。この他には、カリブ共同体諸国や太平洋島嶼国の加盟が進んでいるが、この地域では軍を持たない国も多く、武器移転の金額・数量ともに僅かであるため、新たに管理制度を整備しても、それにより規制の対象となる武器移転の件数は少ない。なお、アメリカはATTに加盟する可能性は低いが、ATTを推進したNGOも認識しているように(68)、もしアメリカがATTを批准したとしても、それにより同国の武器移転規制の法制度を変える特段の必要性は生じない。したがって、アメリカがATTを批准したとしても、それは当国の法制度を左右するわけではなく、シンボリックな意味合いを持つにとどまる。

6 おわりに

冷戦終結後、欧州諸国やNGOなどは人道的な規範の形成を謳い、通常兵器移転規制のための地域的な合意形成を推進し、国連の場でATT交渉を進めた。そして、一八九〇年にブリュッセル協定が合意された後に、戦間期および冷戦期を通じて通常兵器の移転を規制する条約の採択や発効が困難だった歴史を振り返れば、ATTの採択と発効は画期的な出来事であった。しかしながら、現在の締約国の多くは、ATTの採択以前から同条約に類似する移転許可基準を自国の武器移転に適用しているか、あるいは武器移転の金額・数量ともに僅かな国であり、この条約により締約国の通常兵器移転規制の法制度に大きな変容が生じるとは言い難い。また、ATT交渉においてこの条約構想を差別的だと批判して規制内容を弱めようとした国々が、条約締約国になる可能性は低い。しかも、多様な利害関係を持つ国との交渉の結果、ATTには本章で紹介したような「抜け道」が盛り込まれた。また、そもそも、ATTをはじめとする冷戦終結後の通常兵器移転規制には、共通の目的や利益を見定め、それに照らし合わせて武器の入手を阻止ないし抑制すべき特定の国や集団に関する共通認識を形成するという前提はみられず、したがって、条約の目的達成の成否判断や条約の実効性の測定すら困難である。いずれにせよ、武器生産国が多様化し、インターネットの普及により兵器製造技術の拡散も容易になり、近年の通常兵器移転規制合意の多くが規制対象にしていない軍用・汎用の小型無人機等の有用性が高まるなかで、冷戦終結以降現在までに合意された通常兵器移転規制の合意が及ぼしうる影響の範囲は、限定的にならざるをえないだろう。

注

（1）本研究の一部は、文部科学省私立大学戦略的研究基盤形成支援事業（平成二七年～平成三一年）、ＪＳＰＳ科研JP16K17075、JP16KT0040、JP25244029の助成を受けたものである。

（2）条約の批准、受諾、承認、加入といった行為は、厳密には区別すべきであるが、いずれも条約によって拘束されることに同意を示す行為であるため、本章ではすべて「批准」という表現に統一する。

（3）条約発効後のプロセスの展開やそこでの課題については、榎本［二〇一六］を参照。

（4）署名国や締約国の数は、国連軍縮部のウェブサイトを参照。https://www.un.org/disarmament/convarms/att/（Accessed January 26, 2017）.

（5）例えば、一九九七年の「対人地雷の使用、貯蔵、生産及び移譲の禁止並びに廃棄に関する条約」（Convention on the Prohibition of the Use, Stockpiling, Production and Transfer of Anti-Personnel Mines and on their Destruction, September 18, 1997）や、二〇〇八年の「クラスター弾に関する条約」（Convention on Cluster Munitions, May 30, 2008）の形成などを指す。

（6）General Act of the Brussels Conference Relative to the African Slave Trade, July 2, 1890.

（7）Convention for the Control of the Trade in Arms and Ammunition, and Protocol, September 10, 1919.

（8）Convention for the Supervision of the International Trade in Arms and Ammunition and in Implements of War, June 17, 1925.

（9）Draft Convention with regard to the Supervision of the Private Manufacture and Publicity of the Manufacture of Arms and Ammunition and of Implements of War, League of Nations, Doc Official No C. 393. 1929. IX, Geneva, August 29, 1929.

（10）武器移転に関する政府の規制・許可制度が構築されたのは、イギリスが一九三一年、ベルギーが一九三三年、アメリカ、オランダ、スウェーデンが一九三五年、フランスが一九三九年、イタリアが一九五六年、西ドイツが一九六一年であった。

横井［一九九七］一八七～一八八頁。Anthony［1991］p. 9; Atwater［1939］; Stone［2000］p. 230.

(11) Coordinating Committee for Multilateral Export Controls. 創設時のCOCOM参加国は、アメリカ、イギリス、イタリア、オランダ、フランス、ベルギー、ルクセンブルクの七カ国であった。その後、カナダ、ギリシャ、デンマーク、トルコ、西ドイツ、日本、ノルウェー、ポルトガル、オーストラリア、スペインが参加し、最終的に参加国は一七カ国になった。Hufbauer, Schott, & Elliott［1990］pp. 125–129; Lewis［2005］p. 67.

(12) Conventional Arms Transfer Talks.

(13) Husbands & Cahn［1988］.

(14) 国連安保理が合意に至った武器禁輸決議として、一九六六年の決議二三二（対南ローデシア：UN Doc. S/RES/232. Resolution 232）と一九七七年の決議四一八（対南ア：UN Doc. S/RES/418. Resolution 418）がある。

(15) 榎本［二〇一五］一五八～一六一頁。

(16) Jackson［1998］pp. 25–29.

(17) 榎本［二〇一五］一六三頁。

(18) Independent Commission on International Development Issues［1980］.

(19) Independent Commission on Disarmament and Security Issues［1982］.

(20) Buo［1993］pp. 20–25; Department for Disarmament Affairs［1986］p. 407; Department for Disarmament Affairs［1989］p. 330.

(21) 榎本［二〇一五］一六五頁。

(22) UN Doc. A/RES/43/75I. International Arms Transfers, para. 1. 国連総会本会議における表決記録は、賛成一一〇カ国、反対一カ国、棄権三八カ国である。詳細は次の文書を参照。UN Doc. A/43/PV. 73. General Assembly 43rd Session, Provisional Verbatim Record of the 73rd Meeting, p. 44.

(23) UN Doc. A/46/301. Study on Ways and Means of Promoting Transparency in International Transfers of Conventional Arms. Report of the Secretary-General.

(24) Laurance［2011］.

(25) 横井［一九九七］五～六頁。

(26) UN Doc. A/RES/46/36L. Transparency in Armaments. この決議は、国連総会本会議において賛成一五〇カ国、反対ゼロ、棄権二カ国で採択された。詳細は次の文書を参照。UN Doc. A/46/PV. 66. General Assembly 46th Session, Provisional Verbatim Record of the 66th Meeting, pp. 46–56.

(27) Dembinski & Joachim［2006］.

(28) Conclusions of the Presidency: Declaration on Non-Proliferation and Arms Exports. European Council Meeting in Luxembourg, June 28–29, 1991.

(29) Conclusions of the Presidency: Non-Proliferation and Arms Exports. European Council Meeting in Lisbon, June 26–27, 1992.

(30) Laurance［2011］p. 37.

(31) Guidelines for Conventional Arms Transfers. Communique Issued Following the Meeting of the Five in London, October 18, 1991.

(32) Kaldor［1999］.

(33) Bieri［2010］.

(34) Duffield［2001］.

(35) 冷戦終結後の安全保障概念の変容や「安全保障と開発の融合」に関連する先行研究では、「南」、「途上国」、「低開発国」等の表記と、それと対照される領域としての「北」、「西」、「先進国」等の表記がみられる。本章では「南」と「北」に統一し、必ずしも固定的な地理的ラベルとしてではなく、想像される領域として捉える。

(36) Wassenaar Arrangement on Export Controls for Conventional Arms and Dual-Use Goods and Technologies.

(37) 佐藤［二〇一〇］。

(38) United Nations Institute for Disarmament Research［2012］.

(39) 同様の指摘は、Stavrianakis［2010］p. 80にみられる。

(40) Cornish［2007］p. 6.

(41) ＣＧＰの正式名はSmall Arms Consultative Group Process on Developing Understandings on Guidelines for National Controls and Transfers to Non-State Actorsである。ＣＧＰを主宰したＮＧＯの関係者とブラッドフォード大学の研究者らの多くは、ＣＡにおいても中心的な役割を担ってきた。

(42) アメリカ、アルゼンチン、イギリス、ウガンダ、ウクライナ、エストニア、オランダ、ガーナ、カナダ、ケニア、コロンビア、スイス、スリランカ、スロバキア、タンザニア、チェコ、ドイツ、ナイジェリア、日本、ノルウェー、フィンランド、ブラジル、ベラルーシ、ポーランド、ボツワナ、メキシコ、モザンビーク、ラトビア、リトアニア、ルーマニア、ロシア。

(43) Biting the Bullet Project［2004］; Biting the Bullet Project［2006］. これらの報告書は、ＣＧＰの主催者が取り纏めたものであり、参加国による合意文書ではない。

(44) ＴＣＩは、二〇〇三年一月にイギリス政府がロンドンで開催した国際会議での議論をもとに、同年にイギリス政府が立ち上げたプロジェクトである。

(45) 榎本［二〇一五］一〇三～一〇六頁。

(46) UN Doc. A/RES/61/89. Towards an Arms Trade Treaty: Establishing Common International Standards for the Import, Export and Transfer of Conventional Arms.

(47) 各国の見解書は、次の文書にまとめられ、二〇〇七年の国連総会に提出された。UN Doc. A/62/278（Part I and Part II）and A/62/278/Add. 1-4. Towards an Arms Trade Treaty: Establishing Common International Standards for the Import, Export and Transfer of Conventional Arms. Report of the Secretary-General and its Addendum 1-4.

(48) UN Doc. A/63/334. Towards an Arms Trade Treaty: Establishing Common International Standards for the Import, Export and Transfer of Conventional Arms. Report of the Group of Governmental Experts to Examine the Feasibility, Scope and Draft Parameters for a Comprehensive, Legally Binding Instrument Establishing Common International Standards for the Import, Export and Transfer of Conventional Arms.

(49) UN Doc. A/RES/63/240. Towards an Arms Trade Treaty: Establishing Common International Standards for the Import, Export and Transfer of Conventional Arms.

(50) UN Doc. A/RES/63/240, para. 5.

(51) UN Doc. A/AC. 277/2009/1. Report of the Open-Ended Working Group towards an Arms Trade Treaty: Establishing Common International Standards for the Import, Export and Transfer of Conventional Arms, para. 23.

(52) UN Doc. A/RES/64/48. The Arms Trade Treaty. 賛成一五一カ国、反対一カ国（ジンバブエ）、棄権二〇カ国で採択された。棄権した国は、アラブ首長国連邦、イエメン、イラン、インド、エジプト、カタール、キューバ、クウェート、サウジアラビア、スーダン、タジキスタン、中国、ニカラグア、バーレーン、パキスタン、ベネズエラ、ベラルーシ、ボリビア、リビア、ロシアであった。

(53) UN Doc. A/CONF. 217/L. 1. Provisional Rules of Procedure of the Conference. 第四回準備委員会で行われた交渉については、榎本［二〇一二］を参照。

(54) UN Doc. A/RES/67/234. The Arms Trade Treaty. 賛成一三三カ国、反対ゼロ、棄権一七カ国で採択された。棄権した国々は、アラブ首長国連邦、イエメン、イラン、エジプト、オマーン、カタール、キューバ、クウェート、サウジアラビア、シリア、スーダン、ニカラグア、バーレーン、ベネズエラ、ベラルーシ、ボリビア、ミャンマーである。賛成とされたロシアは、実際には棄権するつもりであったと、採択後に事務局に伝えた。

(55) 一般的には、「コンセンサス」による決定とは、「全会一致」（unanimity）とは異なり、表決を伴わない決定であり、国連の会議では正式な反対がないこと、言い換えればすべての会議参加国が決定を許容ないし黙認することをもって「コンセンサス」と見做すことが多い（平和安全保障研究所［二〇一一］）。ただし、最終的に何をもって「コンセンサス」と見做すのかは、会議の議長の判断に委ねられる場合もある。また、七月会議の開催を決定した二〇〇九年の国連総会決議及び最終会議の開催を決定した二〇一二年の国連総会決議には、「コンセンサスにより」（by consensus）ではなく「コンセンサスに基づき」（on the basis of consensus）会議を開催する旨が盛り込まれたが、この文言については、全会一致と同義に解釈する国、会議場で正式な反対が表明されないことを意味すると主張する国、正式な反対を表明する国が存在しても大多数の国が賛成する場合には「コンセンサス」と見做すべきだと主張する国などが混在して、各国の見解がまとまらなかった。七月会議の手続規則を交渉した第四回準備委員会では、この解釈をめぐる各国の見解の相違を解決できず、合意された手続規則においても、「コンセンサスに基づき」という文言の解釈が明確に示されなかった。この問題は、七月会議では、条約案を採択に持ち込む前に交渉が決裂したために争点にならなかった。しかし、最終会議の閉会日には、イラン、北朝鮮、シリアの三カ国が条約案に対して明示的に反対している状況を「コンセンサス」と見做すべきかをめぐって若干の論争がみられた。そして、最終会議の議長が、三カ国が明示的に反対している状況を「コンセンサス」と見做さないとの結論を下すに至り、この会議の交渉決裂が確定した。

（56）国際連合憲章（Charter of the United Nations）第一八条第一項により、重要問題に関する総会の決定は、出席しかつ投票する構成国の三分の二の多数によって行われる。国際連合憲章の全文は、国連のウェブサイトを参照。http://www.un.org/en/documents/charter/(Accessed January 26, 2017). これは、現行の国連総会手続規則にも反映されている。UN Doc. A/520/Rev. 17. Rules of Procedure of the General Assembly, rules 82-86.

（57）ＡＴＴ案は、最終会議の議長がこの会議の最終日に提出した「決定草案」UN Doc. A/Conf. 217/2013/L. 3, Draft Decision Submitted by the President of the Final Conference）に盛り込まれている。最終会議決裂の翌週の国連総会での決議（UN Doc. A/67/L. 58, The Arms Trade Treaty）により、この「決定草案」が採択された。この国連総会決議は、正式な記録上は、賛成一五四カ国、反対三カ国（イラン、北朝鮮、シリア）、棄権二三カ国で採択された。棄権した国は、アンゴラ、イエメン、インド、インドネシア、エクアドル、エジプト、オマーン、カタール、キューバ、クウェート、サウジアラビア、スーダン、スリランカ、スワジランド、中国、ニカラグア、バーレーン、フィジー、ベラルーシ、ボリビア、ミャンマー、ラオス、ロシアである。また、アルメニア、ウズベキスタン、カーボヴェルデ、キリバス、サントメ・プリンシペ、シエラレオネ、ジンバブエ、赤道ギニア、タジキスタン、ドミニカ共和国、バヌアツ、ベトナム、ベネズエラは表決に参加しなかった。ただし、棄権とされたアンゴラと、不参加とされたカーボヴェルデは、表決後に事務局に賛成するつもりであったと伝えた。したがって、実際は賛成一五六カ国、反対三カ国、棄権二二カ国、不参加一一カ国であったともいえる。

（58）Convention on Prohibitions or Restrictions on the Use of Certain Conventional Weapons which May be Deemed to be Excessively Injurious or to Have Indiscriminate Effects, October 10, 1980.

（59）榎本［二〇一四］。

（60）本章におけるＡＴＴの日本語訳は、外務省［二〇一四］の仮訳を参照している。

（61）より詳細な説明は、榎本［二〇一五］第三章を参照。

（62）戦争犯罪に関する部分の解釈の仕方の詳細は、榎本［二〇一五］一三九～一四一頁を参照。

（63）Bellal［2014］p. 462.
（64）外務省［二〇一四］。
（65）この四要素については、榎本［二〇一二］を参照。この他の合意としては、アメリカ、イギリス、フランスが一九五〇年に合意した「休戦境界線に関する三国宣言」（Tripartite Declaration Regarding the Armistice Borders: Statement by the Governments of the United States, The United Kingdom, and France, May 25, 1950）が挙げられる。詳細は、榎本［二〇一五］一五七～一五八頁を参照。
（66）二〇一七年一月二六日現在、これらの国々はＡＴＴに批准していない。
（67）ミサイル技術管理レジーム（ＭＴＣＲ）についても、同様の性質を指摘できる。このレジームは、核兵器の運搬手段となるミサイル及びその開発に寄与しうる関連汎用品・技術の輸出の規制を目的に一九八七年に発足し、その後一九九二年に生物・化学兵器を含む大量破壊兵器を運搬可能なミサイル及び関連汎用品・技術も対象とすることになった。
（68）Oxfam（2013）を参照。

文献リスト

榎本珠良［二〇一二］「武器貿易条約（Arms Trade Treaty）第4回準備委員会の分析」『軍縮研究』三。

榎本珠良［二〇一四］「武器貿易条約（ＡＴＴ）交渉における対立・摩擦と条約構想の限界」『軍縮研究』五。

榎本珠良［二〇一五］『冷戦終結後の開発・安全保障言説における人間像——小型武器規制・通常兵器移転規制の事例から』（東京大学大学院総合文化研究科博士論文）。

榎本珠良［二〇一六］「二〇一六年八月の武器貿易条約（ＡＴＴ）第二回締約国会議に向けて——第一回締約国会議およびその後の論点」『国際武器移転史』二。

外務省［二〇一四］「武器貿易条約」<http://www.mofa.go.jp/mofaj/files/000029746.pdf>（二〇一七年一月二六日アクセス）。

佐藤丙午［二〇一〇］「オバマ政権の輸出管理改革」『海外事情』五八‐五。

平和安全保障研究所［二〇一一］『国連総会手続規則の事例調査』（平成二二年度外務省委託調査）。

横井勝彦［一九九七］『大英帝国の〈死の商人〉』講談社。

Anthony, I. [1991] "Introduction", I. Anthony ed., *Arms export regulations*, Oxford & New York.

Atwater, E. [1939] "British Control over the Export of War Materials", *American Journal of International Law*, 33.

Ball, N. [1993] "Disarmament and Development in the Third World", R. D. Burns ed., *Encyclopedia of Arms Control and Disarmament Vol. I*, New York.

Bellal, A. [2014] "Arms Transfers and International Human Rights Law", S. Casey-Maslen ed., *Weapons under International Human Rights Law*, Cambridge.

Bieri, F. [2010] *From Blood Diamonds to the Kimberley Process: How NGOs Cleaned up the Global Diamond Industry*, Farnham & Burlington.

Biting the Bullet Project [2004] *Small Arms Consultative Group Process: Small Arms and Light Weapons Transfers: Developing Understandings on Guidelines for National Controls, Chair's Interim Report.*

Biting the Bullet Project [2006] *Small Arms Consultative Group Process: Developing International Guidelines for National Controls on SALW Transfers.*

Buo, S. K. [1993] "Africa", R. D. Burns ed., *Encyclopedia of Arms Control and Disarmament Vol. I*, New York.

Cornish, P. [2007] *An International Arms Trade Treaty: Building Consensus and Making It Work. Proceedings of a Conference Held at the Royal College of Defence Studies Seaford House. Chatham House, London, United Kingdom, June 5.*

Dembinski, M. & Joachim, J. [2006] *From an Intergovernmental to a Governance System?: Non-Governmental Organizations and the EU's Common Foreign and Security Policy*. Paper Prepared for the ECPR-SGEU Third Pan-European Conference on European Politics. Istanbul, Turkey, September 20–23.

Department for Disarmament Affairs [1986] *The United Nations Disarmament Yearbook, Vol. 10, 1985*, New York.

Department for Disarmament Affairs [1989] *The United Nations Disarmament Yearbook, Vol. 13, 1988*, New York.

Duffield, M. [2001] *Global Governance and the New Wars: The Merging of Development and Security*, London & New York.

Hufbauer, G. C., Schott, J. J. & Elliott, K. A. [1990] *Economic Sanctions Reconsidered: History and Current Policy*. 2nd ed, Washington DC.

Husbands, J. L. & Cahn, A. H. [1988] "The Conventional Arms Transfer Talks: An Experiment in Mutual Arms Trade Restraint", T. Ohlson ed., *Arms Transfer Limitations and Third World Security*, Oxford & New York.

Independent Commission on Disarmament and Security Issues [1982] *Common Security: A Programme for Disarmament*, London & Sydney.

Independent Commission on International Development Issues [1980] *North-South: A Programme for Survival*, London & Sydney.

Jackson, R. H. [1998] *Quasi-States: Sovereignty, International Relations and the Third World*, Cambridge, New York, & Melbourne.

Kaldor, M. [1999] *New and Old wars: Organized Violence in a Global Era*, Stanford.

Krause, K., & MacDonald, M. K. [1993] Regulating Arms Sales through World War II, R. D. Burns ed., *Encyclopedia of Arms Control and Disarmament, Vol. II*, New York.

Laurance, E. [2011] "1991 Arms Trade Control Efforts and Their Echoes", *Arms Control Today*, 41: 6. <http://www.armscontrol.org/act/2011_%2007-08/%201991_Arms_Trade_Control_Efforts_And_Echoes> (Accessed January 26, 2016).

Oxfam [2013] "Saving Lives with Common Sense: The Case for Continued US Support for the Arms Trade Treaty", *Oxfam Briefing Paper*, 175.

Stavrianakis, A. [2010] *Taking Aim at the Arms Trade: NGOs, Global Civil Society and the World Military Order*, London & New York.

Stone, D. [2000] "Imperialism and Sovereignty: The League of Nations' Drive to Control the Global Arms Trade", *Journal of Contemporary History*, 35: 2.

United Nations Institute for Disarmament Research [2012] *Supporting the Arms Trade Treaty negotiations through regional discussions and expertise sharing: Regional seminar for countries in wider Europe, 18-20 April 2012, Belgrade, Serbia: Summary report.*

終章　軍縮・軍備管理の学際的研究に向けた諸課題

榎本珠良

本書執筆陣が参加する研究グループによるこれまでの研究においては、武器移転規制が必然的に軍備の削減・制限や「軍縮」全般に結び付くと捉えられる傾向にあり、「軍縮」と「軍備管理」の両概念が曖昧に同義に使用される傾向もみられた。しかし、実際の武器移転規制は、軍備の削減や制限と必ずしも同じベクトルを向くものではない。また、軍縮や軍備管理の概念の有無や支配的な定義、政策領域としての範疇、戦時国際法や国際人道法をはじめとする隣接領域との関係は、時代により変化している。本書では、このような問題意識に基づき、一九世紀から現代までの各時代に支配的であった主要概念の定義や、政策領域の範疇、様々な施策間の関係の変容を踏まえた上で、武器移転規制と軍備の削減・制限に照準を合わせて考察し、歴史研究と現代の政策論議とを結び付ける方途を模索した。同時に、本書は、経済史・経営史、帝国史、外交史、国際関係史から、国際政治学や安全保障研究に跨る学際的・国際的な研究の発展に向けて、取り組むべき課題や今後の方向性を検討する作業の一環でもある。

本書を踏まえて、今後の課題としては、どのようなものが考えられるだろうか？　本章では、われわれの共同研究を発展させるにあたり検討が必要と思われる点を、（1）失敗や破綻の再評価、（2）武器移転規制をめぐる「道徳性」

に関する視点の再考、（3）学際的研究のあり方の模索、の三点に絞って考察する。[1]

1　失敗や破綻の再評価

今後の課題の第一点目としては、われわれが参加している研究グループにより失敗や破綻と見做されてきた様々な施策の再評価を、挙げることができる。この研究グループを基盤とした明治大学国際武器移転史研究所の設立に際しては、近現代の軍縮・軍備管理は見るべき成果を生むこともなくたえず破綻を繰り返してきたとの前提に基づき、この破綻の要因を世界史的全体構造のなかで明らかにすることが研究所全体の目的に掲げられた。本書は、二〇一七年一月現在にこの研究所に設けられたいくつかの班のうちの一つにより作成された。それゆえ、本書に収められた論文の多くは、研究所全体の目的を考慮に入れて、各時代の武器移転規制や軍備の削減・制限の「上手くいかなかった」側面に、可能な限り焦点を当てる形になっている。

しかし、そもそも軍縮・軍備管理の失敗や破綻とは、何を意味するのか？　研究所の設立に至るまでの一連の共同研究が焦点を当てていた戦間期の条約交渉に関しては、条約交渉会議の決裂や、条約の未発効、あるいは事実上の死文化などが、失敗ないし破綻と見做されていたようにも見受けられる。確かに、戦間期の交渉の多くは、そうした意味では最終的に失敗ないし破綻したと言えるかもしれない。

しかし、西川純子が指摘するように、より長期の歴史のなかに位置付けた時、戦間期に列強諸国の軍備の問題が国際社会の最大の課題の一つとされ、その制限のみならず削減が謳われ、軍備の削減や制限が諸国家の外交テーマとして正式に掲げられ、度重なる会議が設定され交渉が行われたこと自体は、注目に値する。[2]もちろん、一九世紀にも、欧米諸国の軍備を問題視し、制限ないし削減を求める主張はみられた。一八九九年と一九〇七年のハーグ平和会議においても、会議参加国の軍備の問題が議題に含められた。しかし、諸国間の軍備の削減や制限が国内及び国際社会における最重要課題と見做され、実質的な交渉プロセスが長期に渡って展開され、実際に条約が作成されたのは、戦間期になってからのことだった。本書が依拠する共同研究の前身にあたるプロジェクト[3]を通じて西川が提起した研究、すなわち、戦間期の軍縮について「それがいかに失敗したかを確認するためではなく、結実することのなかった議論も含めてこの時代に軍縮が国際的な議論の対象とされたことの意味を考えることによって、今日のわれわれの軍縮における立ち位置を確認する[4]」研究の可能性は、今もなお試行の余地があるのではないか。

また、本書第5章が指摘したように、戦間期は、武器移転規制のための多国間合意形成の黎明期であった。しかも、各国における武器移転許可制度も発展途上の状態であった。このような時代に、交通・通信の手段や速度も現在より格段に限られるなかで、ものの二〇年のうちに、各国が許可ないし実際に移転した兵器の数量や価格などに関する詳細なデータの収集が試みられ、各国の貿易管理における兵器のカテゴリー区分の仕方から、輸出入の記録保持に際する記載項目、通過や積替えの定義や規制方法に至るまでの詳細な政策論議が進展し、実務者レベルの会議が継続され知識が蓄積された。しかも、こうした作業は、三四年六月に「軍備の削減と制限のための会議」が閉幕した後も、国際連盟の場で継続された。こうした現象も、単なる破綻として切り捨てる以上の考察に値するように思われる。

ノルウェーの歴史学者で一九二一年のノーベル平和賞受賞者であり、〇九年のハーグ平和会議や二〇年から三八年までの国際連盟の軍縮交渉にノルウェー代表団の一員として関与したクリスティアン・ロウス・ランゲ（Christian Lous Lange）は、その死の二カ月半前の三八年九月二八日に、国際連盟総会第三委員会の会合で、戦間期の武器移転規制の試みに言及しながら、次のように述べた。

現在のところ、軍縮に関する積極的な交渉がこれ以上行われる希望はないと結論付けざるを得ない。……ご存じのように、軍縮会議での唯一の成果は、様々な問題の技術的な事項に関する高度な調査が行われたことである。いつの日か最終的に理性の波が押し寄せ、具体的な成果を生むための誠実な努力が始まれば、この調査は各国にとって極めて有益なものになるだろう。……結局は、人類はこのまま進み続けることなどできない。絶望してはならない。最後には良識が超越するだろう。おそらくすぐに、様々な軍縮問題に関して合意を結ばなければいけない日が来るだろう。その時には、私たちが行った技術的事項に関する調査の結果が役立つだろう。(5)

もちろん、戦間期の国際連盟を中心にした武器移転規制の議論が、第二次世界大戦後の国連の場ですぐさま直接に活用されたわけではなかった。例えば、本書第7章が示したように、一九七〇年代までの国連においては、武器移転情報の登録制度の創設案に対して、非同盟諸国が反発する傾向がみられ、国連の場で交渉を開始することすらできなかった。しかし、本書第5章が指摘したように、戦間期の各国における議論や国家間の情報共有を基盤にして、戦間期から冷戦期にかけて各国の安全保障貿易管理の法整備が進められたからこそ、対共産圏輸出統制委員会(COCOM)などの枠組みを通じて各国の法制度を協調・調和させ、参加各国が共通の規制に従うことが可能になった。また、武器移転情報の登録制度の創設案は、冷戦終結後の一九九二年に国連軍備登録制度を通じて実現されたし、この制度の構想にあたっては、戦間期の条約(案)を含めた過去の移転規制構想を再調査する作業が行われた。

戦間期の国際連盟内外における政策論議と条約草案作成の積み重ねは、武器移転規制以外の分野でも、第二次世界大戦後に日の目を見た。例えば、一九七二年の生物兵器禁止条約には、戦間期に提案された「準備」や輸出の禁止にあたる内容が盛り込まれ、国際人道法的な使用禁止と軍備管理的な措置が接合された。同様に、一九四九年のジュネーヴ諸条約及び七七年の同諸条約追加議定書には、戦間期に議論が重ねられ条約案が練られた民間人保護の規定が含められた。戦間期の議論や交渉は、短期的な条約の締結や発効の有無により成功と破綻の両極で判断するだけでなく、より長期の歴史的展開のなかで多面的に評価することも可能なのではないか。

また、戦間期には、武器移転規制条約の形成を目指した試みが挫折した一方で、特定国に対する共同の武器禁輸は様々に試みられた。代表的な例としては、アメリカ、イギリス、日本などが協定を結んで南北抗争中の中国に対して行った武器禁輸（一九一九～二八年）や、国際連盟加盟国とアメリカがボリビアとパラグアイ間のチャコ戦争時に両国に対して行った武器禁輸（一九三四～三五年）が挙げられる(6)。もっとも、こうした禁輸措置が「完全」に実施されたとは言い難い。しかし、少なくとも、禁輸を実施するための制度形成や実践が、その後の各国の法整備に果たした影響などについては、考察の余地があるだろう。

さらに、軍縮・軍備管理分野の議論や交渉を、条約の締結や発効の有無により成功と破綻の両極で判断すると仮定した場合にも、本書序章で例示したような、核兵器から生物・化学兵器、対人地雷、クラスター弾、小型武器等に至るまでの様々なカテゴリーの兵器に関して実際に締結され実施に至った数多くの合意を、一概に破綻したと見做すことは困難であろう。加えて、軍縮や軍備管理の範疇や目標は時代により大きく変容してきた。例えば、冷戦終結後には、この政策領域の範疇が格段に広がり、開発や平和構築などの領域と融合した。現在の軍縮や軍備管理の範疇には、世界各地のコミュニティのレベルでの和解や元兵士の社会復帰、各国の軍・警察の組織改革、軍・警察の装備品の保管方法の改善、武器の刻印などに関する法整備と技術の確保、非合法に所持された武器の回収など、極めて多岐に渡る施策が含まれている。そして、これらの施策の多くについては、個々のプロジェクトに関与するアクターや外部の諸アクターのなかでも成否判断が異なりうる。

具体的な例を挙げれば、筆者が現地調査を行った北部ウガンダ・アチョリ地域で実施された元兵士の社会復帰プログラムについては、それぞれの元兵士、彼らの家族やクラン、外部の研究者、アチョリ地域の宗教指導者、現地の政府関係者、実施に直接に関与した複数の非政府組織（ＮＧＯ）、支援活動ではなく政策提言活動を行う国際人権ＮＧＯ、ドナー国の政府関係者などによって評価が分かれうる。(7) また、そもそも、現代の通常兵器の軍縮・軍備管理の枠組みに位置付けられる施策は、成功か破綻かという二者択一的な絶対評価を前提にしていないものが多い。これらの施策について、研究者が独自の評価軸を定めた上で何らかの評価を行う場合には、個々の現場における長期の詳細な調査が必要となる。この状況を前に、これまでの軍縮・軍備管理は見るべき成果もなく破綻を繰り返してきたに違いないとの前提で研究を進めることは、困難だと思われる。

今後の研究においては、近現代における各時代の軍縮・軍備管理の政策領域や施策内容の相違を踏まえ、現在を含む各時代の政策論議や合意内容、施策の実施状況に関して一定の研究を行った上で、長期的文脈に位置付けた多角的な検討を試みることが望ましい。そして、このことは、われわれが参与している研究所全体の目的を見直す必要性も示唆する。つまり、この研究所においては、近現代の軍縮・軍備管理は特段の成果を生むことなくたえず破綻してきたとの前提に基づき、この要因を世界史的全体構造のなかで明らかにすることが目的として掲げられている。この前提の再考は、おのずと研究所全体の目的（何を明らかにするのか）の再検討を伴うことになるだろう。

2　武器移転規制をめぐる「道徳性」に関する視点の再考

今後の課題の第二点目として挙げることができるのは、武器移転規制をめぐる「道徳性」に関する視点の再考である。国際武器移転史研究所の設立に至るまでの一連の共同研究においては、武器移転規制を求める側の論理が「道徳的な問い」と見做されている。(8) そして、取引行為自体が隠蔽されることや、主に武器の受け手が「自衛権」や「革命の大義」、「民族の独立」といった独特の言説により武器移転を正当化し論理をすり替えることなどが、この「道徳的な問い」を麻痺ないし無力化させ、武器の拡散や軍備の拡張といった懸念すべき事態をもたらし、軍縮や軍備管理を破綻させるという構図が示されている[9]。こうした見方は、武器移転規制を提唱する側の論理を「道徳」の側に置き、武器の受け手の論理に負の価値を付与するものとも言える。しかし、研究プロジェクト全体の立場を、こうした二項対立的な視点に固定する必要は、必ずしもない。

例えば、一八一四年にイギリスとスペインが合意した友好同盟条約[10]には武器移転規制が盛り込まれていたが、この背景には、スペイン領アメリカにおける独立運動の拡大が存在した。この条約には、「当該地域に広がる動乱を完全に終わらせ、人々が正当な主権者に再び従うようにする」ため、イギリス国民がスペイン領アメリカの独立運動側に武器を移転することを防ぐべく、イギリス政府が最も効果的な措置をとる旨が記された。しかし、その後もイギリスからスペイン領アメリカの独立運動側に武器は流入し続け、この条約から約一〇年のうちに多くの諸国が続々と独立を果たした。一八二四年のアヤクーチョ（現在のペルー南部）の戦いは、スペインの軍勢が最終的に駆逐された戦いの一つであったが、この一五〇周年を記念する形で、ペルー及び周辺八カ国が一九七四年に採択したアヤクーチョ宣言には、「この地域に自由と解放をもたらすにあたり重要な役割を果たした武器の威力と南米の独立戦争の指導者たちの団結を認識する」旨が記された[11]。一八一四年の条約を通じて規制を試みた側の論理だけを「道徳的」と見做し、自由と解放を掲げて武器を取得した独立運動側の論理のみに負の価値を見出す視点に、研究上の立場を制約する必要はない。

同様に、一九世紀以降にアフリカの人々の手に渡った武器は、植民地化に対する抵抗活動や、後の時代の独立運動においても使用された。例えば、一八九〇年の「アフリカの奴隷貿易に関するブリュッセル会議一般協定」（以下、ブリュッセル協定）の締結前に、西アフリカでサモリ・トゥーレ（Samory Touré）が率いたサモリ帝国は、銃器などの近代兵器を大規模に導入することにより、フランスによる植民地化に強く抵抗した。しかし、ブリュッセル協定が合意され実施されるに伴い、サモリ帝国が武器を入手することが困難になった結果[12]、サモリ帝国は敗退を重ね、この地はフランスにより植民地化された。

本書第1章が詳説したように、ブリュッセル協定は、「野蛮」と見做されたアフリカの人々が高性能な銃を保持することを禁止し、「文明化」された欧米列強諸国がそれらを独占し、帝国主義的支配を行うことを当然視するものであった。ブリュッセル協定が青写真通りに実施され、アフリカの人々が武器を入手できなくなり、各地の抵抗運動が短期間のうちに一掃され、その後も類似の移転規制が「効果的」に実施されれば、本書第1章が「アフリカの悲劇」と呼ぶ状況が生じなかったと断定することはできない。むしろ、ブリュッセル協定の武器移転規制によって多少なりとも助長された植民地化そのものが「アフリカの悲劇」であったとの見方も可能だろう。

さらに時代を遡れば、中世ヨーロッパのカトリックの公会議においては、サラセンに対する武器や鉄や木材の移転を禁止し、そのような移転を行う者を「異端」と見做して罰したりする旨が合意された(13)。ただし、サラセンに対して武器を渡す行為はキリスト教徒的ではないとされた一方で、キリスト教徒に対して武器を移転することは問題視されなかった。それどころか、サラセンに占領・支配されたエルサレム奪還のための戦いは正しく聖なるものとして正当化され奨励された(14)。対サラセン武器移転規制を訴える側の論理のみを「道徳的な問い」と捉えることは、研究上の立場を武力紛争の一方の当事者の視点と同一化させることを意味しうる。

一九九〇年代以降の通常兵器移転規制の試みに対しても、一方的な視点に基づく規制構想であることが批判されてきた(15)。例えば、本書第7章が示唆するように、武器貿易条約（ATT）構想は、多くの「道徳的な問い」に曝されたとも言える。つまり、ATT構想に対しては、「北」の価値に基づく押し付けである、「南」に対する差別的な発想に基づいている、「北」の防衛産業の利益のためのものである、といった批判がみられた。

こうした批判に備えて、二〇〇〇年代にATT構想を推進するにあたり、ヨーロッパ諸国やNGOは、「南」の国々（とりわけサブサハラ・アフリカ諸国）の政府やNGOを条約推進派に取り込むことに多くの人的・資金的な資源を投入した。そして、ヨーロッパ諸国やNGOは、自身の軍事的・政治的・経済的な利益や思惑に衝き動かされているのではなく、武装暴力が多発する「被害地域」の声に応じて「善」たる価値に資するために規制を推進しているのだと主張し、各国で啓発活動を繰り広げた。

しかし、実際の交渉においては、多くのアラブ諸国や、インド、キューバ、パキスタン、ベネズエラ、ベラルーシ、ニカラグアなどがATT構想に反対した。二〇一三年三月のATT最終交渉会議の閉幕日に条約の採択を阻んだのは、イラン、北朝鮮、シリアの三カ国であったが、交渉中は約三〇カ国がATT構想に異議を唱えていたし、その多くの国は、二〇一三年四月の国連総会での条約採択時に棄権ないし欠席していた[16]。

これに対して、ATT推進派の人々は、たった三カ国の「悪の枢軸」の反対により条約採択が阻止されたという言説を拡散させる策をとった。推進派の人々は、ATTは「悪の枢軸」が反対せざるを得ないほどに善いものであり、「悪の枢軸」の妨害にも負けずに国連総会でそれ以外の圧倒的多数の国々の支持によって成立した人道的な条約であるとのメッセージを、流布させたのである[17]。ATTの事例においては、規制に対する「道徳的な問い」が予期されたからこそ、条約推進側も戦略を練り、論理をすり替え、規制を正当化したと捉えることもできよう。

これまでの一連の共同研究においても、「道徳的な問い」とは特定の時代・地域・社会において支配的な道徳や法意識から発するものであり、それを共有しない者（例えば他地域の武器輸入側）に「道徳的な問い」が機能するとは限らないことが論じられている[18]。今後はもう一歩踏み出し、武器移転規制を推進する人々の主張だけを「道徳的」と捉え、武器を移転（ないし入手）する側の主張だけを「正当化」であり論理のすり替えであると見做す視点に、研究プロジェクト全体の立ち位置を固定しないことが望ましい。こうした前提の再検討により、先述の第一点目の課題（現在を含む各時代の政策論議や合意内容や施策の実施状況について長期的・多角的に検討する）に取り組むにあたっても、より重層的な洞察を確保することができるだろう。

3　学際的研究のあり方の模索

今後の課題の第三点目として挙げられるのは、学際的研究のあり方や方向性を模索することであろう。われわれが参与する明治大学国際武器移転史研究所は、歴史研究に基礎を置きつつ学際的研究を展開し、近現代の軍縮・軍備管理に通底する何らかの「世界史的全体構造」を明らかにし（先述のように、それにより説明する対象が「近現代の軍縮・軍備管理が常に破綻してきたこと」であるべきかに関しては再考を要するにせよ）、現代の政策論議への示唆を考察することを目指している。そして、本書は、歴史学者と国際政治や安全保障の研究者さらには軍縮・軍備管理の実務者との学際的・国際的な研究の第一歩として位置づけられている。

歴史学と政治学との学際的な研究のあり方については、これまでも多くの研究者が検討を積み重ね、試行錯誤を続けてきた[19]。渡辺昭夫が論じるように、歴史学と政治学という異なる学問分野間の橋渡しは、「言うは易く行うは難し」の難作業であり、その間の超え難い溝を認めた上で、相互の対話が試みられてきた[20]。

しかし、本書には、近現代の軍縮・軍備管理に関する学際的な対話と思考の成果とは言いがたい側面があることは、認めざるを得ない。歴史学者の研究蓄積に基づく特定の時代の個別事象への関心と、近現代という長いタイムスパンに通用する何らかの形の一般化を視野に入れた学際的研究というプロジェクト全体の課題との間の距離は、埋めることが難しかった。執筆陣の研究テーマは、軍縮・軍備管理の多様な施策のなかでも、武器移転規制と軍備の削減・制限（と大枠で括りうるもの）に集中していたため、この二種類の施策を扱う形にした。しかし、おそらく先に述べた第一・第二の課題も一因となり、本書の目的を議論する段階に至らず、漠としたタイトルに合意したのみとなった。とはいえ、このプロジェクトにおける学際的研究の試みは、戦間期の武器移転規制の論議と同様に、開始から間もない黎明期とも言える。本書に至る一連の研究を基礎にして、歴史学者の側から、近現代の軍縮・軍備管理に通用する何らかの一般化を行う目的が掲げられ、国際政治や安全保障の研究者さらには関連の実務者との学際的研究の必要性が提起されたことは、極めて稀な現象である。筆者の知る限り、この日本における動きについては、他国の研究者や実務者からも注目が集まっており、国際的な連携の余地も大いにあると思われる。今後のわれわれのプロジェクトにおいては、この黎明期に直面した課題に取り組みつつ将来を展望し、歴史学から提起された学際的研究のあり方について、方法論のレベルからの徹底的な検討と試行を重ねることが、重要かつ最も困難な作業になるだろう。

注

（1）本章の執筆に際しては、「あとがき」に示される研究助成の他に、ＪＳＰＳ科研 JP16K17075、JP16KT0040の助成を受けた。なお、本章で言及する国際合意文書等の英文名称のうち、本書前章までの注に記したものについては、本章注には記載しない。

（2）西川［二〇一四］三二～三三頁。

（3）二〇〇八～二〇一一年度、研究課題名「軍縮と武器移転の総合的歴史研究——軍拡・軍縮・再軍備の日欧米比較」（研究代表者：横井勝彦）。

（4）西川［二〇一四］三三頁。

（5）League of Nations Official Journal. Special Supplement No. 186, Records of the Nineteenth Ordinary Session of the Assembly, Meetings of the Committees, Minutes of the Third Committee（Reduction of Armaments）, pp. 32-33, Sixth Meeting Held on Wednesday, September 28th, 1938, at 10 a. m.

（6）Gillespie, A.［2011］pp. 37-41; Krause & MacDonald［1993］pp. 720-721. 対中武器禁輸に関しては、横山［二〇一二：二〇一六］を参照。

（7）Enomoto［2011］.

（8）横井・小野塚編［二〇一二］。

（9）同前。

(10) Treaty of Friendship and Alliance between his Britannic Majesty and his Catholic Majesty, Ferdinand the Seventh, July 5, 1814.

(11) Declaration of Ayacucho, December 9, 1974.

(12) Cooke［1974］; Krause & MacDonald［1993］p. 713.

(13) Canons Adopted at the Council of Clermont in 1130; Canons Adopted at the Second Council of the Lateran in 1139; Canons Adopted at the Third Council of the Lateran in 1179; Canons Adopted at the Fourth Council of the Lateran in 1215.

(14) 高橋［二〇一二］四一〜四二頁。Bredero, translated by Bruinsma［1994］p. 106; Mastnak［2002］p. 48.

(15) 以下のATT交渉の分析の詳細は、榎本［二〇一四］を参照。

(16) UN Doc. GA/11354. DPI, Overwhelming Majority of States in General Assembly Say 'Yes' to Arms Trade Treaty to Stave off Irresponsible Transfers that Perpetuate Conflict, Human Suffering: Adopted by Vote of 154 in Favour to 3 Against, 'Robust and Actionable' Text Requires Arms Exporters to Assess Possible Misuse, Sixty-Seventh General Assembly, Plenary, 71st & 72nd Meetings（AM & PM）.

(17) 同様の指摘は、Stavrianakis［2013］にみられる。

(18) 横井・小野塚編［二〇一二］。

(19) 例えば、エルマン・エルマン編［二〇〇三］；川崎［二〇一五］；篠原［二〇〇五；二〇〇八］；保坂［二〇一五］。

(20) 渡辺［二〇〇三］三六五頁。

文献リスト

榎本珠良［二〇一四］「武器貿易条約（ATT）交渉における対立・摩擦と条約構想の限界」『軍縮研究』五。

川崎剛［二〇一五］『社会科学としての日本外交研究——歴史と理論の統合をめざして』ミネルヴァ書房。

コリン・エルマン／ミリアム・フェンディアス・エルマン編［二〇〇三］（渡辺昭夫監訳、宮下明聡・野口和彦・戸谷美苗・田中康友訳）『国際関係研究へのアプローチ——歴史学と政治学の対話』東京大学出版会（Elman, C. & Elman, M. F. eds.［2001］*Bridges and Boundaries: Historians, Political Scientists, and the Study of International Relations*, The MIT Press, 2001）。

篠原初枝［二〇〇五］「コンストラクティヴィズムと歴史研究――接点あるいは親和性」『アジア太平洋討究』八。

篠原初枝［二〇〇八］「外交史・国際関係史と国際政治学理論――国際関係論における学際アプローチの可能性へ向けて」『アジア太平洋討究』一一。

高橋裕史［二〇一二］『武器・十字架と戦国日本――イエズス会宣教師と「対日軍事征服計画」の真相』洋泉社。

西川純子［二〇一四］「戦間期の軍縮――ウィルソンからフーヴァーまで」横井勝彦編『軍縮と武器移転の世界史――「軍縮化の軍拡」はなぜ起きたのか』日本経済評論社。

保城広至［二〇一五］『歴史から理論を創造する方法――社会科学と歴史学を統合する』勁草書房。

横井勝彦・小野塚知二編『軍拡と武器移転の世界史――兵器はなぜ容易に広まったのか』日本経済評論社。

横山久幸［二〇一二］「一九一九年の対中国武器禁輸協定と兵器同盟策の挫折――競争力の低下と協定順守のジレンマ」『軍事史学』四八-二。

横山久幸［二〇一六］「中国における武器禁輸協定の破棄と兵器同盟の破綻」『軍事史学』五二-二。

渡辺昭夫［二〇〇三］「解説」コリン・エルマン／ミリアム・フェンディアス・エルマン編（渡辺昭夫監訳、宮下明聡・野口和彦・戸谷美苗・田中康友訳）『国際関係研究へのアプローチ――歴史学と政治学の対話』東京大学出版会（Elman, C. & Elman, M. F. eds. [2001] *Bridges and Boundaries: Historians, Political Scientists, and the Study of International Relations*, The MIT Press, 2001）。

Bredero, A. H. [1994] *Christendom and Christianity in the Middle Ages: The Relations Between Religion, Church, and Society*（Tras. by Bruinsma, Reinder）, Grand Rapids.（Original work published in 1986）.

Cooke, J. J. [1974] "Anglo-French Diplomacy and the Contraband Arms Trade in Colonial Africa, 1894-1897", *African Studies Review*, 17: 1.

Enomoto, T. [2011] "Revival of Tradition in the Era of Global Therapeutic Governance: The Case of ICC Intervention in the Situation in Northern Uganda", *African Study Monographs*, 32: 3.

Gillespie. A. [2011] *A History of the Laws of War: Volume 3 The Customs and Laws of War with Regards to Arms Control*, Oxford.

Krause, K. & MacDonald, M. K. [1993] "Regulating Arms Sales through World War II", R. D. Burns ed., *Encyclopedia of Arms Control and Disarmament, Vol. II*, New York.

Mastnak, T. [2002] *Crusading Peace: Christendom, the Muslim World, and Western Political Order*, Berkeley, Los Angeles & London.

Stavrianakis, A. [2013] "Progressives, Pariahs and Sceptics: Who's Who in the Arms Trade Treaty?", *E-International Relations*, 29 May 2013. http://www.e-ir.info/2013/05/29/progressives-pariahs-and-sceptics-whos-who-in-the-arms-trade-treaty/ (Accessed January 26, 2017).

あとがき

本書は、ＪＳＰＳ科研費（課題番号25244029）ならびに「文部科学省私立大学戦略的研究基盤形成支援事業（平成二七年～平成三一年）」（いずれも研究代表者は横井勝彦）による研究成果の一部（明治大学国際武器移転史研究所研究叢書2）である。

本書執筆者がこれらの研究費により実施した研究成果発表としては、社会経済史学会第八三回全国大会（二〇一四年五月）でのパネル・ディスカッション「武器移転の連鎖・環流と道徳的な問い」、「武器と市民社会」研究会第三十九回会合「武器貿易条約（ＡＴＴ）によって何が変わるのか？――ＡＴＴ第一回締約国会議報告会」（一五年九月）、明治大学国際武器移転史研究所設立記念シンポジウム「軍備管理と軍事同盟の〈いま〉を問う」（一五年一一月）、国際武器移転史研究所第三回シンポジウム「第二次世界大戦は不可避だったのか――軍縮・軍備管理から考える」（一六年五月）、国際ワークショップ「難民危機と中東・バルカン――紛争の連鎖と武器移転」（一六年七月）、「武器と市民社会」研究会第四四回会合「武器貿易の透明性は高まるのか？――ＡＴＴ第二回締約国会議」（一六年九月）などが挙げられる。これらのうち、「軍備管理と軍事同盟の〈いま〉を問う」シンポジウムの内容の一部は、国際武器移転史研究所編集の『国際武器移転史』第一号（一六年一月）に収録されている。同様に、「第二次世界大戦は不可避だったのか」シンポジウムの内容および「難民危機と中東・バルカン」ワークショップの内容の一部は、『国際武器移転史』第三号（一七年一月）に収録されている。ジョセフ・マイオロ教授による本書第2章およびキース・クラウス教授による第5章は、一四年一一月に両教授に来日いただいた際の講義に基づいている。また、これらの共同研究は、一九九〇年代末からの一連の科研費による共同研究（本書序章を参照）や、〇五年に政治経済学・経済史学会の下に組織された「兵器産業・武器移転史フォーラム」の活動が基盤になっている。

筆者は、二〇一〇年より「兵器産業・武器移転史フォーラム」に出席をお許しいただき、一二年から本書が依拠する科研プロジェクトに研究協力者として参加させていただいた。一五年には、一二年間勤務した国際NGOを退職し、それまでの通常兵器規制関連の仕事を、NGO・研究者の国際・国内ネットワークの一員として個人で引き継ぎつつ、明治大学国際武器移転史研究所にて勤務し、共同研究に参与している。

調査・分析や会議運営といった仕事の片手間に勉強を続けていたに過ぎず、文字通りの門外漢であった筆者に、フォーラムや共同研究に参加する機会を授けてくださった横井勝彦先生や小野塚知二先生、そして関係のすべての先生方には、これまでのご寛容とご指導にあらためて深謝申し上げる。兵器産業・武器移転史フォーラムの会合や学会パネル、国際武器移転史研究所のセミナー・シンポジウムなどにご出席・ご登壇いただき、貴重なご意見やご助言をいただいた多くの方々にも、この場を借りて感謝の意を表したい。

一連のプロジェクトの末席を汚し、歴史学者と政治学者および実務者による学際的研究の黎明期に、明治大学国際武器移転史研究所の研究叢書第2巻のとりまとめや今後の課題の提起という重責を担わせていただいたことは、身に余る光栄であった。本書第5章は、通常兵器規制分野の権威であり実務者としても活躍されているクラウス先生が、このプロジェクトのために書き下ろしたものである。本書の刊行にあたり、この章を翻訳する栄誉にあずかったことには、ただ感謝申し上げるばかりである。

序章等の執筆を仰せつかって以降、提出期限までの約一カ月の間、各章原稿を通読し、筆者なりに苦心を重ねたものの、力不足の点については率直にお詫び申し上げる。本書の刊行およびその後の議論を通じて、幅広い分野・セクターの研究者・実務者による議論や、今後の共同研究の一層の発展・充実に貢献することができればと切に願っている。忌憚のないご意見・ご批正を賜ることができれば幸いである。

最後に、本書の刊行に際しては、日本経済評論社社長の柿﨑均氏に格別のご理解とご配慮を賜った。谷口京延氏をはじめとする同社編集部の方々には、入稿の遅れや章立ての変更等が相次ぐなかで、刊行に向けて多大なご尽力をいただいた。執筆者一同を代表して、心より感謝申し上げる。

二〇一七年三月

榎本　珠良

University Research Institute for the History of Global Arms Transfer, this book aims, among other objectives, to identify challenges and propose a way forward. This chapter discusses three main challenges: 1) the re-examination of the arms control measures which the founding historians of the institute have so far considered to be 'failures'; 2) a revision of the way in which the normative aspects of arms transfer control are evaluated; and 3) a serious exploration of ways to achieve one of the institute's main objectives—interdisciplinary research on disarmament and arms control among historians, political scientists and practitioners.

When the institute was founded by historians in 2015, the founding historians of the institute claimed that all modern disarmament and arms control efforts had collapsed. They also asserted that the institute would reveal the underlying structure of the modern world which had caused the collapse of all disarmament and arms control efforts, and that it would examine how the virtue of arms transfer control had been degraded and eroded by those who viciously justified arms transfers. This chapter challenges these propositions by referring to the cases studied in the previous chapters, and it proposes the need to radically reconsider these propositions. The chapter also argues that the proclaimed aim of interdisciplinary research cannot be achieved automatically by placing the writings of historians, political scientists and practitioners together in chronological order. It recommends a thorough examination of ways to bridge the gap between disciplines.

tiation process of the ATT are revealed, and the main articles of the adopted ATT are explained.

The chapter then points out four interconnected elements common to the arms transfer control instruments that were adopted and implemented from the late nineteenth century to the Cold War period: 1) The participating states shared a common perception of military and political interests; 2) The scope of the actors whose acquisition of arms should be prevented was relatively well-defined; 3) The participating states' acquisition of arms would not be negatively affected by the agreement; and 4) No other serious discriminatory measures against participating states were included in the agreement. It finally argues that post-Cold War arms control agreements, including the ATT, were adopted despite the lack of some or all of these elements and explains how such a lack may have affected their success—or have even created difficulties in defining success.

Conclusion

Challenges facing interdisciplinary research on disarmament and arms control

Tamara Enomoto

This concluding chapter reasserts the book's main themes and highlights a few key issues and challenges which need to be addressed through further research. As part of the overall project of the Meiji

tance to these countries.

Chapter 7

The proliferation and limitations of post-Cold War conventional arms transfer control

Tamara Enomoto

The 1990s onwards has seen a proliferation of initiatives aimed at developing regional and/or international instruments for conventional arms control. From transfer control and marking mechanisms to security sector reform and disarmament, demobilisation and reintegration, myriad measures have flourished to address the uncontrolled circulation and misuse of conventional arms. Among them were efforts to agree to a legally binding document establishing common criteria for assessing arms transfer licences. After a series of negotiations, the efforts culminated on 2 April 2013, with the adoption of the Arms Trade Treaty (ATT) at the United Nations General Assembly.

This chapter first seeks to place post-Cold War arms transfer control initiatives in their long-term historical context. It gives an overview of the international policy debates on arms transfer control from the late nineteenth century to the Cold War period. The analysis then describes the background against which post-Cold War initiatives to regulate arms transfers emerged, and it introduces the international agreements adopted from the 1990s onwards. The details of the nego-

large-scale arms, emerged as an element of U. S. military assistance to foreign countries. However, it was not the most effective resource for the military authority. The aim of this chapter is to identify an overall picture of disposal operations and policies for overseas war surplus from 1945 to 1949 using historical records located in the U. S. National Archives, under the Office of the Foreign Liquidation Commissioner (OFLC).

We show first that the OFLC disposed of some surplus arms to foreign governments in spite of the fact that it was the policy of the U. S. government not to sell combat material that was still militarised. These arms disposal initiatives were therefore made on the basis of political and security considerations without proper legal process. Second, we make clear the types and sizes of arms transferred from domestic and overseas war surplus to foreign countries. In 1946, the procedure for processing authorisation for arms sales from foreign war surplus was formally adopted, making the OFLC responsible for the arrangements governing the transfers. At the direction of the U. S. president and in accordance with procedures established by the State-War-Navy Coordinating Committee, an interim allocation programme transferring surplus military equipment to certain American republics was developed under the Western Hemisphere Military programme. Shortly after the establishment of the interim allocation programme, surplus military equipment transfers were made to Canada, China and Iran. In 1949, the Naval Charter Party Vessels project was established under lease agreements with France, Norway and Latin American states. This surplus military equipment was sold at a very low price, a small percentage of its market value, effectively making it a form of military assis-

plomacy. First, the early 20th century marked the dawn of multilateral institutionalization and regulation. Despite this, the proposals of early arms control and disarmament campaigners were detailed and foresighted—including proposals for transparency in the arms trade, multilateral restrictions on transfers to zones of conflict, common standards for export certification, and other such measures. What is also striking, however, is their naiveté, which included a belief that the private manufacture of arms was a cause and not a symptom of conflict, the assumption that economic considerations were relatively insignificant, and the relative ignorance of the enormous challenges of gaining universal adherence to treaties (not to mention compliance and implementation). All these lessons were learned, albeit slowly, over the course of the 20th century.

Chapter 6

Disposal of foreign war surplus by the Office of the Foreign Liquidation Commissioner, 1945–1949: An unexplored example of international arms transfer

Isao Suto

One remarkable yet often overlooked example of international arms transfer was the distribution of foreign surplus arms following the Second World War. With the end of the war and the termination of the Lend-Lease programme, the disposal of foreign war surplus, including

ons, prohibit the private manufacture of arms, reduce or eliminate national arsenals, reduce military spending, and construct a collective security system.

Almost all of these efforts at arms control and disarmament failed, either in the narrow sense that agreement among states was impossible, or in the larger sense that the agreements that were reached failed to achieve their aim of reducing the risk of war or its costly consequences should it break out. This article focuses on four different understandings of the reasons for the failure of interwar disarmament efforts, and focuses on the regulation of armaments and the arms trade:

1. The political economy of production and trade, in which the norm of free trade and the dependence of major producers on exports to support their industries, hindered their willingness to agree to export restrictions;
2. The geopolitics of great power competition and rivalry, including attempts to create an interwar alliance structure to contain Germany, the lack of participation of major powers in multilateral efforts, and imperial competition;
3. The limitations of global multilateral forums for negotiating comprehensive and universal treaties among unequal parties;
4. Conceptual disagreements concerning the relationship between disarmament and security, and on the causes of arming and rearming.

These explanations are not mutually exclusive. Overall, failure to achieve far-reaching regulation can be ascribed to two main factors, both of which reflect broader currents of thought on multilateral di-

conference was that Britain would take the initiative in achieving a consensus on the budgetary limitation of armament. This strategy came close to success because the United States, which had been the strongest opponent of the budgetary limitation, leant to accepting it under the heavy pressure of the public opinion. The Foreign Office also considered conceding to the French demand for security against Germany in order to reach an agreement at the conference. However, after the Labour government collapsed in August 1931, British disarmament policy drastically changed. Under the National government, the service departments successfully vetoed the Foreign Office's disarmament policy. Had the National government adopted the policy of the former Labour government, the Geneva Disarmament Conference might have succeeded.

Chapter 5

The consequences and legacies of the inter-war arms trade control negotiations

Keith Krause

The Interwar period marked the high point of international efforts to control what later came to be called the "military-industrial complex," including the arms trade. Post-1918 peace architects, building on early elaboration of disarmament proposals in the late 19th century, advanced proposals to regulate the arms trade, ban particular weap-

Chapter 4

British preparation for the Geneva Disarmament Conference of 1932-34 and the French security question

Tomoari Matsunaga

Although the Geneva Disarmament Conference (1932-34) was the largest international conference of its time since the 1919 Paris Peace Conference, it received little attention or study for a long time. However, in the 1990s, Dick Richardson and Carolyn Kitching ignited new interest in the conference, and since then, there have been many studies about it. According to the new orthodoxy put forth by Richardson and Kitching about the conference, the British government's negative stance to international disarmament was greatly responsible for the conference's failure. At the same time, those studies tend to overlook the role of the second Labour government (June 1929 to August 1931), which took charge of preparing for the Disarmament Conference. This article aims to elucidate the disarmament policy of the Labour government.

Unlike the preceding Conservative government (November 1924 to June 1929) and the National government (August 1931 to June 1935) that followed, the Labour government was sincere in its pursuit of international disarmament. Their disarmament policy was controlled by a strong alliance between Foreign Secretary Arthur Henderson and a Conservative politician, Viscount Cecil of Chelwood, the British representative to the League of Nations. The government's strategy for the

Soon after the Roosevelt administration came to power in 1933, the new US government decided to expand its naval command to the upper limit of the Washington and London naval treaties in order to counteract Japanese expansion policy. This decision gave the Japanese navy an excuse to expand, and Japan decided to secede from the Washington and London naval treaties. In October 1933, the commander of the Imperial Japanese Navy (IJN), Shingo Ishikawa, drafted a secret plan, "Personal policy to the next naval conference", which suggested denouncing the Washington Naval Treaty if the UK and US did not accept Japan's demand. The Kantai-ha (Hawks) of IJN, who were frustrated by the treaty, formally approved Ishikawa's plan.

During the preliminary negotiations of the second London Naval Conference, the British government tried to be an intermediary between the US and Japan, but the Japanese delegation was uncompromising in its demand for naval parity among the UK, US, and Japan. The UK and US delegations, who estimated that a naval ratio of 5: 5: 3 should be beneficial for Japan, rejected the parity plan. The British government tried to keep Japan at the negotiating table, but the Japanese government denounced the Washington Naval Treaty on December 29, 1934, indicating the failure of the preliminary negotiations of the Second London Naval Conference.

their frontiers to ensure national economic well-being, sovereignty and security, and that if war came that economic resources and the population had to be organised a certain way to ensure victory in wars of all-out mobilisation may seem in retrospect very alien, but these ideas are central to understanding the international politics of the 1930s.

Chapter 3

The preliminary negotiations of the Second London Naval Conference

Ken Kotani

This chapter focuses on the preliminary negotiations of the second London Naval Conference held in 1934 from the Japanese, American, and British points of view. International crises in the early 1930s, such as the Manchurian incident of 1931 and the rise of Nazi Germany, strongly influenced UK and US naval policy. The British Royal Navy in particular faced strategic challenges by Germany and Italy in Europe and Japan in the Far East. Serious financial constraints prevented the navy from countering both threats, so the British government decided to prioritize defence in Europe over the Far East and to appease Japan at the conference. However, it was expected that this appeasement policy would not be accepted by the US government, which wanted to deter Japanese expansion in the Far East. The British government also faced a diplomatic difficulty in handling a rivalry between the US and Japan.

economies and societies. This new expansive meaning of 'armament' equated military and economic 'security' with self-sufficiency in food and industrial raw materials. By this security standard, the only undisputed 'great powers' were the United States and Soviet Union; the British empire, and to a lesser extent, the French empire, also fell into this category owing to the great reserves of manpower and secure resources of their overseas colonies. Germany, Italy and the Japanese empire, fell well short of this standard owing to their dependence on imported raw materials, and in the cases of Italy and Japan, their vulnerability to blockade. This post-1919 divide between 'have' and 'have not' powers roughly aligned with the division between those great powers with an interest in upholding the post-war status quo and those states that would challenge the global order in the 1930s. As this chapter shows, the expansive nature of national security had profound de-stabilising implications for international politics, particularly in the wake of the Great Depression. The legacy of the First World War doomed efforts to control armaments and to organize collective security under the League of Nations. The First World War and the Great Depression did not make the Second World War inevitable, but they did ensure that the 1930s would witness a vast and rapid expansion in global armaments and a frenzy of preparations for great wars. By 1940, international politics was shaped by an accelerating arms race that had erased the dividing line between peace and war. The status quo powers were faced with the dilemma of how to build a 'war economy' in peacetime without succumbing to totalitarianism; and the revisionist states in turn faced the choice between war or losing the arms race. Each chose war. The idea that big nations had to control sufficient material resources within

British and Foreign Anti-Slavery Society began to interfere with APS campaigns. However, the APS succeeded in holding the Mansion House meeting on 29th January 1890, which had a strong impact on Salisbury. Although Salisbury did not sympathise with the APS's evangelical humanitarianism due to his gentlemanly ideal of High Churchmanship, he preferred not to irritate evangelical public opinion and was greatly influenced by Sir Robert Nicholas Fowler's attendance at the Mansion House meeting. Fowler was chairman of the City Conservative Association, and the City of London was a great supporter of the Conservative Party after 1886.

Therefore, Salisbury supported the Brussels Act, which came into force in 1890. However, it served only to alter the direction and distribution of the firearms trade. As Salisbury had imagined, the firearms trade moved from Zanzibar to Muscat and Djibouti, and Germany and France did not abide by the firearms regulation.

Chapter 2

Armaments and international instability between the two World Wars

Joseph A. Maiolo

This chapter argues that military security and international instability were closely connected in the era of the two world wars because the experience of industrial-age 'total war' from 1914 to 1918 had expanded the definitions of 'armament' and 'security' to encompass entire

prime minister, opposed the measures because he thought they would not be able to stop the trade, reasoning that prohibition on one coast of the African continent would only result in the diversion of the trade to some other part of the coast. This chapter analyses why Salisbury introduced the regulation in the Brussels Conference and to what extent the regulation was effective in regulating the African firearms trade.

Firearms began to spread into Africa when the British entered the Atlantic slave trade in 1672. Because of the strong preference among African slave traders for firearms, a large quantity of flintlock muskets were sent to West Africa. After the British abolition of the slave trade in 1807, the slave and firearms trade moved to South and East Africa. The breech-loader revolution of the 1850s–80s, which was carried out by arms manufacturers, pushed European armies to adopt this new weaponry. After the 1870s, some of breech-loading rifles (such as Snider-Enfield rifles) were outmoded, and armies were encouraged to dispose of them in South and East Africa.

The Aborigines' Protection Society (APS) opposed the slave and firearms trade in Africa and began to campaign for its regulation through evangelical and humanitarian networks. For example, F. W. Fox, a member of the APS, lobbied in Brussels. A public meeting was held at the Birmingham Council House on 10th January 1890 at the instigation of the Reverend Arthur O'Neill (Baptist minister) and an article published by Mrs. Henry Grattan Guinness (faith mission evangelist) in the evangelical newspaper Christian requested that petitions for African firearms regulation be forwarded to the conference.

Fearing that the efforts of APS would overshadow the legitimate objective of the conference (i. e., the abolition of the slave trade), the

The chapter then sketches chronologically the main developments in the field (s) of disarmament and arms control, as well as in the closely related field (s) of the laws of war and international humanitarian law. Beginning with the latter half of the nineteenth century, when arms transfer control and the laws of war were negotiated separately under entirely different frameworks, this chapter examines the following: 1) how ideas of disarmament and arms control emerged; 2) how the fields of disarmament and arms control and international humanitarian law have gradually merged since the inter-war period; 3) why shifts in focus in the field (s) of disarmament and arms control occurred in each period; 4) and why the perceived relationships among a wide range of measures have changed up to the present.

The chapter also introduces the definitions of key terms and presents an overview of subsequent chapters, which stretch in focus from the nineteenth century to the present. The chapters are arranged in chronological order throughout the book.

Chapter 1

The African firearms trade and the Brussels Conference (1889-1890): Why did Lord Salisbury introduce firearms trade regulation?

Mahito Takeuchi

The Brussels Conference Act was the first multilateral agreement for regulating the African firearms trade. However, Lord Salisbury, British

Abstracts

Introduction

A wider historical context for arms transfer control and armament reduction and limitation

Tamara Enomoto

Disarmament and Arms Control in the History of International Politics: From the Nineteenth Century to the Present focuses on two types of measures in the field (s) of disarmament and arms control: arms transfer control and armament reduction and/or limitation. This introductory chapter aims to unravel the history of the interplay between these measures and situate them within the wider context of disarmament and arms control.

It is often assumed that arms transfer control is somewhat consonant with the general reduction and/or limitation of armaments, or that the former contributes to the latter. This chapter first considers the objectives claimed (or presumably claimed) throughout history by groups attempting to control arms transfers either unilaterally or multilaterally. The analysis classifies these aims into three types: security, economic concerns and 'ethical' considerations, and it reveals the ambiguous and often incongruent relationship between each type of arms transfer control objective and the general reduction and/or limitation of armaments.

Disarmament and Arms Control in the History of International Politics: From the Nineteenth Century to the Present

2017
Edited by Tamara Enomoto
Published by Nihon Keizai Hyouronsha
3-2, Jimbocho, Kanda, Chiyoda, Tokyo, 101-0051, Japan
ISBN978-4-8188-2460-7

TABLE OF CONTENTS

国際合意文書一覧

【ナ行】

【ハ行】

【マ行】

【サ行】

【タ行】

索　　引

【ア行】

【カ行】

松永友有（まつなが・ともあり）

1969年生まれ
早稲田大学大学院政治学研究科博士後期課程単位取得退学
現在、横浜国立大学国際社会科学研究院教授
主な業績：「イギリス関税改革論争再考」（『歴史学研究』817、2006年）、「イギリス商務院と最低賃金制度の形成」（『社会経済史学』77：1、2011年）、“The Origins of Unemployment Insurance in Edwardian Britain”（*Journal of Policy History*, 29: 4, forthcoming）

Keith Krause（キース・クラウス）

1960年生まれ
オックスフォード大学大学院博士課程修了（D. Phil［International Relations］）
現在、ジュネーブ高等国際・開発問題研究所教授、「スモール・アームズ・サーヴェイ」シニア・アドバイザー
主な業績：*Arms and the State: Patterns of Military Production and Trade*（Cambridge University Press, 1992）、*Armed Groups and Contemporary Conflicts: Challenging the Weberian State*（編著、Routledge, 2010）、*Small Arms Survey*（「スモール・アームズ・サーヴェイ」の年鑑、共著、2001～2015）

須藤　功（すとう・いさお）

1955年生まれ
名古屋大学大学院博士後期課程満期退学　博士（経済学）
現在、明治大学政治経済学部教授
主な業績：『アメリカ巨大企業体制の成立と銀行――連邦準備制度の成立と展開――』（名古屋大学出版会、1997年）、『アメリカ経済史の新潮流』（共編著、慶應義塾大学出版会、2003年）、『戦後アメリカ通貨金融政策の形成――ニューディールから「アコード」へ――』（名古屋大学出版会、2008年）

【執筆者・翻訳者紹介】（執筆順）

竹内真人（たけうち・まひと）

1969年生まれ

ロンドン大学大学院（キングス・カレッジ）博士課程修了（Ph. D.［History］）

現在、日本大学商学部准教授

主な業績：*Imperfect Machinery? Missions, Imperial Authority, and the Pacific Labour Trade, c. 1875-1901*（VDM Verlag, 2009)、『軍拡と武器移転の世界史――兵器はなぜ容易に広まったのか――』（共著、日本経済評論社、2012年)、「宗教と帝国の関係史――福音主義と自由主義的帝国主義――」（『社会経済史学』第80巻第4号、2015年）

Joseph A. Maiolo（ジョセフ・A. マイオロ）

1965年生まれ

ロンドン大学大学院（ロンドン・スクール・オブ・エコノミクス）博士課程修了（Ph. D.［International History］）

現在、ロンドン大学キングス・カレッジ戦争研究学部教授

主な業績：*Cry Havoc: How the Arms Race Drove the World to War, 1931-1941*（Basic Books, 2010)、*An International History of the Twentieth Century*（共著、Routledge, 2014)、*Arms Races in International Politics: From the Nineteenth to the Twenty-First Century*（共著、Oxford University Press, 2016）

横井勝彦（よこい・かつひこ）

1954年生まれ

明治大学大学院商学研究科博士課程単位取得　修士（商学）

現在、明治大学商学部教授

主な業績：『軍縮と武器移転の世界史――「軍縮下の軍拡」はなぜ起きたのか――』（編著、日本経済評論社、2014年)、『航空機産業と航空戦力の世界的転回』（編著、日本経済評論社、2016年)、『冷戦変容期の国際開発援助とアジア――1960年代を問う――』（共著、ミネルヴァ書房、2017年）

小谷　賢（こたに・けん）

1973年生まれ

京都大学大学院人間・環境学研究科博士課程修了　博士（人間・環境学）

現在、日本大学危機管理学部教授

主な業績：『日本軍のインテリジェンス』（講談社、2007年)、『インテリジェンス』（筑摩書房、2012年)、『インテリジェンスの世界史』（岩波書店、2015年）

【編著者紹介】

榎本　珠良（えのもと・たまら）

1977年生まれ
東京大学総合文化研究科博士課程修了　博士（国際貢献）
現在、明治大学研究・知財戦略機構共同研究員、NGOの政策コンサルタント等を兼務
主な業績：Revival of Tradition in the Era of Global Therapeutic Governance: The Case of ICC Intervention in the Situation in Northern Uganda（*African Study Monographs*, 32: 3, 2011）、「通常兵器の移転に関する国際規制の歴史と現状――冷戦終結後の進展とその限界――」（『軍事史学』48：2、2012年）、「武器貿易条約（ATT）交渉における対立・摩擦と条約構想の限界」（『軍縮研究』5、2014年）、Governing the Vulnerable Self at Home and Abroad: Peace and Justice in Northern Uganda and "KONY 2012"（*African Study Monographs*、Suppl. 50, 2014）、『軍縮辞典』（16項目執筆、信山社、2015年）、「武器貿易をどう規制するか――第一回武器貿易条約（ATT）締約国会議に向けて――」（『世界』873、2015年）、Controlling Arms Transfers to Non-State Actors: From the Emergence of the Sovereign-State System to the Present（*History of Global Arms Transfer*, 3, 2017）

国際政治史における軍縮と軍備管理
――19世紀から現代まで――
（明治大学国際武器移転史研究所研究叢書２）

2017年３月24日　第１刷発行　　　　定価（本体4200円＋税）

編著者　榎　本　珠　良
発行者　柿　﨑　　均

発行所　株式会社　日本経済評論社
〒101-0051　東京都千代田区神田神保町3-2
電話　03-3230-1661　FAX　03-3265-2993
info8188@nikkeihyo.co.jp
URL：http://www.nikkeihyo.co.jp

装幀＊渡辺美知子　　　　印刷＊文昇堂・製本＊誠製本

乱丁・落丁本はお取替えいたします。　　Printed in Japan

ISBN978-4-8188-2460-7